FINE ART PRINT

Raumgestaltung mit digitalen Bildern

artwerk

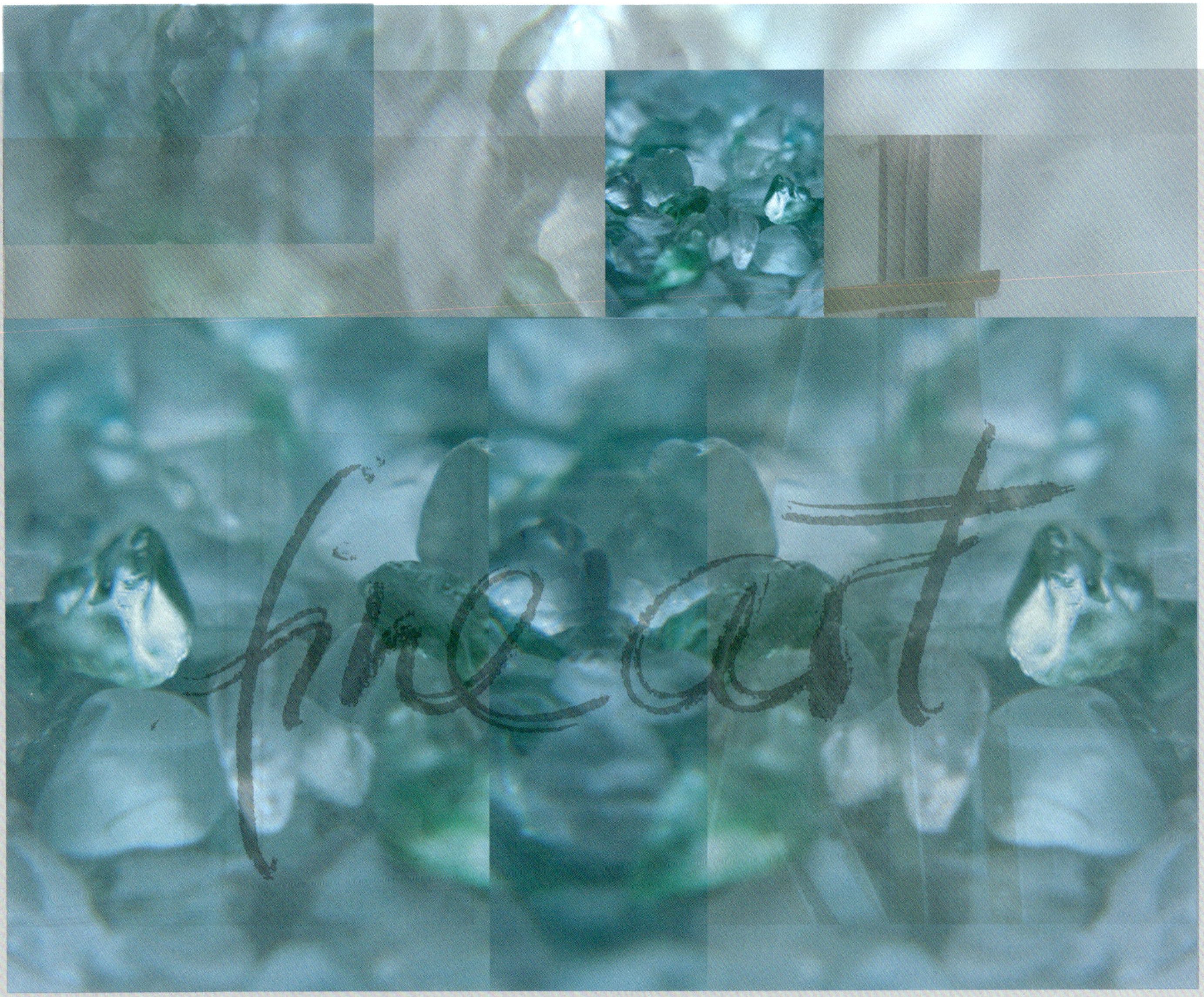

FINE AR

Lieber Leser,

dieses Buch möchte alle kreativen Menschen, Maler, Fotografen, Kunstinteressierte und Entdecker dazu anregen, neue Wege zu beschreiten.

Entdecken Sie das Bekannte neu, indem Sie sich trauen, Althergebrachtes zu verwerfen und durch Kombination von digitalen und analogen Techniken, Fotografie und Malerei neue Kunstwerke zu schaffen.

Nutzen Sie die Vorteile des Fine Art Prints, die Möglichkeiten der Vervielfältigung und kreieren Sie dennoch Unikate.

Dieses Buch bietet Ihnen viele Anregungen und Beispiele zu verschiedenen Themen der Gestaltung und Verarbeitung:

- Auswahl einer Vorlage, digital oder in Form eines fertigen Werkes
- Digitalisierung einer Vorlage durch den Scanprozess
- Bildbearbeitung, Verfremdung, Verwendung von Filtern
- Ausdruck auf speziellem Papier und Gewebe
- Kaschieren auf Bildträgern, wie Holzkörpern oder Aluminiumplatten
- Aufspannen von Gewebe auf Keilrahmen
- Umgang mit Passepartout und Rahmen
- Ideen für kreative Raumgestaltung

Entdecken Sie neue Perspektiven und Sichtweisen für Bekanntes, außergewöhnliche Formate, neue Techniken und präsentieren Sie Ihre Werke durch die Schönheit, Wertigkeit und Dauerhaftigkeit eines Fine Art Prints.

Sie werden begeistert sein, welche kreativen Möglichkeiten sich durch die Bildbearbeitung Ihrer Fotos und Kunstwerke ergeben. Aus Ihren bearbeiteten Vorlagen entstehen über den Druck auf Fine Art Print-Papier wertvolle Einzelstücke.

Raumgestaltung mit digitalen Bildern

T PRINT

FINE AR

Inhalt

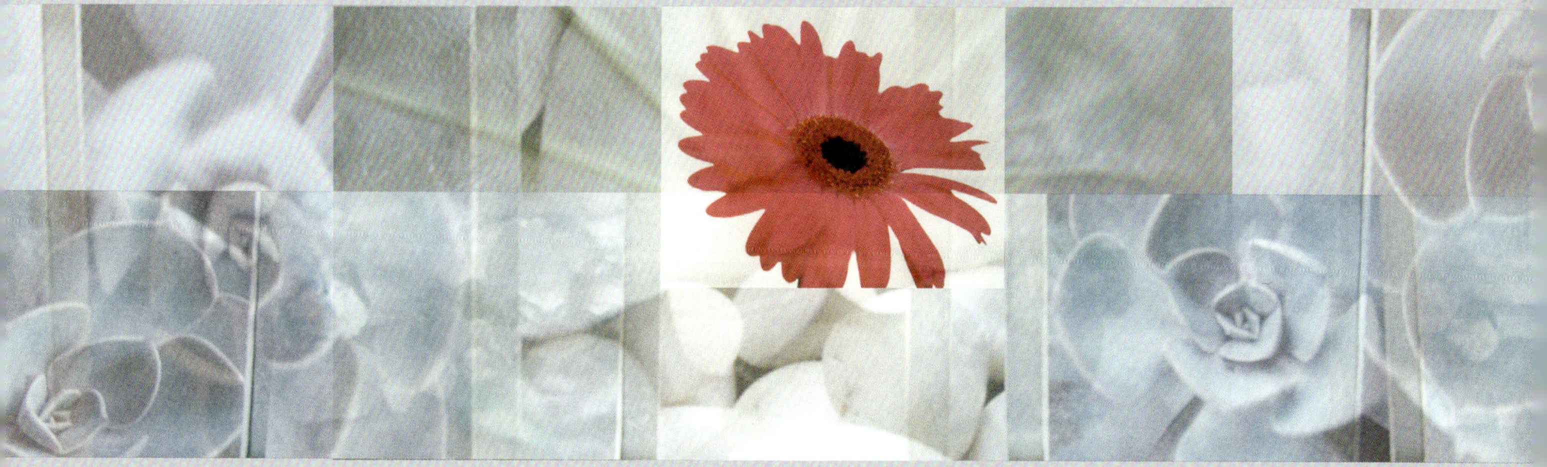

T PRINT

Der Begriff „Fine Art Print" steht für hochwertige Großformat- und Kunstdrucke auf besonderen Materialien.

Dazu zählen vor allem außergewöhnliche Papiere für Drucke von höchster Qualität und Leinwandstoffe aus Baumwolle oder Leinen. Erst die Entwicklung und Verbesserung der Printer-Technologie erlaubt die Verwendung dieser Materialien, die bislang nur in der Malerei zum Einsatz kamen.

Besonderheiten, Merkmale und Vorteile des Fine Art Prints:

Die Herstellung und Konfektionierung der Papiere und Leinwände ermöglicht große, ausgefallene Bildformate bis zu einer Breite von 1,11 m und einer Länge von bis zu 12 m. Die Verbesserung der Printer-Technologie erlaubt den Einzug und das Bedrucken dieser Materialien dank feinster Düsen für das Applizieren der Tinte. Höchste Lichtbeständigkeit und Langlebigkeit der fertigen Prints sind durch lichtechte, pigmentierte Tinten garantiert. Hinsichtlich der enorm großen Auswahl von Leinwänden und Papieren sind der Fantasie praktisch keine Grenzen gesetzt.

Für die verschiedenen Motive und Anwendungsbereiche kommen unterschiedliche Stoffe oder Papiere wie z. B. Bütten oder Aquarellkarton zum Einsatz. Auch für die Weiterverarbeitung und Veredelung der fertigen Drucke gibt es unzählige Möglichkeiten: Gewebe lassen sich auf Keilrahmen aufspannen, Papiere gewinnen Festigkeit und Stabilität durch Kaschierung z. B. auf Karton, Hartfaser- oder Leichtschaumplatten, Forex oder Alu-Dibond.

Eine individuell angepasste Rahmung, eventuell mit einem Passepartout, gibt einem Kunstwerk den letzten Schliff.

Die Veredelung mit einer Schutzbeschichtung gegen UV-Strahlung oder Verschmutzung unterstützt nochmals die Langlebigkeit der Fine Art Prints.

Zusammengefasst sprechen folgende Aspekte für den Fine Art Print:

- Modernste Druck- und Tintentechnologie mit langlebigen Medien und Tinten
- ausgezeichnete Papierqualität
- Nutzung eines größeren Farbraums
- Die hohe Qualität des tonalen Bereichs
- Haltbarkeit der Drucke durch archivfestes Papier

Doch die beste Weiterverarbeitung und der sauberste Druck können keine Wunder vollbringen, wenn das Ausgangsmaterial, die Datei, keine entsprechende Qualität aufweist. Daher sollte man im Falle einer Fotografie mit der Kamera je nach Kameratyp die Aufnahme in bestmöglicher Aufnahmequalität erstellen. Bei digitalen Spiegelreflexkameras bietet das RAW-Dateiformat (RAW - englisch: „roh") die bestmögliche Aufnahmequalität, bei anderen Digitalkameras ist das jeweils größtmögliche JPEG-Format zu wählen.

FINE AR

Als Rohdatenformat bezeichnet man ein jeweils modellabhängiges Dateiformat bei Digitalkameras, bei dem die Daten von der Kamera nach der Digitalisierung weitgehend ohne Bearbeitung auf das Speichermedium geschrieben werden. Der Vorteil des RAW-Formates liegt in der Editierbarkeit der Daten, ohne das Original zu verändern.

Vorteile der Verwendung des RAW-Dateiformates:

Der größte Vorteil bei der Verwendung eines RAW-Formates liegt in den verschiedenen Korrekturmöglichkeiten der Belichtung. Ein Bild kann in den wichtigsten Faktoren (Farbtemperatur, Weißabgleich, Über- und Unterbelichtung) so verändert bzw. korrigiert werden, als würde der Belichtungsprozess erneut stattfinden. Im Bildbearbeitungsprogramm können außerdem Kontrast und Bildschärfe nachträglich angepasst werden. So gewährleistet das RAW-Format die Erzielung einer höheren Bildqualität, mehr Flexibilität in der Nachbearbeitung sowie einen größeren Dynamikbereich der gespeicherten Bildinformation.

Natürlich sollte der Monitor, an dem die digitalen Fotos betrachtet und bearbeitet werden, optimal kalibriert, d. h. in der Wiedergabe von Helligkeit und Farbwerten abgestimmt sein.

Diese Einstellung kann dann als Standard angewendet werden. Da jedes Ausgabegerät, wie z. B. Drucker, Monitor und Scanner, Farben anders wiedergibt und dadurch große Unterschiede in der Darstellung von Farben auftreten können, sind Farbkalibrierungsprogramme (Color Management Software) zwingend erforderlich. Diese Programme kommen bei professionellen Fotografen, Agenturen und weiterverarbeitenden Betrieben im Bereich der Druckvorstufe zur Anwendung. Aber auch Amateure und Hobbyfotografen sollten ihre Geräte weitestgehend anpassen, sodass möglichst wenige Abweichungen und Farbveränderungen auftreten. Über das Farbmanagement soll erreicht werden, dass eine Vorlage, die mit einem beliebigen Eingabegerät erfasst wurde, auf dem Ausgabegerät möglichst identisch wiedergegeben wird.

An dieser Stelle noch einige technische Grundlagen zur Farbtiefe: Gemäß der Farbenlehre entspricht die 16-Bit-Farbtiefe einer scheinbaren Sättigung aller Farbmittel. Die Farbtiefe definiert die Feinheit der Abstufungen, mit denen ein Farbkanal einer einzelnen Farbe angegeben wird, unabhängig davon, wie die Farbe als Pixel gespeichert wird. Am gebräuchlichsten ist der RGB-Farbraum mit 8 Bit pro Kanal, entsprechend $(2^8)^3$ = 16.777.216 theoretisch möglichen Farben. Die meisten gängigen Computermonitore können nur 8 Bit pro Kanal darstellen. Für medizinische Anwendungen sind manchmal 16 Bit pro Kanal nötig. Der tonale Bereich wird dann differenzierter dargestellt und es gibt mehr Abstufungen zwischen den hellsten und dunkelsten Bildbereichen.

T PRINT

Informationen zum Fine Art Print:

Um Prints in Fine Art-Qualität über einen Drucker zu erzeugen, müssen die Bilder in digitaler Form vorliegen. Bilder können über einen Scanner von Aufsichtsvorlagen oder Negativen bzw. Dias digitalisiert oder direkt von einer digitalen Kamera erzeugt werden. Beim Kauf einer Digitalkamera liegt ein Programm zur Datenübertragung von der Kamera zum Computer und im Regelfall ein semiprofessionelles Bildbearbeitungsprogramm bei. Für Programme, die als Freeware angeboten werden, fallen keine Kosten an.

Adobe Photoshop und Adobe Illustrator sind Programme aus dem Profibereich, für die eine Lizenz erworben werden muss und daher eher für den gewerblichen und professionellen Bereich interessant.

Diese Bildbearbeitungsprogramme bieten dem Anwender diverse Methoden zur Korrektur und Bearbeitung der Bilder. Häufig enthalten sie verschiedene Filter, mit denen besondere Effekte erzielt werden können.

Die gängigsten Bildbearbeitungsprogramme sind Folgende:

- Adobe Photoshop
- Photoshop Elements
- ACDSee
- IrfanView
- GIMP
- Paint Shop Pro
- Photo Impact
- iDraw
- Adobe Illustrator

Digitalkameras liefern Bildmaterial schnell, einfach und unkompliziert. Sehr vorteilhaft ist auch, dass misslungenes oder nicht zu verwertendes Bildmaterial sofort wieder gelöscht werden kann. So fallen keine weiteren Kosten für Filme und Entwicklung an. Die technischen Standards bei Digitalkameras sowie die Bildqualität (Auflösung) der entstandenen Bilder verbessert sich ständig. Heutzutage bieten schon einfache Kameras die entsprechende Bildqualität, um hochwertige Drucke und Ausbelichtungen zu erzielen. Die derzeit übliche Auflösung digitaler Kameras beträgt je nach Typ und Preisklasse 5-10 Megapixel.

Als Dateiformate werden überwiegend JPEG und RAW geliefert, einige Kameras bieten als Speicherformate auch das Tiff-Dateiformat an. Um von seinen digitalen Fotos hochwertige Ink Jet-Drucke zu erhalten, gibt es verschiedene Möglichkeiten:

- Ausdruck der Fotos über den eigenen Ink Jet-Drucker mit hochwertigem Fotopapier, Spezialpapier oder Leinwand (vom Kleinformat bis max. A3 randlos)

- Ausdruck der Fotos über den Fine Art Print-Service für alle größeren Formate (bis max. 1,11 m Breite und 12 m Länge)

Diese Methode bietet den Vorteil, dass der Druck nicht selbst vorgenommen werden muss, sondern an einen Dienstleister übergeben wird. Die Daten können in allen gängigen Bildformaten angeliefert werden (CD-ROM, DVD, Speicherkarten, Diskette, USB-Stick). So müssen die Daten nur im festgesetzten Format angelegt werden, und der Druck erfolgt über spezielle Fine Art Print-Drucker. Die gewünschte Weiterverarbeitung des gedruckten Bildes kann als zusätzliche Option bei der Bestellung angegeben werden. So kann man z. B. direkt auf Leinwand drucken und anschließend auf Keilrahmen aufziehen lassen, der in zahlreichen Stärken und Tiefen zur Auswahl steht.

Allgemeine Informationen zur Erstellung von Drucken über den eigenen Ink Jet-Drucker auf Fine Art Print-Papier:
Da das Papier sehr hochwertig und teuer ist, sollte man vorher auf normalem Papier einen Probedruck machen, eventuell etwas verkleinert, um Effekte besser beurteilen zu können. Durch die Leuchtkraft des Monitors weicht die Darstellung am Rechner leicht ab und das gedruckte Ergebnis kann anders erscheinen als erwartet. Wenn der Probedruck zufriedenstellend ist, kann danach der Druck auf das gewünschte Material erfolgen. Das Papier sollte nach Herstellerangaben in den Drucker eingelegt und die Angaben zur Einstellung befolgt werden. Der fertige Ausdruck muss gut durchtrocknen, bevor weitere Verarbeitungsschritte vorgenommen werden.

Im ersten Teil dieses Buches zeigen wir in Bildbeispielen Anregungen für den Ausdruck eigener Bilder. Es werden Möglichkeiten der Rahmung, Aufhängung und Präsentation im Wohnraum gezeigt und beschrieben. Als zusätzliche Information bietet der TIPP besondere Hinweise zu einzelnen Bildbeispielen an.

Im zweiten Teil werden die wichtigsten Bildkorrekturen allgemein und übergreifend für die verschiedenen Bildbearbeitungsprogramme beschrieben, die Begriffe zur Bildbearbeitung sind aus Adobe Photoshop übernommen.

01 Korrektur von Helligkeit und Kontrast, Tonwertkorrektur

02 Stempelfunktion, Korrektur von Verzerrung, Entzerren von Linien

03 Rahmen, Auswahl, Bildanschnitte, Ausschnitte

04 Farbe in Graustufen konvertieren, Schwarz-Weiß-Bilder

05 Color-Tonung, Tonung in Kombination mit Filtern

06 Filter, Mal- und Zeichenfilter, Weichzeichnungs- und Scharfzeichnungsfilter, Störungen entfernen

07 Farbvariationen, Kolorierung von Schwarz-Weiß-Bildern und Bildelementen

08 Retusche, Rote-Augen-Effekt entfernen, Hautkorrekturen

09 Pop-Art-Effekte

10 Collage, Montage, Grafikelemente

PRINT

PFLANZEN

Pflanzen haben als Motive in der Kunstgeschichte eine lange Tradition. Sowohl Maler als auch Fotografen haben sich in ihren Werken mit diesem zeitlosen Thema befasst und sich immer wieder von der einzigartigen Formgebung, Farbkraft und Schönheit von Blüten und Früchten inspirieren lassen. Natürlich steht auch dem engagierten Amateur dieses Thema offen und jeder Ausflug ins Grüne, jeder Besuch eines Wochenmarktes oder auch nur der wache Blick auf den eigenen Vorgarten ist geradezu eine Einladung zur fotografischen Ernte.

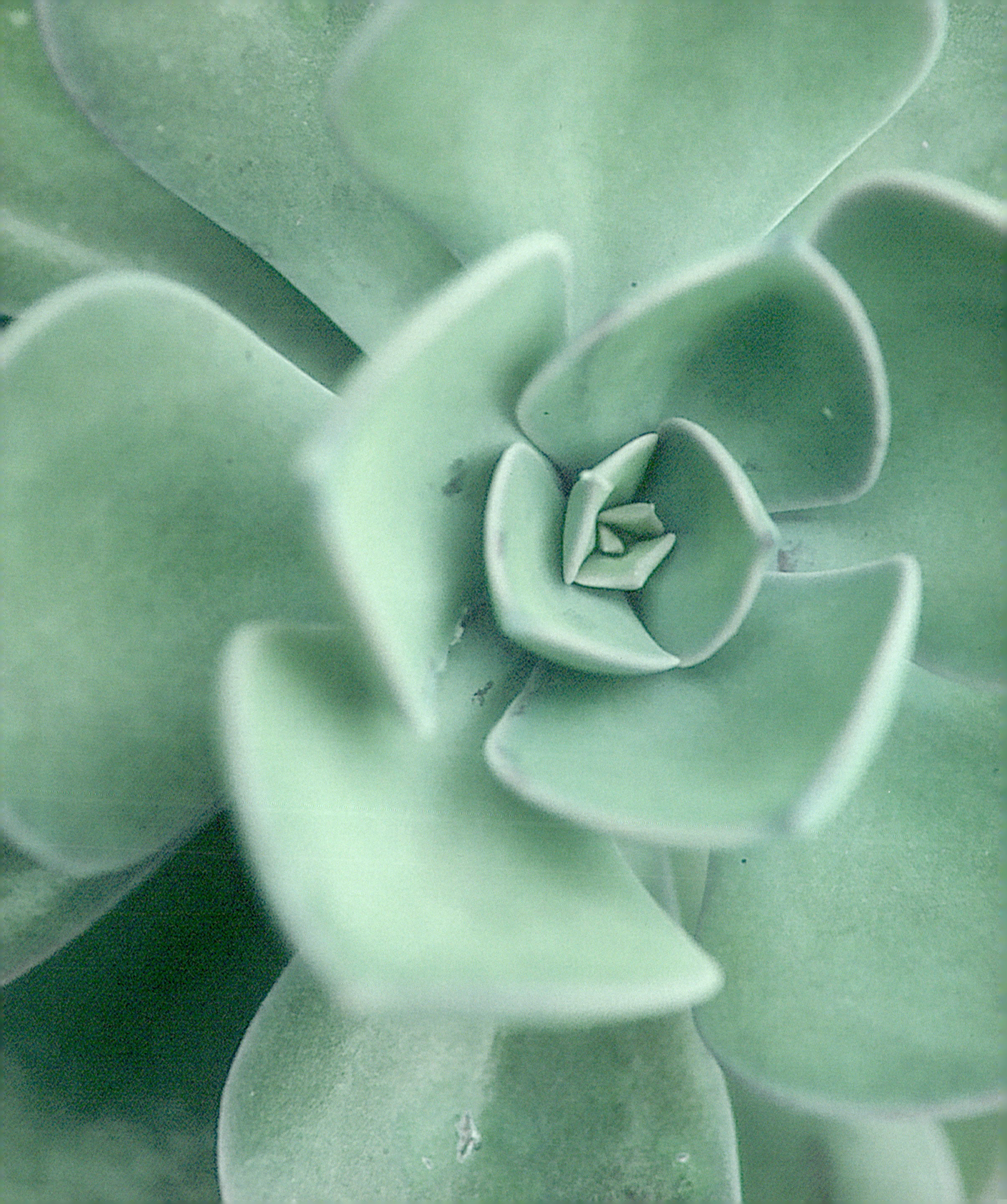

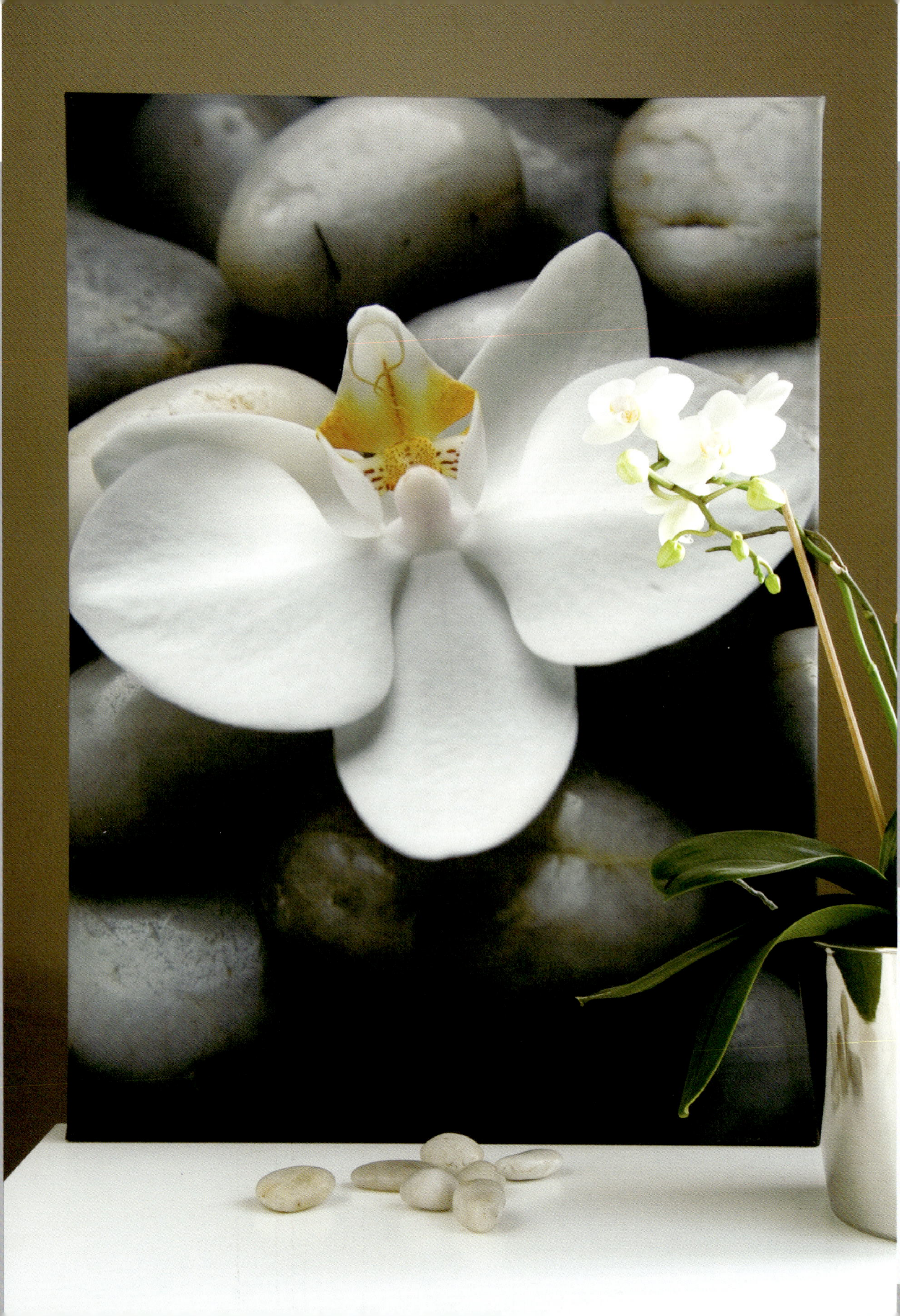

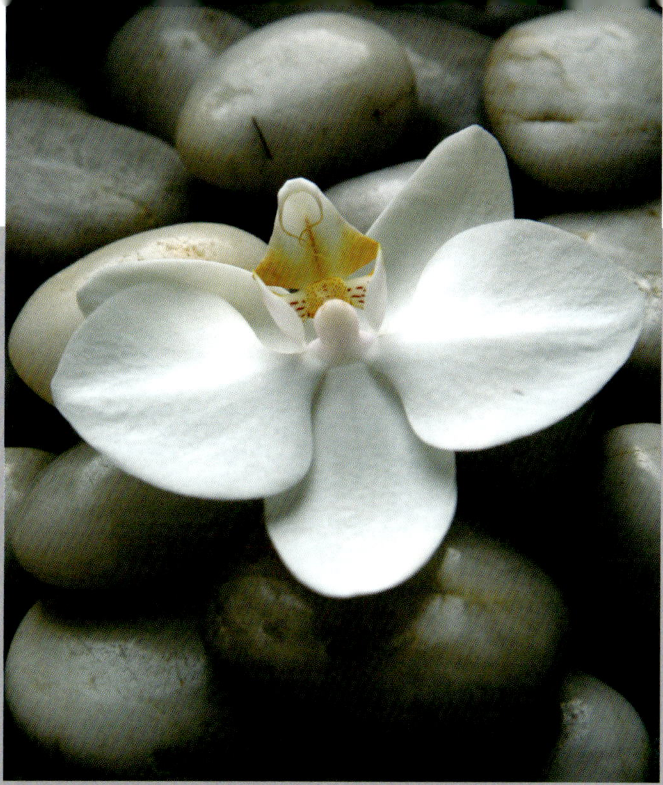

Bildgestaltung:

Das Motiv einer einzelnen Blüte auf einem dunklen Hintergrund ist sehr wirkungsvoll und lässt sich leicht realisieren.

Die Orchidee wurde digital mit einer Spiegelreflexkamera bei Tageslicht fotografiert. Danach wurde das Bild über den Fine Art Print-Service auf grundiertem Leinwandgewebe ausgedruckt und anschließend auf einen Keilrahmen aufgezogen.

Abb. oben: Originalfoto

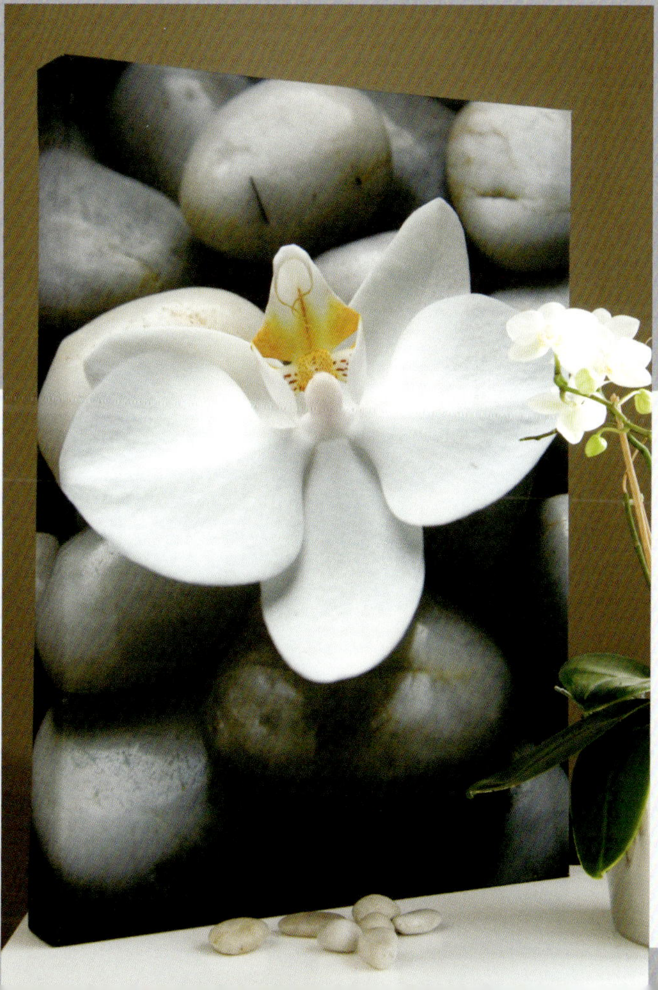

Abb. unten: Details des Keilrahmens „Museo"

Das gedruckte Bild wird umlaufend um die Rahmenkanten aufgespannt und rückseitig geklammert. Die Kante des Keilrahmens hat eine Tiefe von 6,5 cm, was ihn besonders formstabil macht.

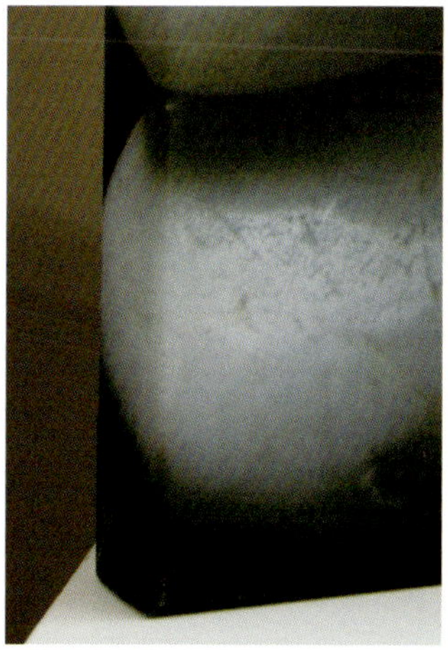

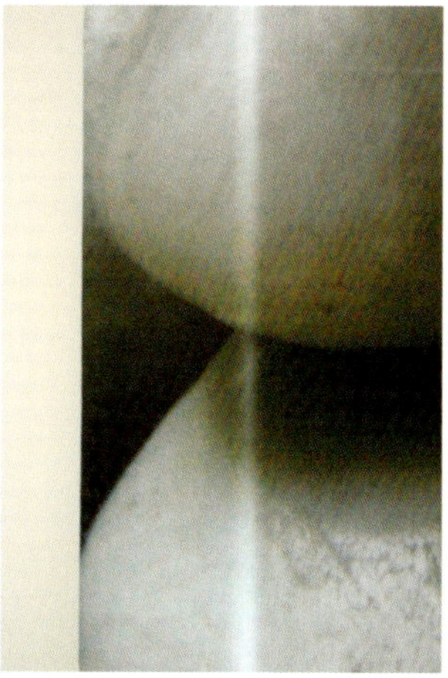

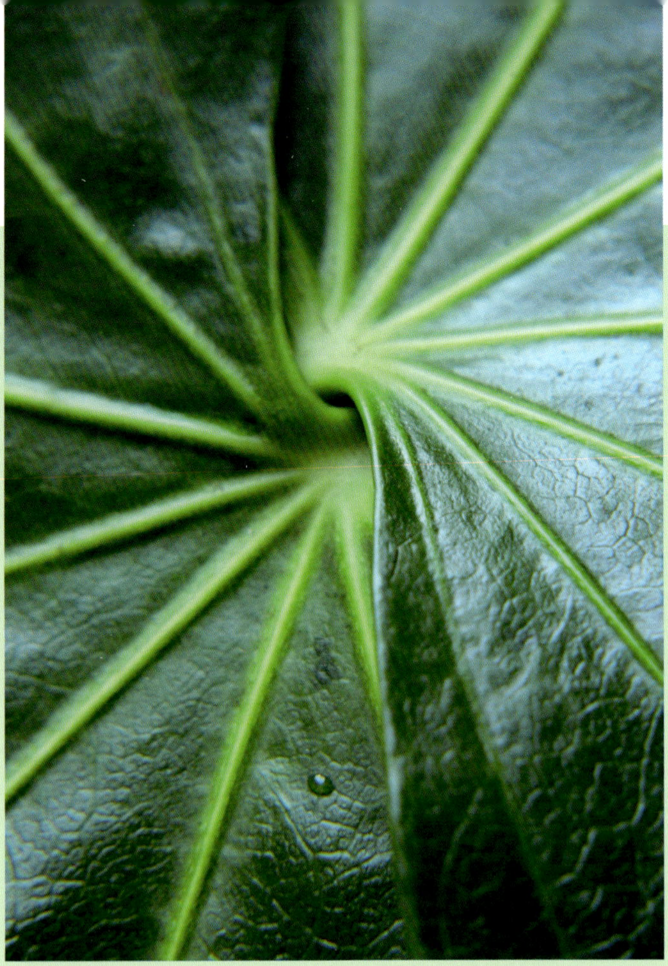

Abb. oben: Originalfoto

Bildgestaltung:

In diesem Bildbeispiel wurde das Originalfoto als Fine Art Print auf *Photo Rag*-Papier der Firma Hahnemühle ausgedruckt. Es ist ein hochwertiges Ink Jet-Papier, das auch über den eigenen Ink Jet-Farbdrucker bedruckt werden kann.

Für die einzelnen Fine Art Print-Papiere sind spezielle Druckprofile von den Herstellern erhältlich. Diese sind nützlich, um ein möglichst optimales Farbergebnis zu erzielen. Nach dem Druck wurde das Bild ohne Passepartout in einem mattsilbernen Rahmen gerahmt (Detail siehe Abb. unten).

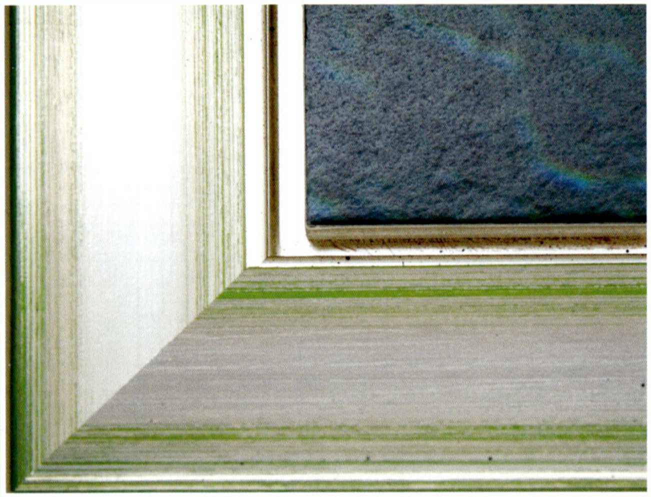

Tipp:

Passepartouts schützen Drucke und Kunstwerke vor manueller Beschädigung und schädlichen Umwelteinflüssen. Außerdem heben Rahmungen mit Passepartout die Bilder besonders schön hervor. Passepartouts gibt es in zahlreichen Farbvarianten, Papierqualitäten, Größen sowie individuellen Zuschnitten.

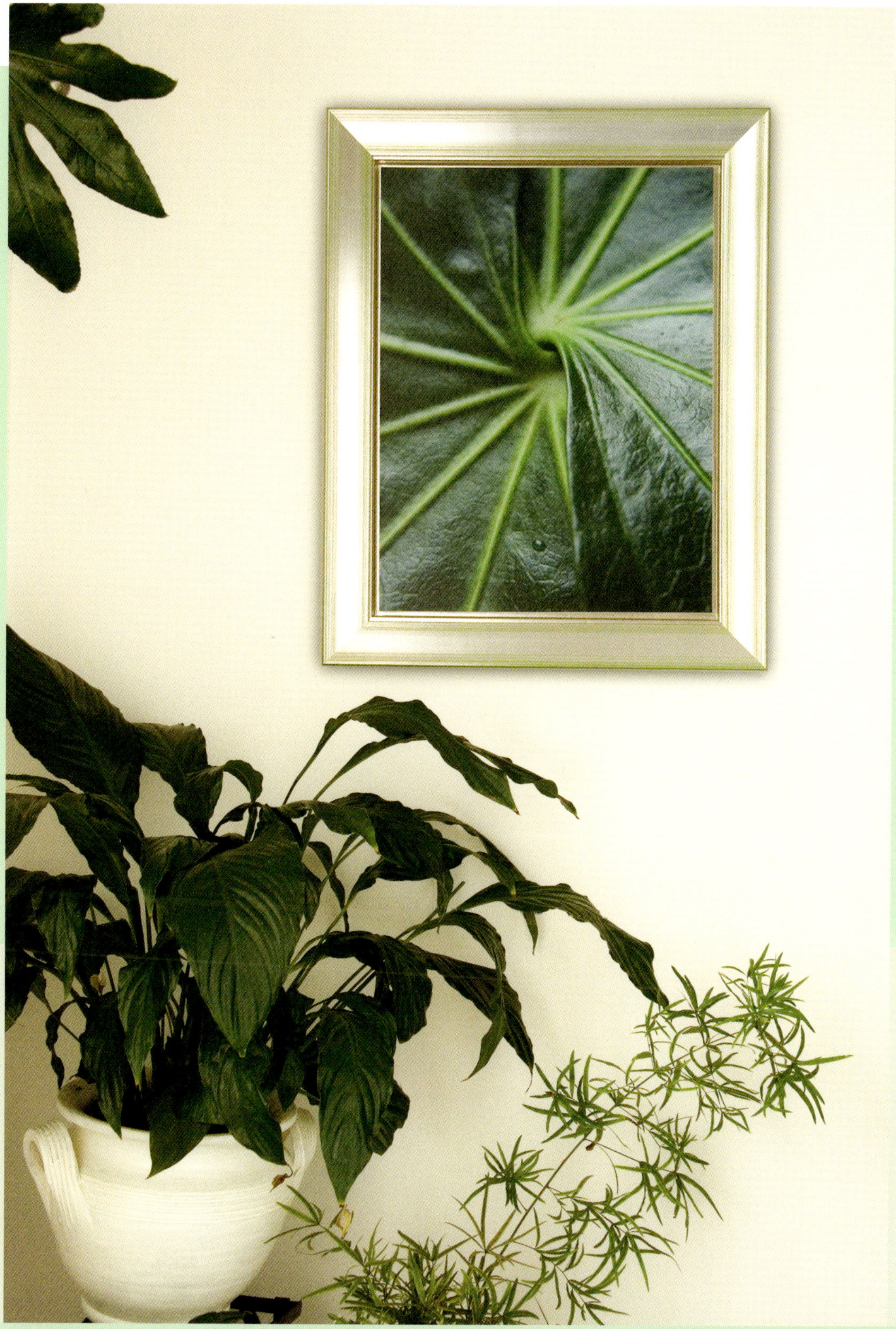

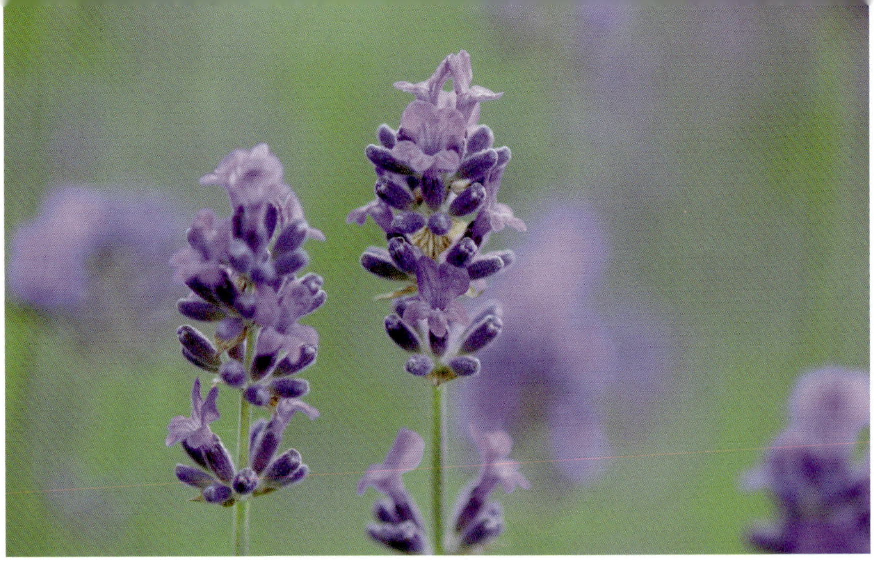

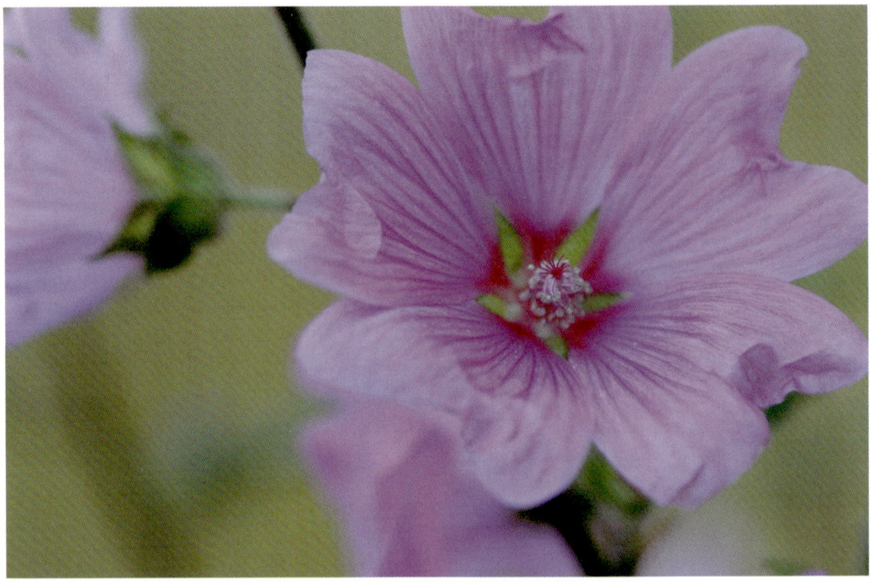

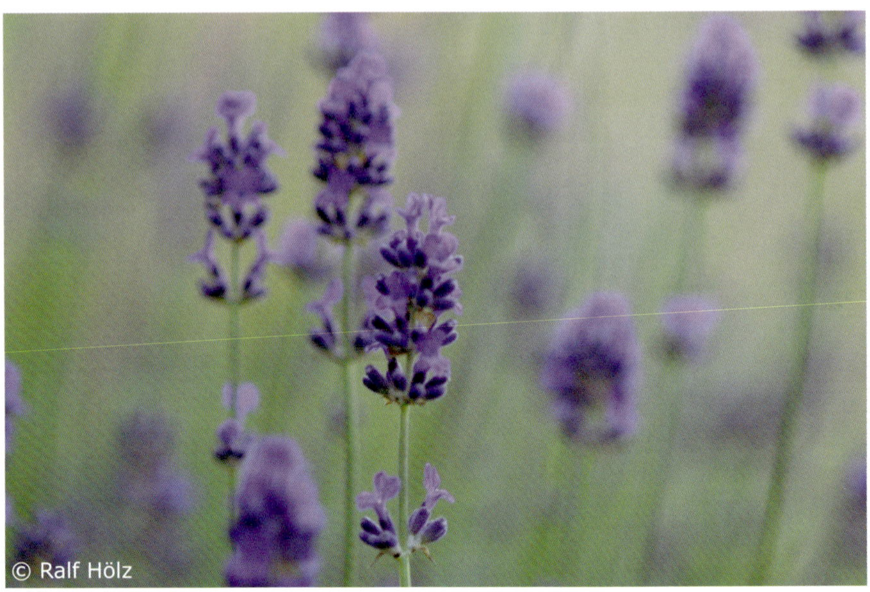
© Ralf Hölz

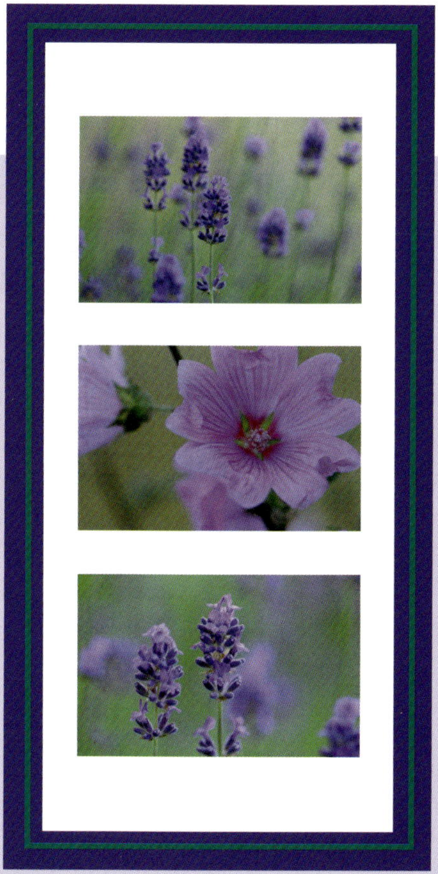

Bildgestaltung:

In der Natur lassen sich zu jeder Jahreszeit viele schöne Motive finden. Im Frühling und Sommer bieten sich z. B. Blüten an, im Herbst Blätter und Bäume und im Winter Motive aus der Eis- und Schneelandschaft.

Um eine Reihe zu erhalten, sollte man gleich mehrere Bilder eines Motivs fotografieren, nach Möglichkeit sowohl im Hoch- als auch im Querformat. So muss man sich bei der späteren Bildauswahl nicht einschränken und hat immer beide Formate zur Auswahl.

Das Bildbeispiel links zeigt, wie aus einzelnen Fotos von Feldblumen eine Bildreihe entsteht. Der Fokus liegt auf den Blüten im Vordergrund, das Grün im Hintergrund bietet einen schönen Kontrast zur Farbe der Blüten. Bei der Bildgestaltung spielt der Kontrast generell eine wichtige Rolle. Besonders eindrucksvoll wirken Komplementärkontraste. Motive, deren Farben eher ähnlich sind, wirken homogen bzw. monochrom.

Die Beispiele zeigen, wie unterschiedlich verschiedene Farben und die Art eines Rahmens wirken können. Bei einem Fertigrahmen muss das Format der Bilder auf das Rahmenformat abgestimmt werden, bei einem angefertigten Rahmen kann man die Größe selbst festgelegen. Passepartouts sind erhältlich mit einem oder mehreren Ausschnitten und können individuell in jeder Größe zugeschnitten und an das endgültige Rahmenformat angepasst werden.

Bei den Passepartouts und Leisten, aus denen der Rahmen angefertigt wird, gibt es eine große Auswahl an Farben und Stilen.

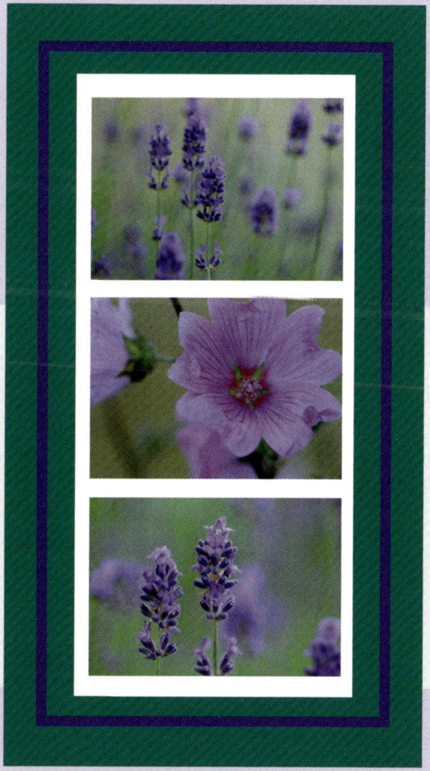

Tipp:

Ein farblich abgestimmter Rahmen unterstützt zusätzlich die Bildwirkung eines Motivs. Der Rahmen kann in den Farben gehalten sein, die auch im Bild vorkommen oder in einer kontrastierenden Farbe. Besonders bei Bildreihen sind Passepartouts mit mehreren Ausschnitten sehr zu empfehlen, da die Charakteristik der Reihe dadurch besonders schön betont und hervorgehoben wird.

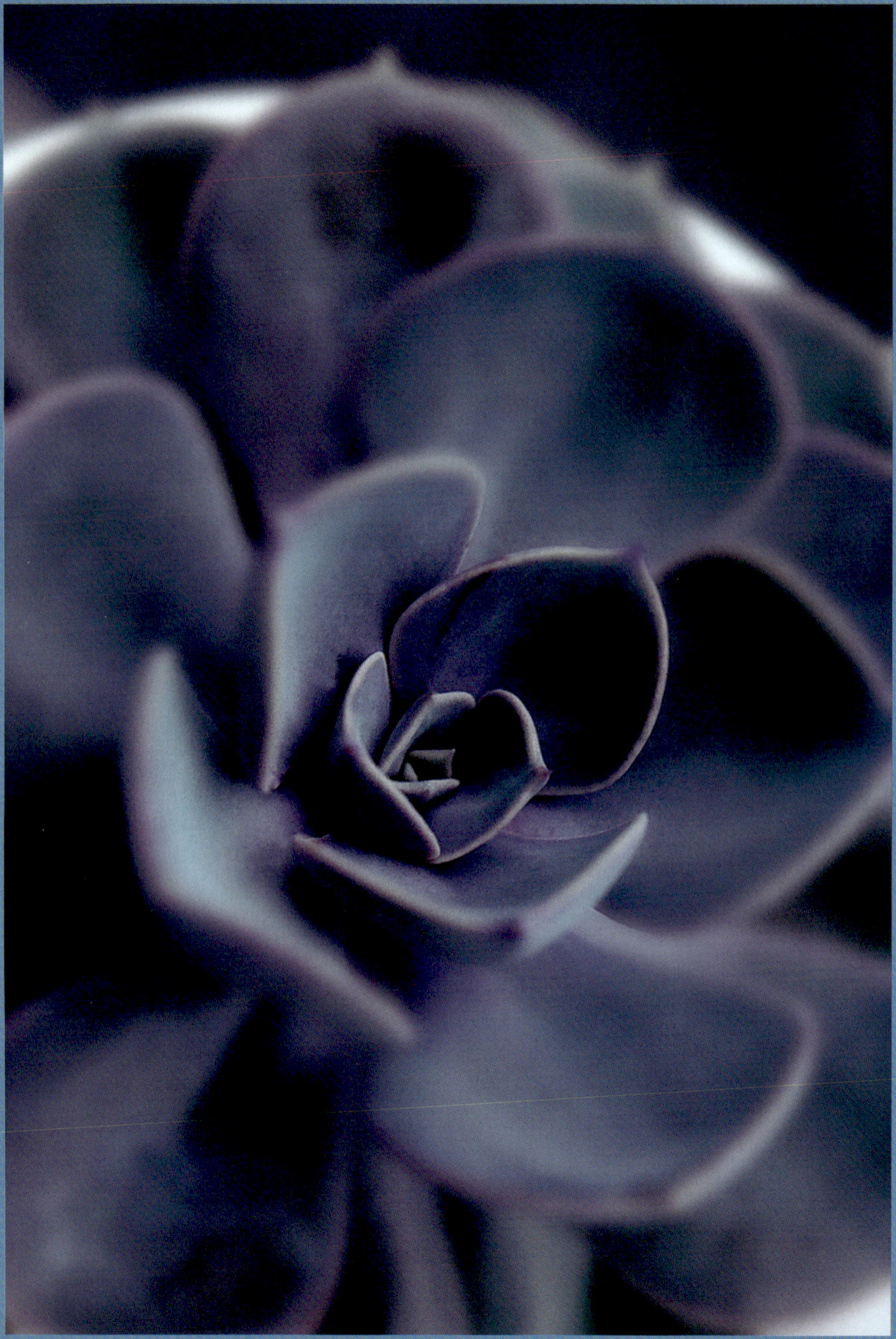

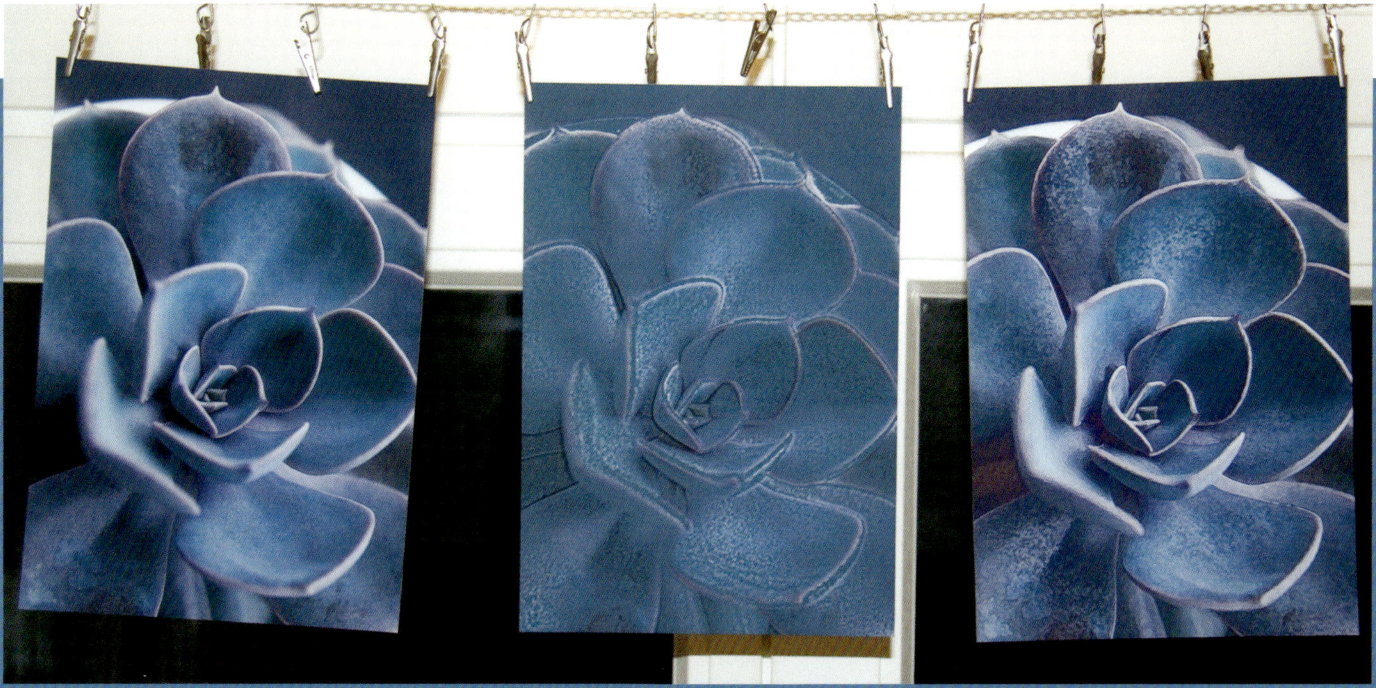

Bildgestaltung:

Das Bildbeispiel zeigt eine eher ungewöhnliche und trendige Form der Bildpräsentation. Die Drucke sind mit Clips an einer Kette befestigt, die in einem Fensterrahmen gespannt ist.
Diese besonders flexible Form der Bildpräsentation lässt sich selbst auf kleinstem Raum realisieren und ist in der Länge leicht anzupassen. Befestigt wird die Kette mit Haken oder Schrauben an der Wand.

In der Abbildung oben sind drei Variationen des Motivs umgesetzt worden. Links ist das Originalbild zu sehen, mittig ist es mit dem Filter „Buntstift" und rechts mit dem Filter „Malerei" bearbeitet. Die Bilder wurden auf Fine Art Print-Papier gedruckt.

Tipp:

Bilder bzw. Drucke können auch nachträglich laminiert werden, um sie widerstandsfähig gegen Schmutz und Nässe zu machen. Beim Laminieren wird das Bild zwischen zwei Folien eingeschweißt und ist so komplett wasserfest, also auch für die Präsentation draußen geeignet. Wie wäre es z. B. einmal damit, den Balkon mit Bildern zu verschönern? Die entsprechenden Geräte und Folien sind kostengünstig in Geschäften für Bürobedarf erhältlich und es kann bis zum Format DIN A4 laminiert werden.

Bildgestaltung:

Die Abbildung auf der rechten Seite zeigt, wie aus einzelnen digitalen Fotos von Gemüse und Kräutern eine sehr ansprechende Bildreihe entsteht.
Der Druck erfolgte auf *Photo Rag*-Papier, anschließend wurden die Bilder auf eine 3 mm starke Alu-Dibond-Platte bündig aufgezogen.

Dieser Bildgrund aus Aluminium (mit schwarzem Kunststoffkern) hat auf der Vorderseite eine gebürstete Optik, eine hervorragende Planlage und ist sehr biegfest. Die Rückseite hat eine einbrennlackierte, platinweiße und hochglänzende Optik.
Dieser Bildgrund ist in sehr vielen verschiedenen Formaten erhältlich, ab 10 x 10 cm bis 80 x 120 cm und kann auch über Sieb- oder Digitaldruck direkt auf der Oberfläche bedruckt werden.

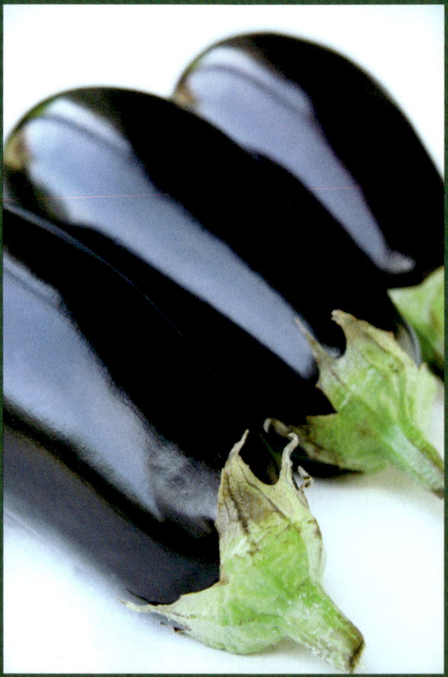

Das Material kann vielfältig weiterverarbeitet werden. Möglich ist Sägen mit einer Stichsäge, Schneiden, Biegen und Walzen, Abkanten, Lackieren und Kaschieren.

Die Aluplatte kann auch nach der Fertigstellung zusammen mit einem Distanzhalter montiert werden, der als Abstandhalter zur Wand dient.
Der Distanzhalter kann an der Alu-Dibond-Platte leicht mit einem Montagekleber befestigt werden.

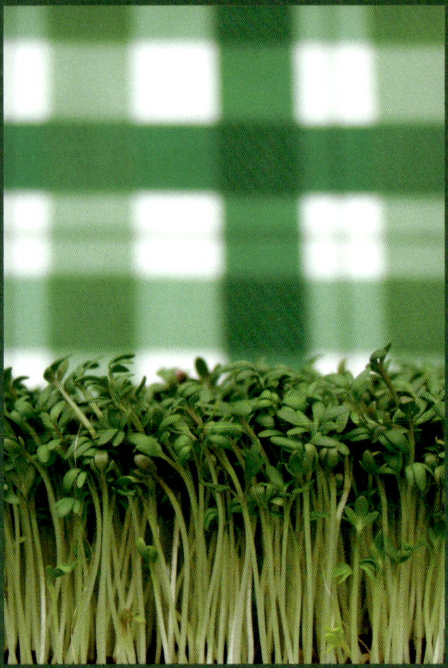

Die Aluminiumplatten sind sehr leicht und formstabil, sodass auch große Formate nur ein geringes Gewicht aufweisen. An der Seite der Aluplatte ist der schwarze Innenkern zu sehen, eingefasst von den zwei alufarbenen Schichten.

Dieser moderne Bildträger kann in sehr vielen Bereichen zum Einsatz kommen, das Material passt z. B. auch gut zum Thema Architektur, zu technischen Fotos oder Grafiken und Zeichnungen.

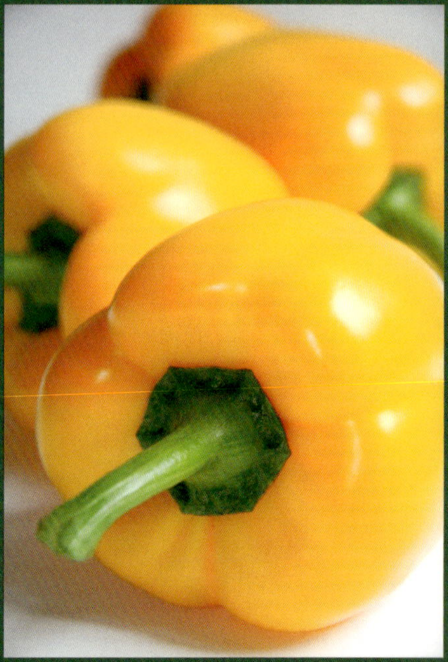

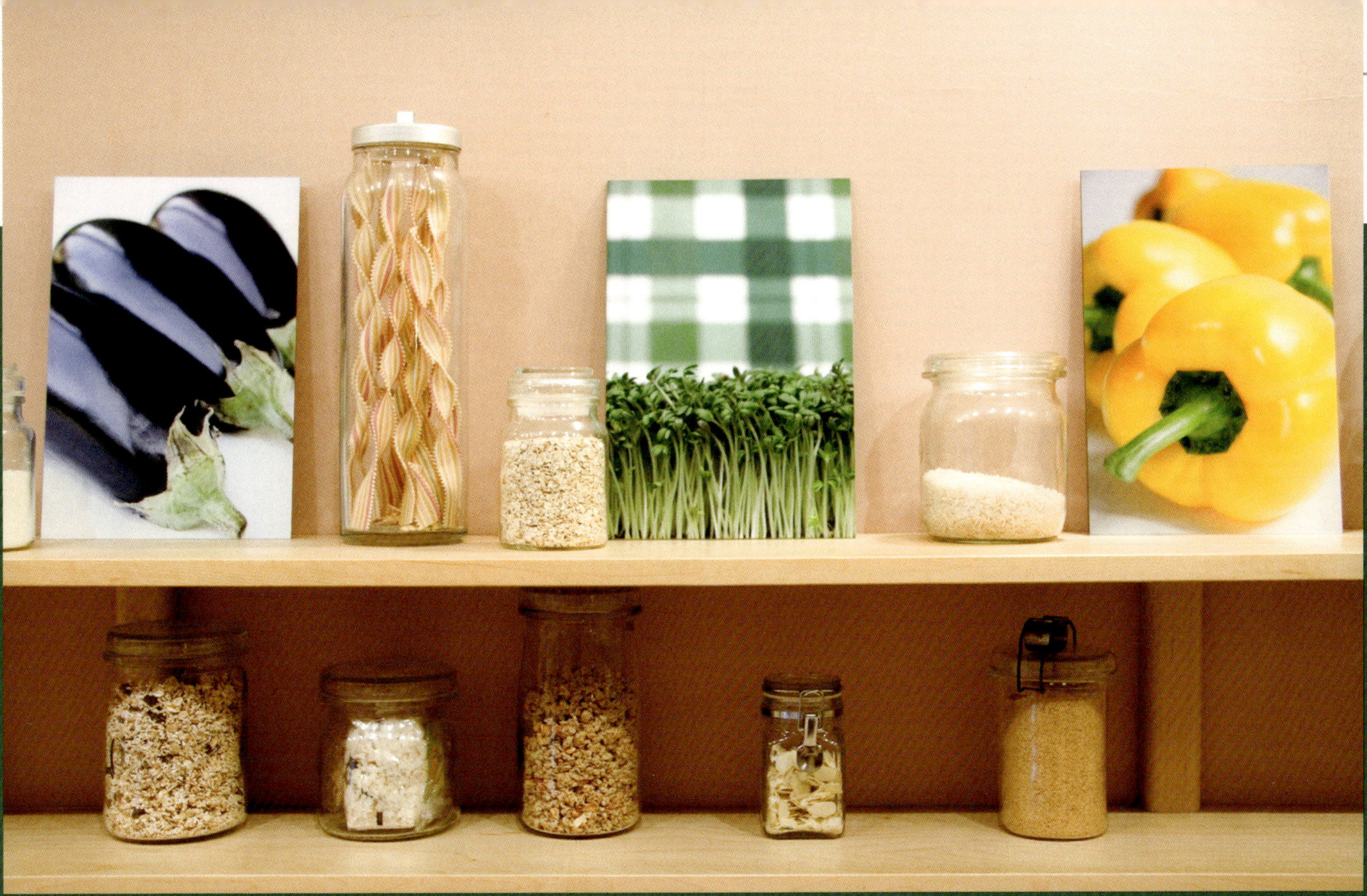

Abb. rechts:
Kante der Alu-Dibond-Platte im Detail

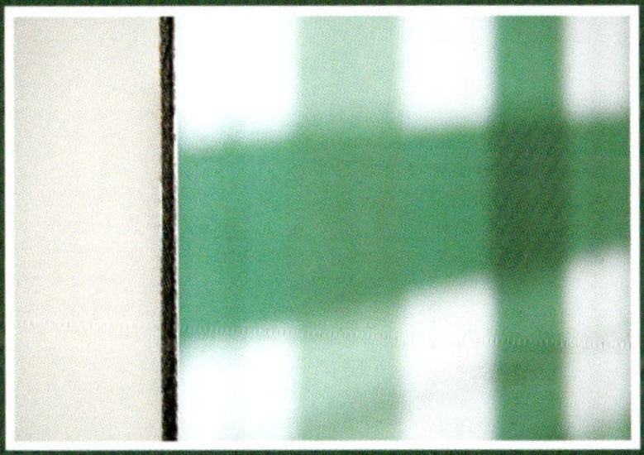

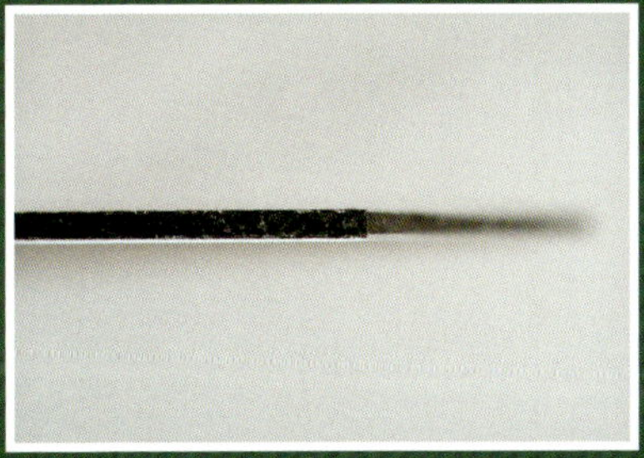

Abb. links:
Kante der Alu-Dibond- Platte mit Kunstoff-Innenkern im Detail

Tipp:

Eine nachträgliche UV- und Schutzversiegelung ist beim Druck auf *Photo Rag*-Papier anzuraten. Das Material ist empfindlich gegen Verschmutzungen und Feuchtigkeit. Wenn Sie Bilder in Bereichen wie Küche oder Bad anbringen möchten, sollten Sie darauf achten, dass diese nicht in Berührung mit Feuchtigkeit kommen. Ebenso sollte man Alu-Dibond-Platten vor scharfen Kanten und Kratzern schützen, da sonst die bedruckte Oberfläche zerstört werden könnte.

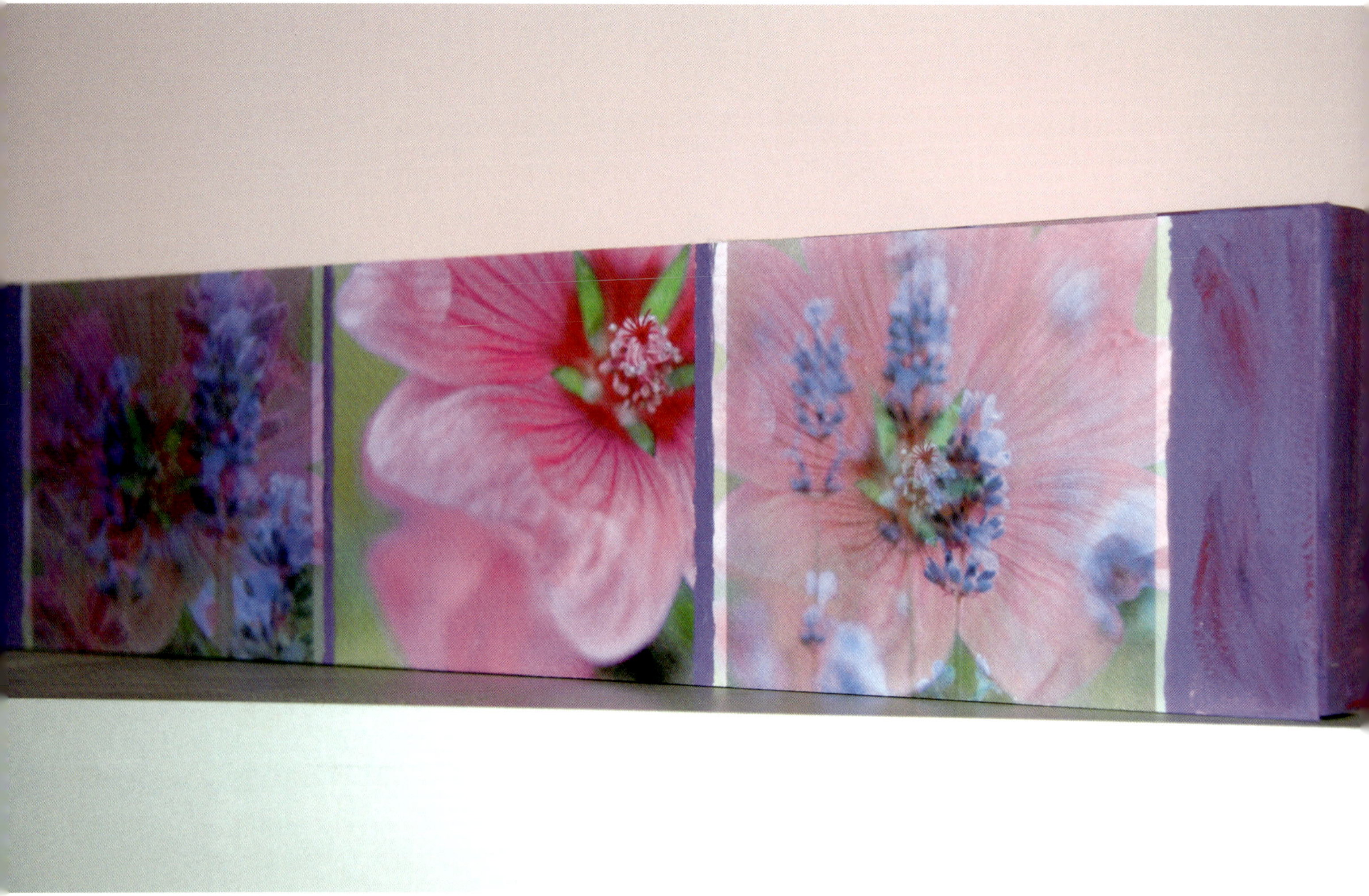

Bildgestaltung:

Dieses Beispiel zeigt veränderte und miteinander kombinierte Motive aus der vorherigen Serie mit den Feldblumen.

Die Motive überlagern sich teilweise und ihre Deckkraft ist so gemindert worden, dass sie teilweise transparent und durchlässig erscheinen.

In Bildbearbeitungsprogrammen arbeitet man häufig mit verschiedenen Ebenen, die in ihrer Reihenfolge und Erscheinung variabel sind. Es ist möglich, jede Ebene alleine für sich zu bearbeiten und in Deckkraft und Farbe anzupassen. In diesem Fall sind die Motive auf Ink Jet-Papier im Format DIN A3 mit mittlerer Struktur über einen Tintenstrahldrucker gedruckt und anschließend auf einen Bildträger aus Holz (Casani) aufgezogen worden.

Der Holzkörper wurde vorher mit Acrylfarbe violett grundiert und nach einer Trocknungszeit mit dem Ausdruck beklebt.

Nach dem Aufkleben des Ausdrucks wurden mit einem feineren Pinsel noch leichte Strukturen und feine Striche in anderen Farben hinzugefügt, die sich ebenfalls in den Motiven wiederfinden.

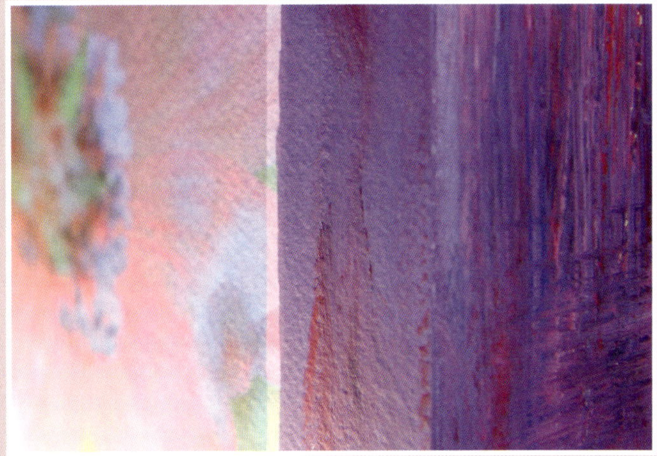

Abb. oben: Detailansicht der Rahmenkante

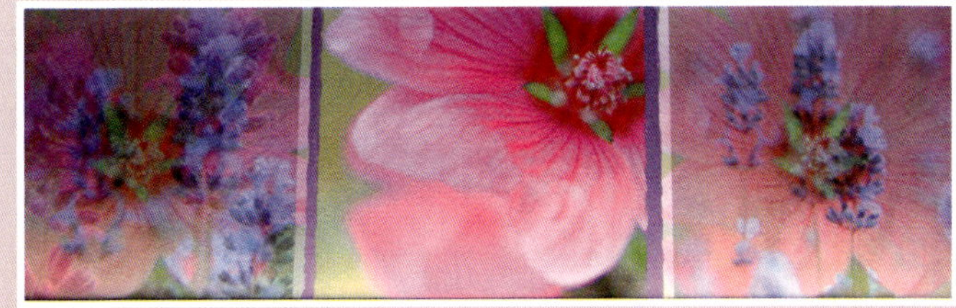

Tipp:

Das ausgedruckte Bild wurde mit einem speziellen Kleber (Planatol) auf den Holzkörper geklebt, der für verschiedene (auch rauhe und saugende) Untergründe geeignet ist. Sprühkleber kann man ebenfalls sehr gut für das Aufkleben von Papieren verwenden. Für Ihre ersten Versuche sollten Sie allerdings einen Kleber wählen, der sich wieder ablösen lässt, damit Sie bei falscher Positionierung des Bildes noch eine Korrektur vornehmen können.

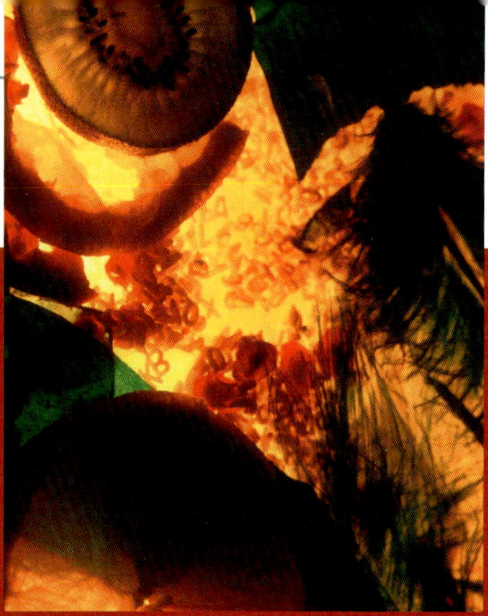

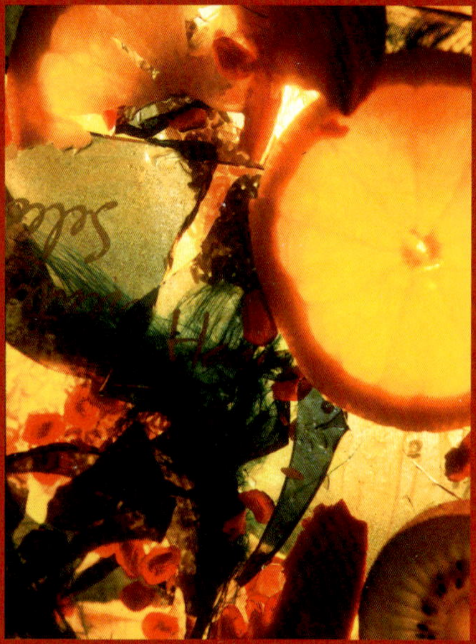

Bildgestaltung:

Die Bildbeispiele auf dieser Seite zeigen zwei Motive aus Reststoffen und Müll des Alltags (Reste von Lebensmitteln, Scherben, Papier, Stoff), frei im Sinne einer Collage zusammengestellt und mit Durchlicht fotografiert.

Unter einem Glastisch wurde ein Blitzlicht angebracht und zusätzlich zwischen Glasplatte und Objekt eine gelbe Filterfolie gelegt, auf der die Objekte dann arrangiert wurden.
Das Licht strahlt die liegenden Objekte an bzw. leuchtet durch sie hindurch, was einen sehr schönen und interessanten Effekt ergibt, besonders bei lichtdurchlässigen Objekten.

Die Collage wurde analog auf Diafilm fotografiert und das Bild nach der Entwicklung über die Durchlicht-Einheit des Scanners digitalisiert.

Die besondere Farbgebung des Bildes, die warme Anmutung und der Gelbton, sind auch nach der Digitalisierung beibehalten worden.

Um den Effekt des Durchlichts hervorzuheben, wurden die Motive auf Leinwand ausgedruckt und danach auf eine Acrylglasplatte aufgezogen. Diese Acrylglasplatte kann in eine Halterung eingesetzt werden, hinter der sich das Gestell einer Lampe mit Lampenfassung befindet.

So wird die Acrylglasplatte von hinten beleuchtet, was den ursprünglichen Eindruck des Lichts erneut betont.
Diese Lampenhalterung ist sehr leicht und simpel konstruiert, der Austausch der Glasplatten einfach und schnell.
Daher ist die Lampe sehr flexibel und kann immer wieder mit anderen Motiven umgestaltet werden.

Abb. unten:
Kante der Acrylglasplatte und Befestigung an der Lampe im Detail

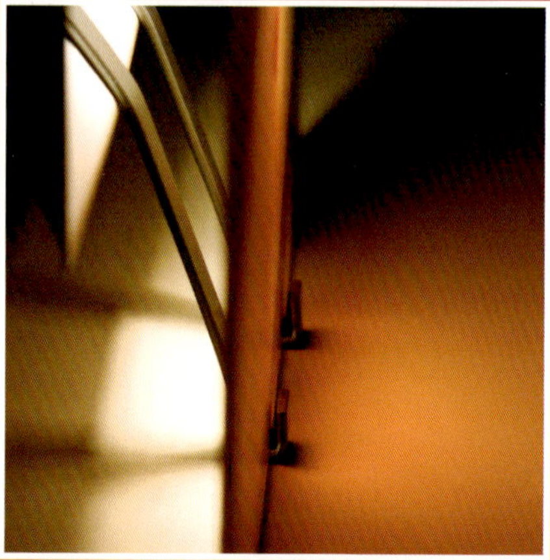

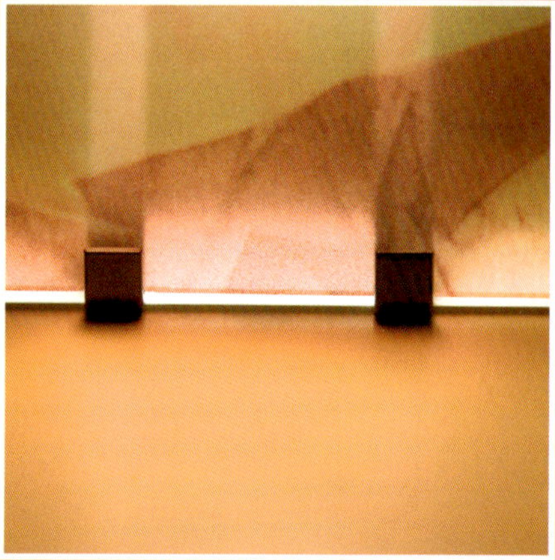

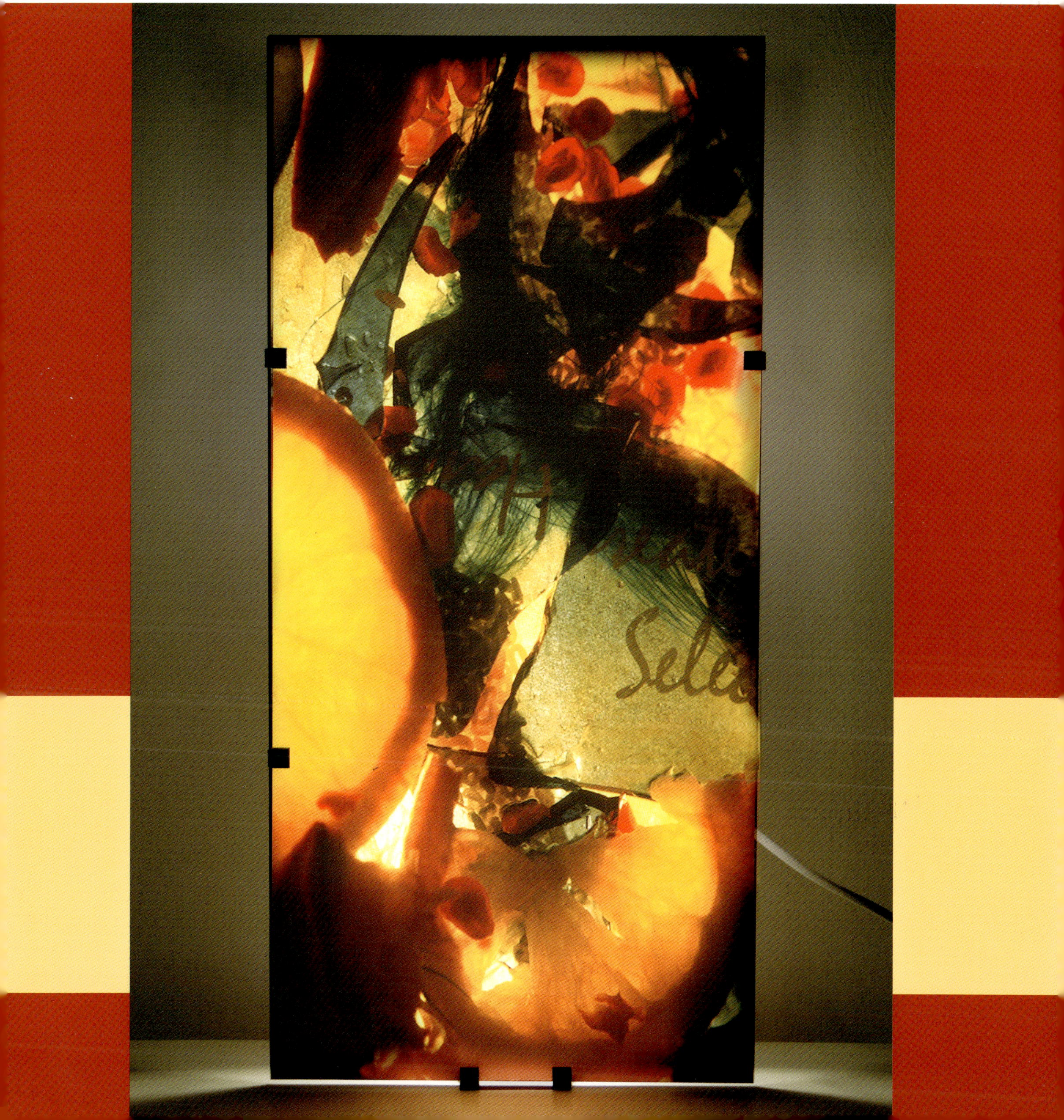

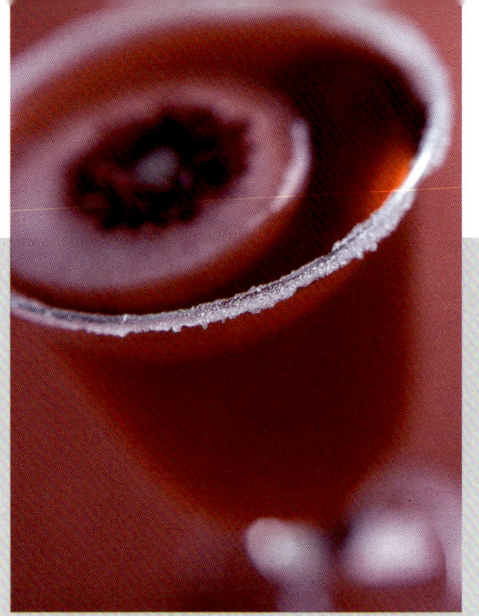

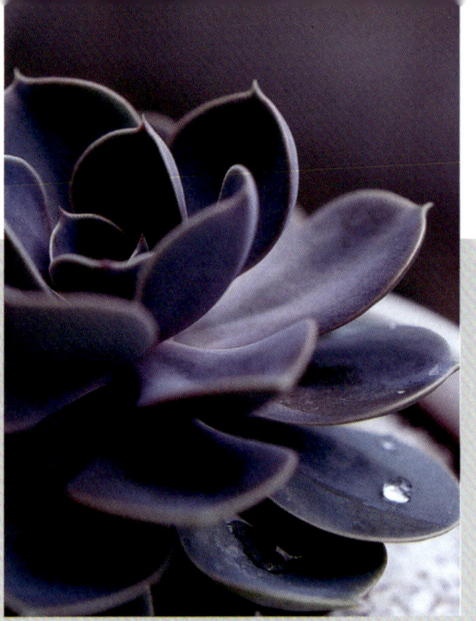

Bildgestaltung:

Die Bildbeispiele auf dieser Seite zeigen Fotos aus dem Bereich „Food" und „Pflanzen". Es handelt sich um ein Glas, gefüllt mit einem Saftgetränk, das aufwendig verziert und mit präparierten Eiswürfeln dekoriert ist sowie um die Details der Blätter einer Sukkulentenpflanze mit einem Wassertropfen.

Motive dieser Art lassen sich leicht in der Küche, im Garten und Umfeld finden. Das kann z. B. ein besonders schön arrangiertes Gericht oder eine verlockend aussehende Frucht oder Pflanze sein.

Es eignen sich aber auch Lebensmittel wie z. B. ungekochte Nudeln oder Obst und Gemüse, da oftmals schon Form und Struktur sehr interessant sind und die Farben appetitlich wirken.

Die Zubereitung der Speisen und Dekoration nimmt etwas Mühe und Zeit in Anspruch, aber wer gerne kocht, dem wird das Ergebnis sicher die Arbeit wert sein.

Ebenso können ein gedeckter Tisch oder Details der Tischdekoration ein schönes Motiv bieten und z. B. für eine Einladungs- oder Menükarte weiterverwendet werden.

Interessante Pflanzen sind überall zu finden und gerade für Nahaufnahmen sehr gut geeignet.

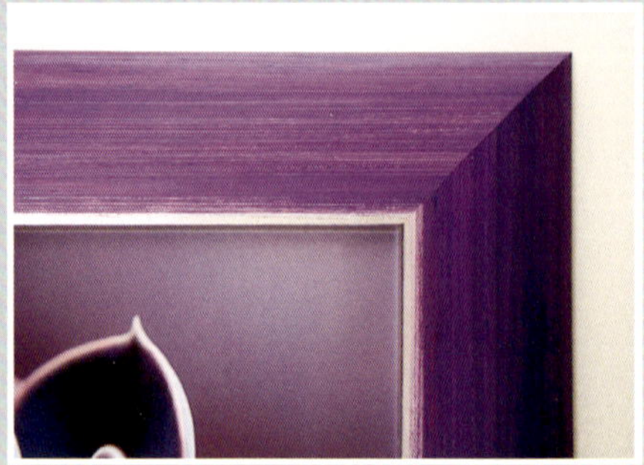

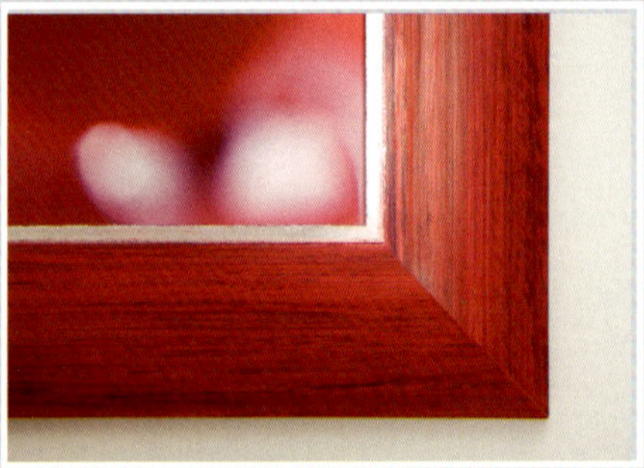

Tipp:

Ein Bild mit einer starken Farbgebung wie in diesen Beispielen wirkt besonders edel und hochwertig, wenn es in einer passenden Farbe gerahmt wird. In diesem Fall wurden breite Rahmenleisten gewählt. Auf ein Passepartout wurde verzichtet. Die Auswahl an Rahmen und Leisten ist groß und man kann sich umfassend beraten lassen und sollte verschiedene Varianten der Rahmung ausprobieren. In diesem Fall sind die Rahmen im Farbton der Fotos gehalten, was sehr ansprechend und hochwertig wirkt.

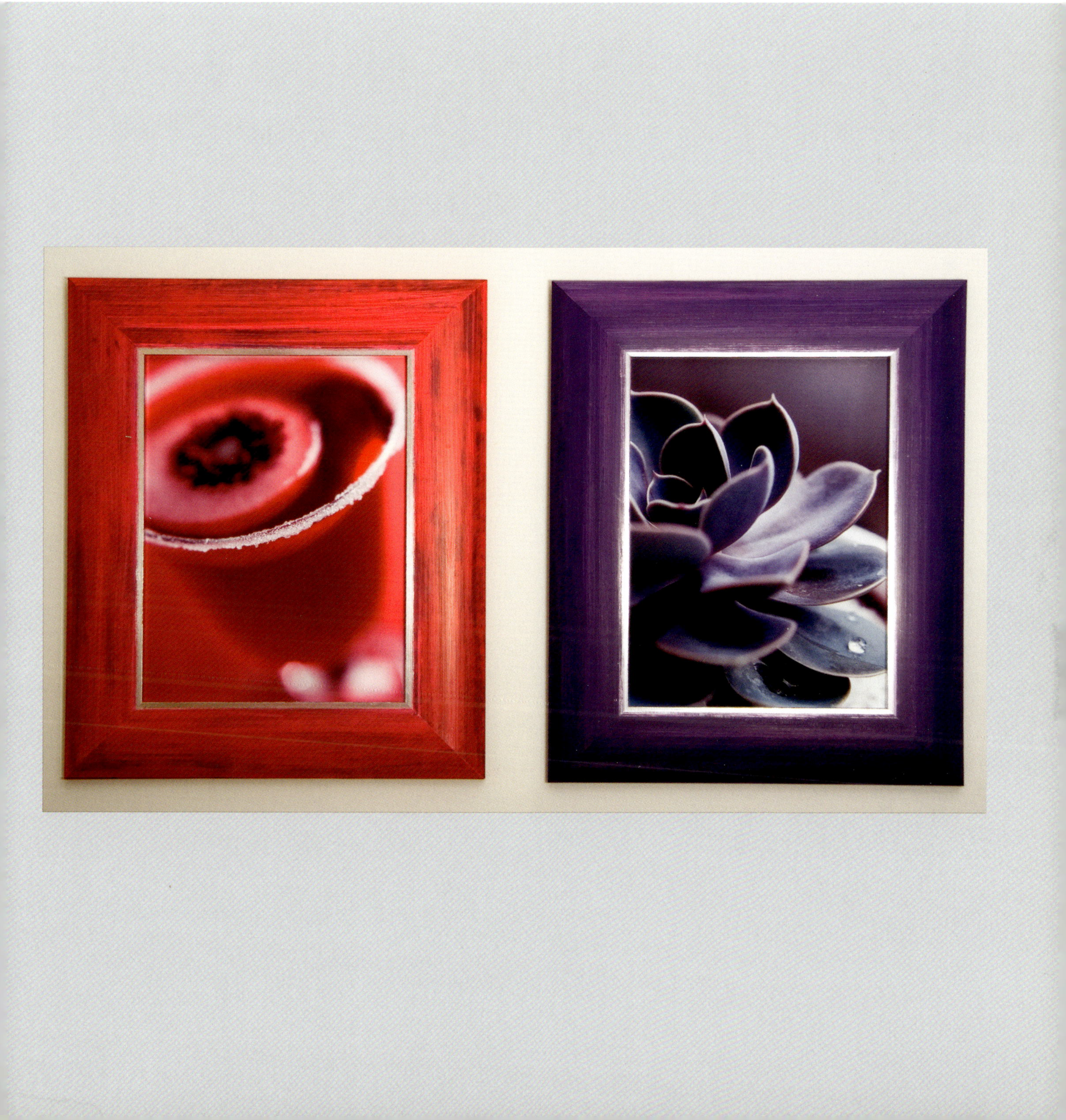

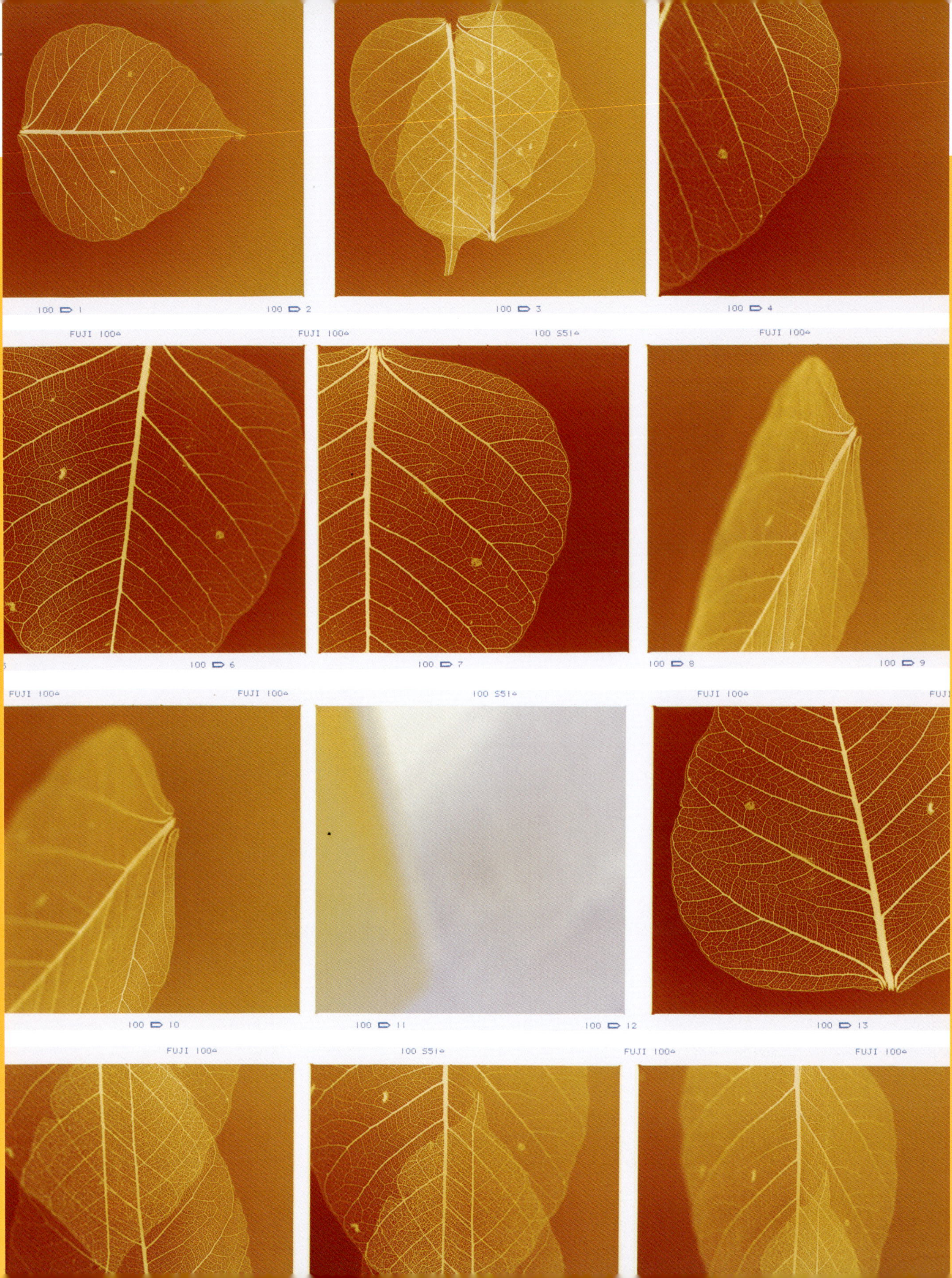

100 1
100 2
100 3
100 4
FUJI 100
FUJI 100
100 S51
FUJI 100
100 6
100 7
100 8
100 9
FUJI 100
FUJI 100
100 S51
FUJI 100
100 10
100 11
100 12
100 13
FUJI 100
100 S51
FUJI 100
FUJI 100

NATUR

Wie schon im vorherigen Kapitel erwähnt, bietet die Natur zu jeder Jahreszeit Motive in Hülle und Fülle. Dabei lohnt es sich, stets die Augen offen zu halten und sich nicht nur auf ein unmittelbares Motiv zu konzentrieren. Auch das Motivumfeld kann, wie die folgenden Beispiele zeigen, mit dem eigentlichen Bildinhalt zu einem idealen Motiv komponiert werden. Dabei bieten Farbkontraste oder Strukturen und Linien interessante Gestaltungselemente.

Bildgestaltung:

Die Bildbeispiele rechts zeigen Motive aus der Natur, wie sie im Herbst zu finden sind. Die Farben und Motive wirken ausgewogen, da die Farbvielfalt der Blätter und ihre farblichen Gegensätze vor dem zurückhaltenden, ruhigen Hintergrund besonders schön zur Geltung kommen.

Die Motive wurden analog mit einer Spiegelreflexkamera auf Kleinbildfilm mit Tageslicht fotografiert und anschließend mit einem Dia-Scanner digitalisiert. Das Ergebnis wurde ohne weitere Nachbearbeitung auf Fine Art Print-Papier ausgedruckt.

Bilder einer Reihe oder Serie sehen als Bildpaar arrangiert ansprechend und stimmungsvoll aus. Es können ähnliche, oder ganz verschiedene Motive gewählt werden, die aber zusammenhängende Motivteile aufweisen. Je nach Rahmengröße und Format bietet es sich an, die Bilder neben- oder untereinander anzuordnen.

Tipp:

Eine nachträgliche UV- und Schutzversiegelung ist beim Druck auf *Photo Rag*-Papier anzuraten, da das Material empfindlich gegen Verschmutzungen ist. Es kann auch ein Spray-Fixativ verwendet werden, um die Oberfläche etwas widerstandsfähiger zu machen.

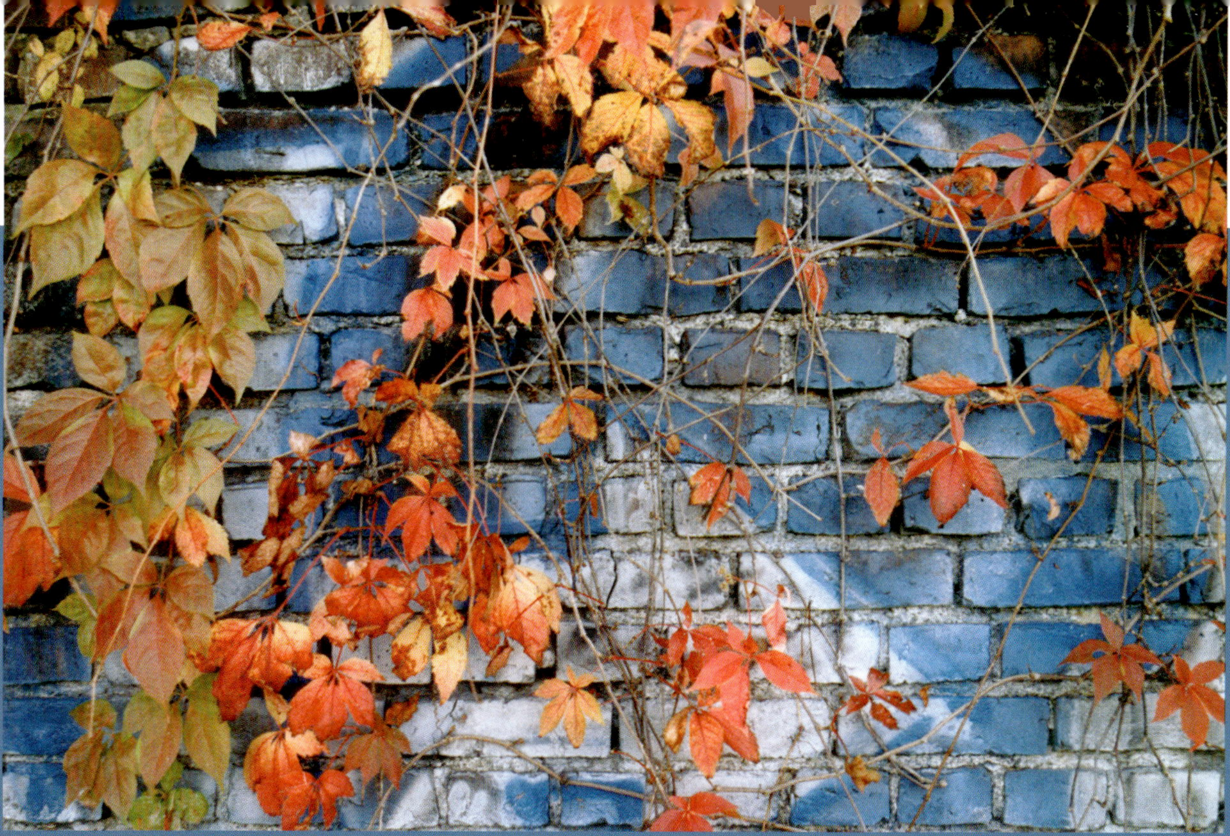

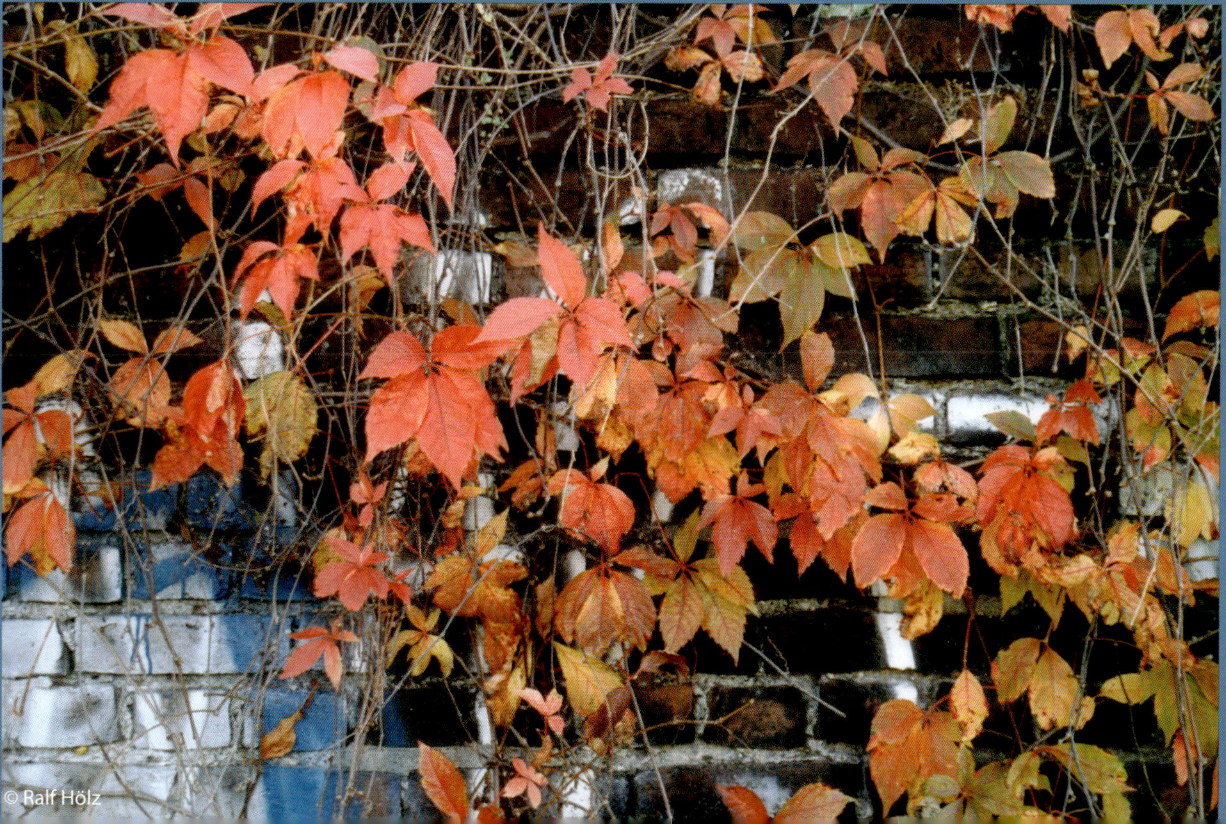

© Ralf Hölz

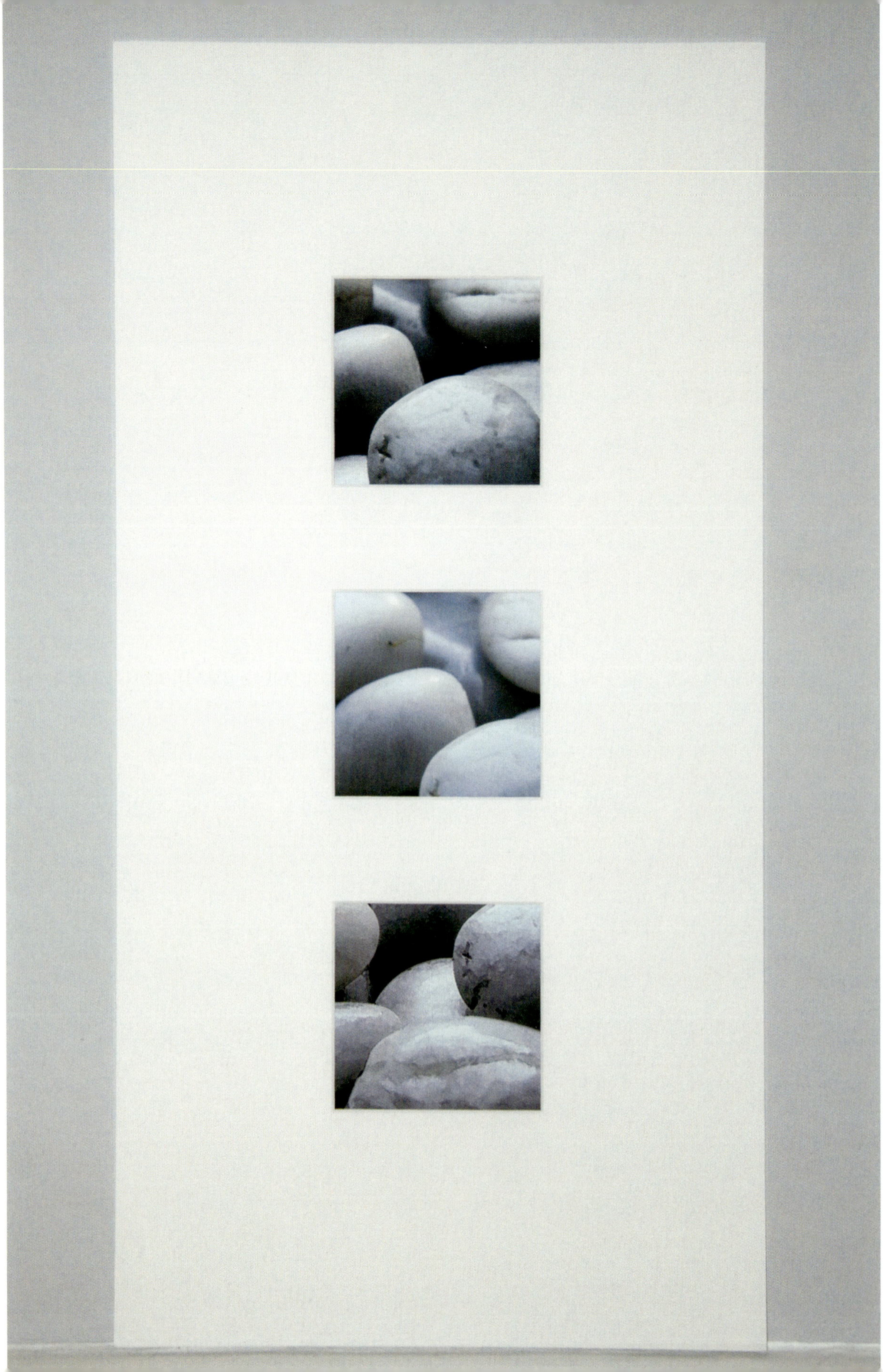

Bildgestaltung:

Die Bildbeispiele unten zeigen ein mit verschiedenen Filtern nachbearbeitetes Foto mit Kieselsteinen. Das Originalbild unten rechts wurde mit einem Aquarellfilter verändert und anschließend auf strukturiertem Fine Art Print-Papier ausgedruckt. Zur Präsentation wurden verschiedene Ausschnitte der Drucke verwendet und hinter ein Passepartout mit drei Ausschnitten geklebt. Durch die Wahl eines quadratischen Bildformates können mehrere Ausschnitte aus dem Hochformat des Originalbildes genutzt werden.

Passepartouts kann man in allen erdenklichen Formen in Fachgeschäften finden, rechteckig, oval, rund oder sogar in speziellen Stanzformen wie z. B. in Stern- oder Herzform. Passepartouts sind mit einem oder mehreren Ausschnitten erhältlich und Sonderformate oder individuelle Zuschnitte können auf Wunsch angefertigt werden. Ebenso gibt es bei der Stärke der Passepartouts und den Farben eine sehr große Auswahl.

Tipp:

Für unser Bildbeispiel wurde ein kleines Format verwendet. Probieren Sie bei einem kleinen Motiv oder einer Nahaufnahme einmal ein Großformat aus. Durch die übergroße Darstellung können übliche Sehgewohnheiten durchbrochen werden und ganz neue Eindrücke entstehen.

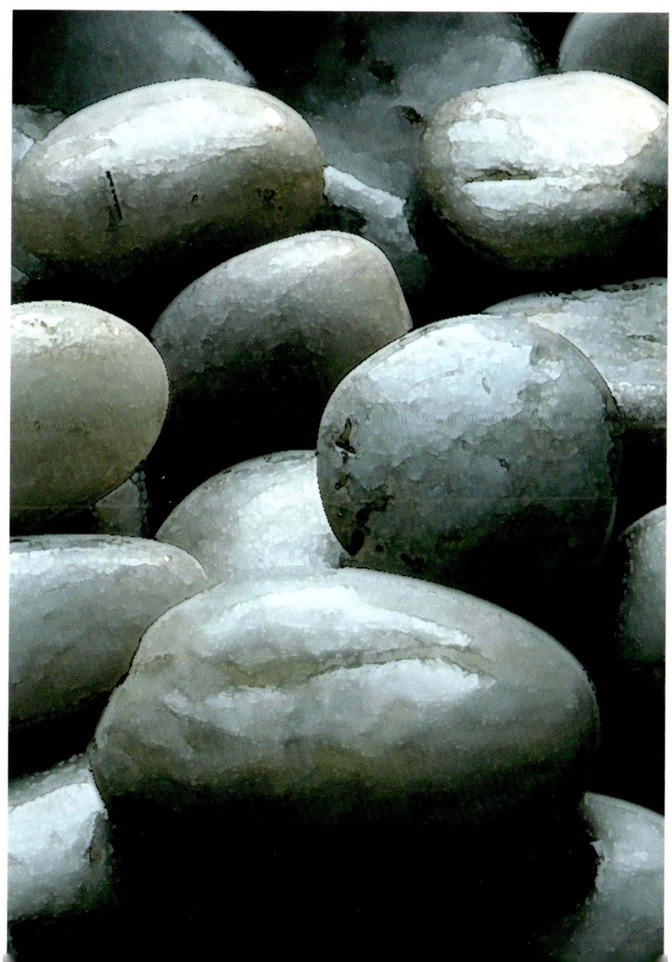

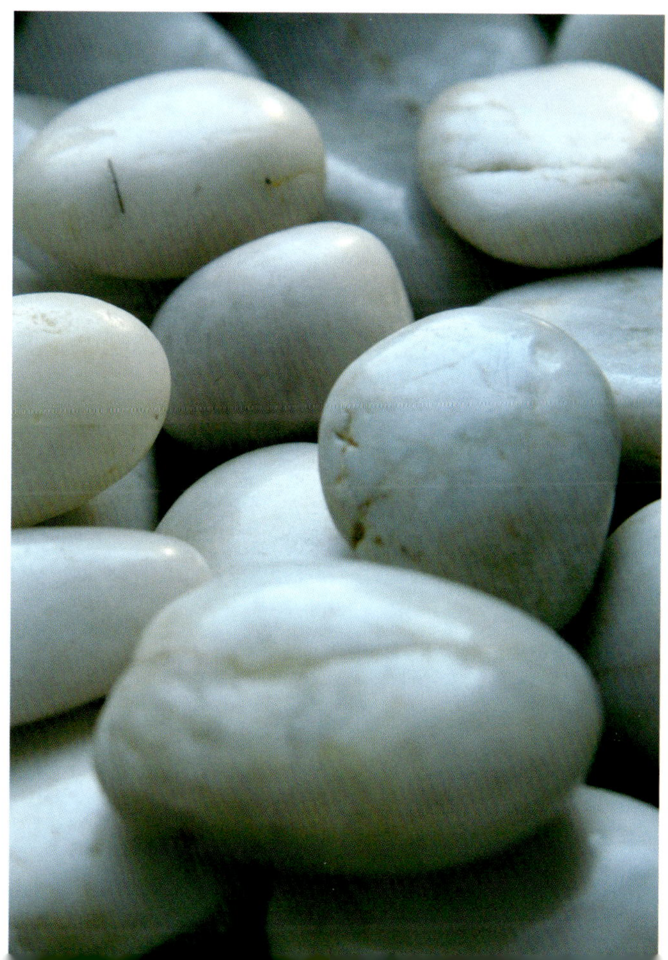

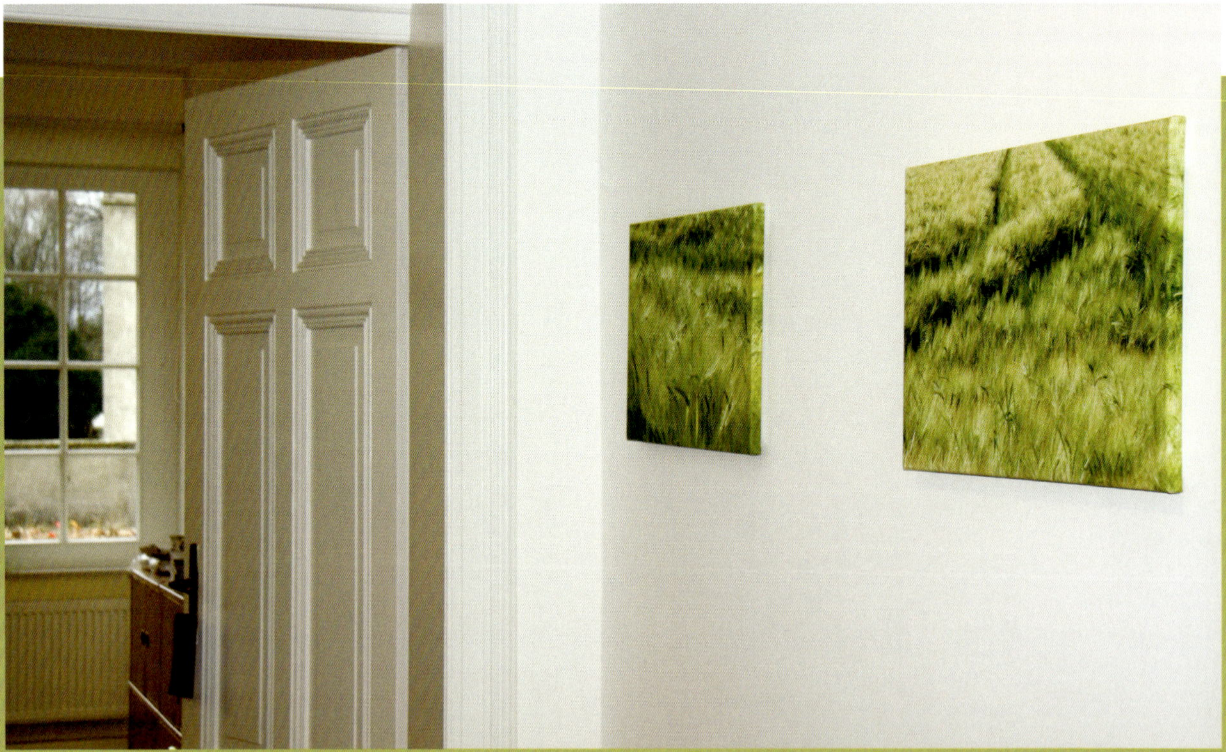

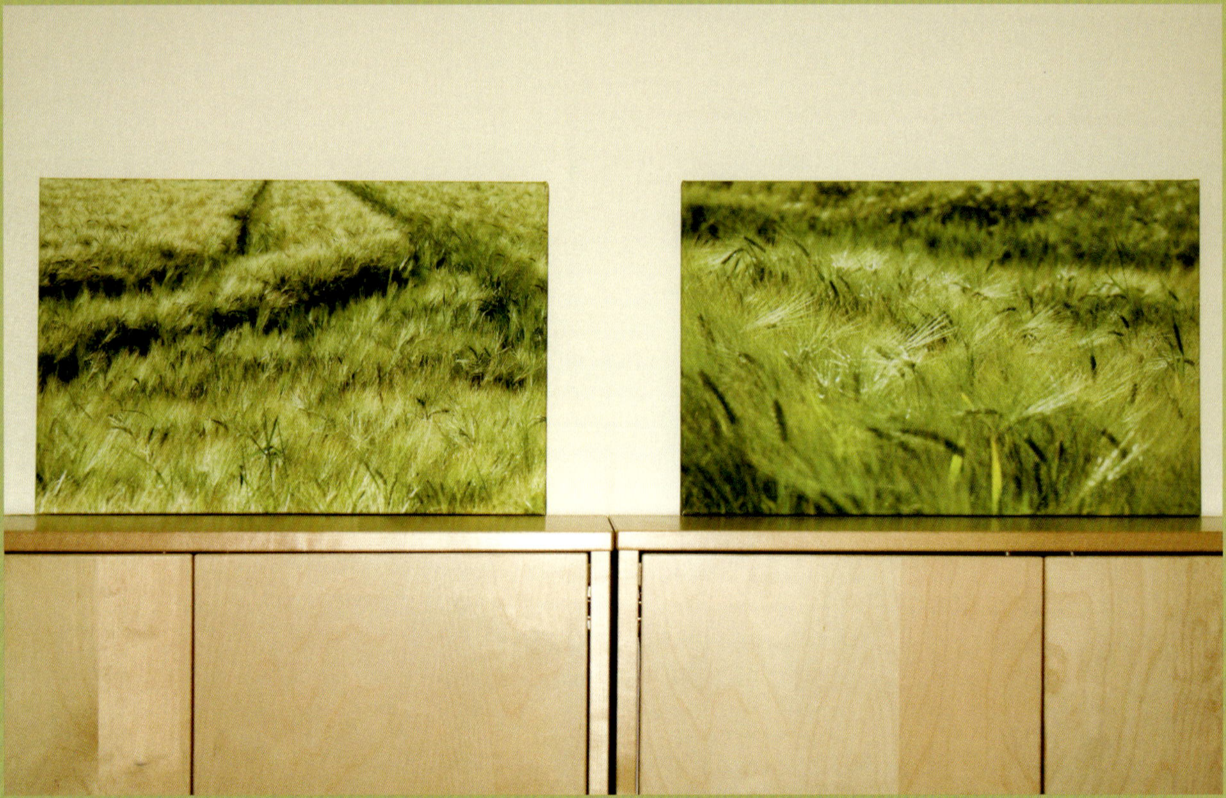

Bildgestaltung:

Die Bildbeispiele links zeigen zwei Motive aus der Natur, bei Tageslicht im Frühsommer mit einer digitalen Spiegelreflexkamera fotografiert. Die Struktur im Kornfeld und die Form und Details der Ähren ergeben ein spannendes Bildpaar. In der Natur gibt es zahllose Motive, z. B. Bäume, Blätter, Steine, Felsen etc., der Fantasie sind keine Grenzen gesetzt.

Bei einem Spaziergang kann man die interessanten Motive der Umgebung sichten und dann, wenn die Wetter- und Lichtverhältnisse es erlauben, mit der Kamera den optimalen Bildausschnitt und die Perspektive wählen.

Falls draußen bei Sonneneinstrahlung fotografiert wird, sollte unbedingt eine Sonnen- oder Gegenlichtblende benutzt werden, um seitlichen Lichteinfall zu verhindern, der störende Blendflecken oder Schleier verursachen würde.

Manchmal empfiehlt sich der Einsatz eines UV-Filters, um durch UV-Licht verursachte Störungen zu korrigieren, da er das ultraviolette Licht absorbiert.

Störungen durch UV-Licht sind bei Farbfilmen ein Blaustich, bei Schwarz-Weiß-Filmen Unschärfe und Schleier. Häufig wird ein UV-Filter auch als reiner Schutzfilter für das Objektiv verwendet, damit die empfindliche Oberfläche des Objektivs vor Staub und Kratzern geschützt ist.

Falls eine besonders starke Absorption von UV-Licht gewünscht ist, sollte man einen Skylight-Filter verwenden, da dieser das UV-Licht noch effektiver filtert.

Die beiden Bilder des Feldes sind über den Fine Art Print-Service auf Gewebe (Baumwolle) ausgedruckt und auf Keilrahmen aufgezogen worden.

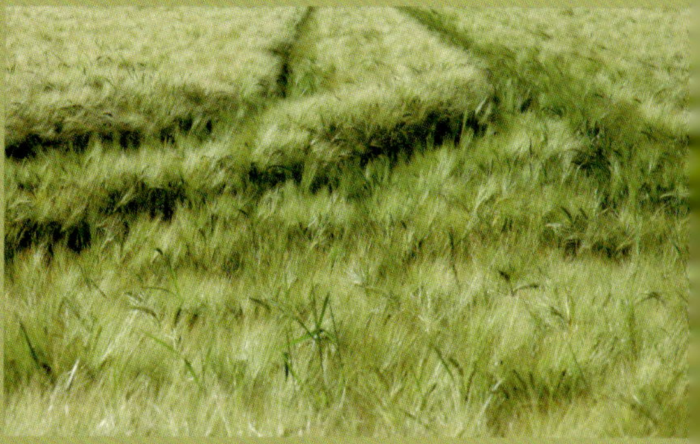

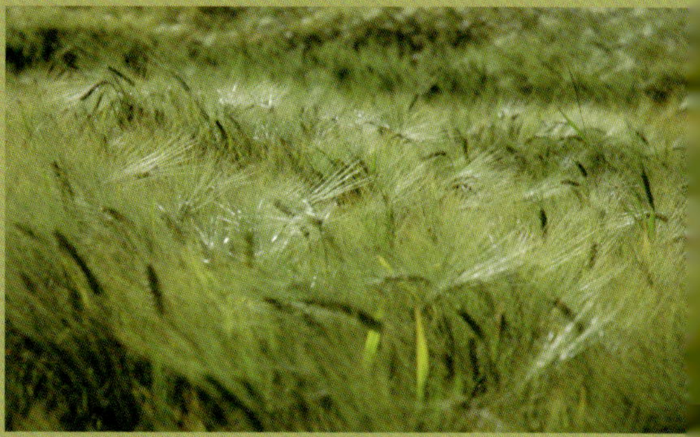

Tipp:

Bei Motiven, die eine Struktur aufweisen, wie in diesem Fall ein Kornfeld, bietet sich ein Ausdruck auf Gewebe ganz besonders an, weil die Struktur des Motivs mit dem des Gewebes gut harmoniert. Selbstverständlich sollte man auch hier nicht auf eine UV- und Schutzversiegelung verzichten.

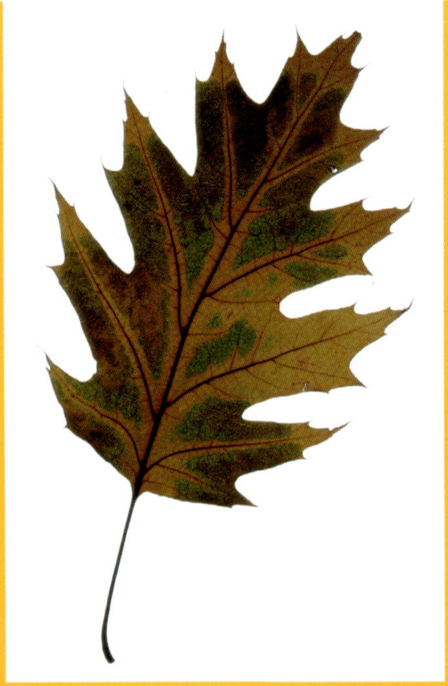

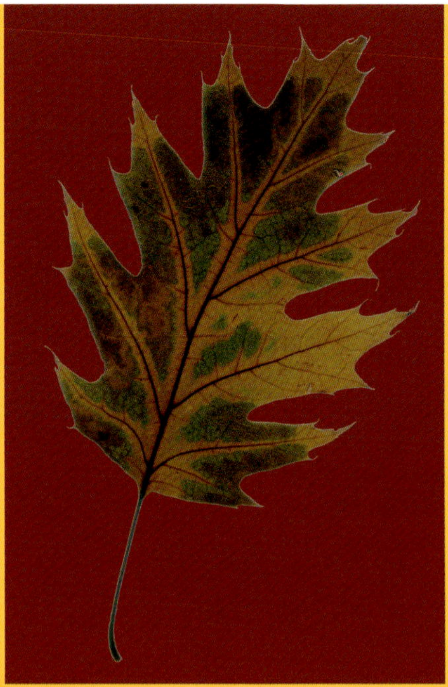

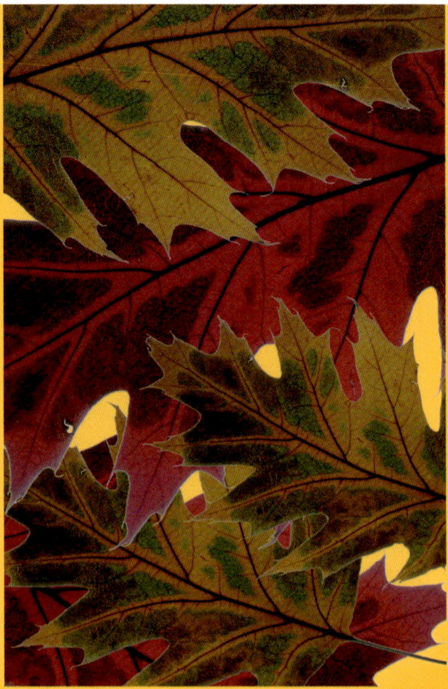

Bildgestaltung:

Das Blatt in der Abbildung oben ist mit Hilfe eines Scanners digitalisiert worden. Zuerst wurde das Blatt gepresst und getrocknet, dann mit einem weißen Blatt Papier hinterlegt und mit einem Flachbettscanner als Feinscan mit 900 dpi (als Aufsichtsvorlage) gescannt.

Nachträglich wurde in diesem Bild die Hintergrundfarbe in rotbraun geändert. Das Experimentieren mit Hintergrundfarben macht sehr viel Spaß und ermöglicht immer wieder neue Kombinationen von Motiv und Hintergrund.

In diesem Beispiel wurde mit verschiedenen Ebenen gearbeitet, die partiell übereinander liegen (ohne Hintergrundfarbe) und in Farbton und Deckkraft verändert wurden.

Tipp:

Sehr viele Materialien sind geeignet, um sie mit einem Flachbettscanner zu digitalisieren, wie z. B. Federn, Papiere, Folie aus Kunststoff, Prägematerial, Stoffe oder strukturierte Kartons, um nur einige als Anregung zu nennen. Das Material sollte trocken und sauber sein, um Verunreinigungen am Scanner zu vermeiden. Die Materialien können auch erst getrocknet und gepresst werden, um den Scanvorgang zu erleichtern.

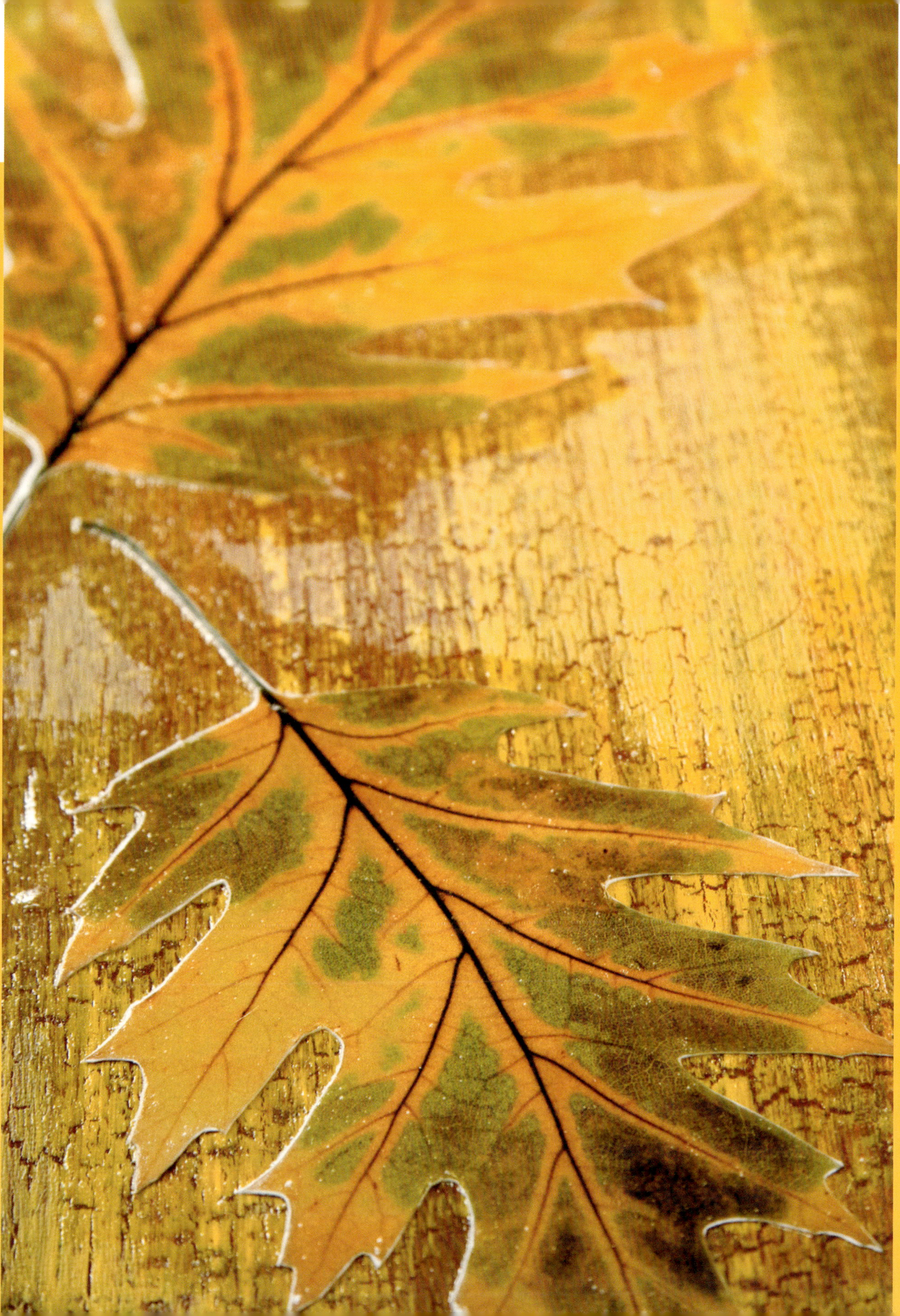

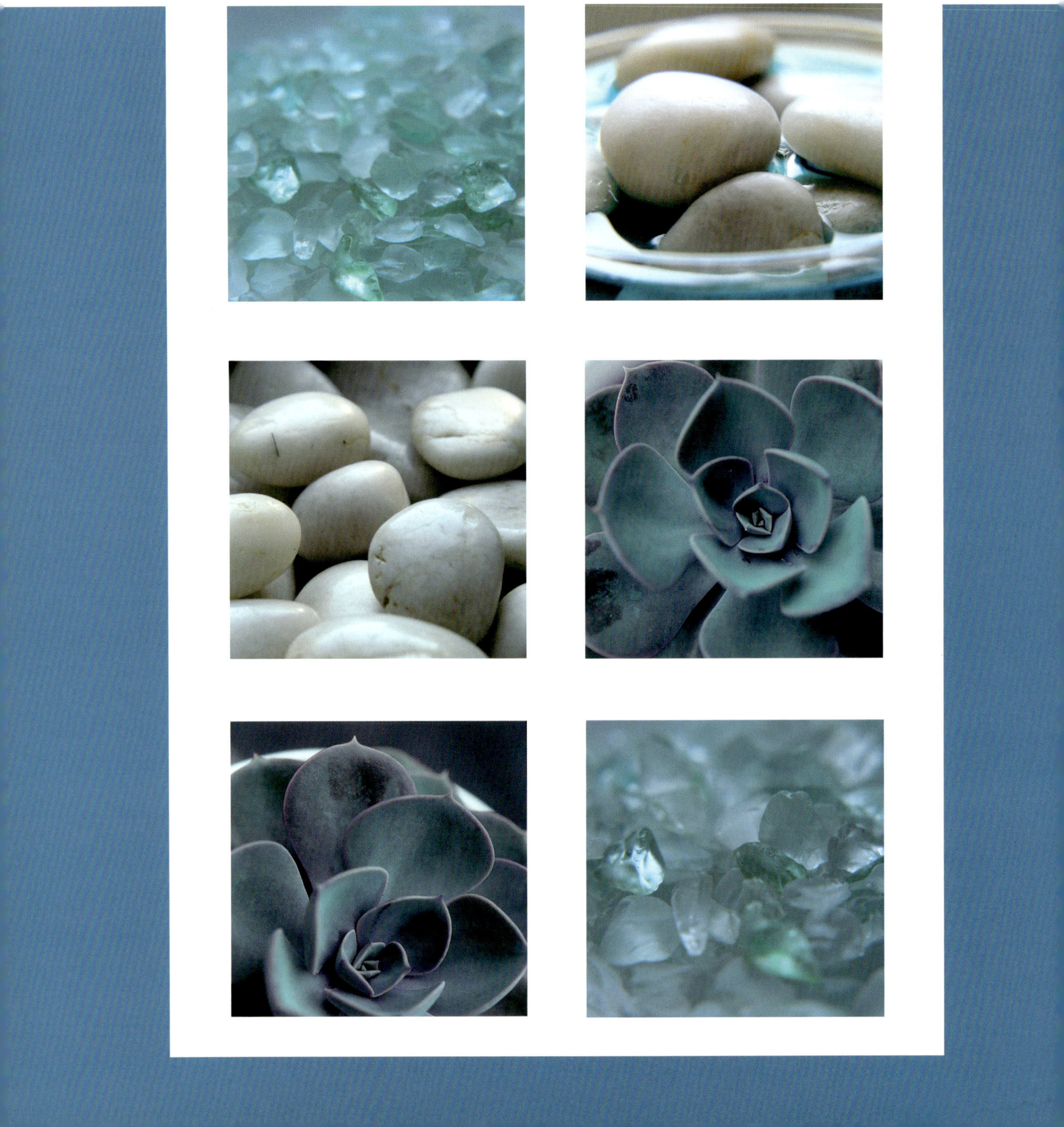

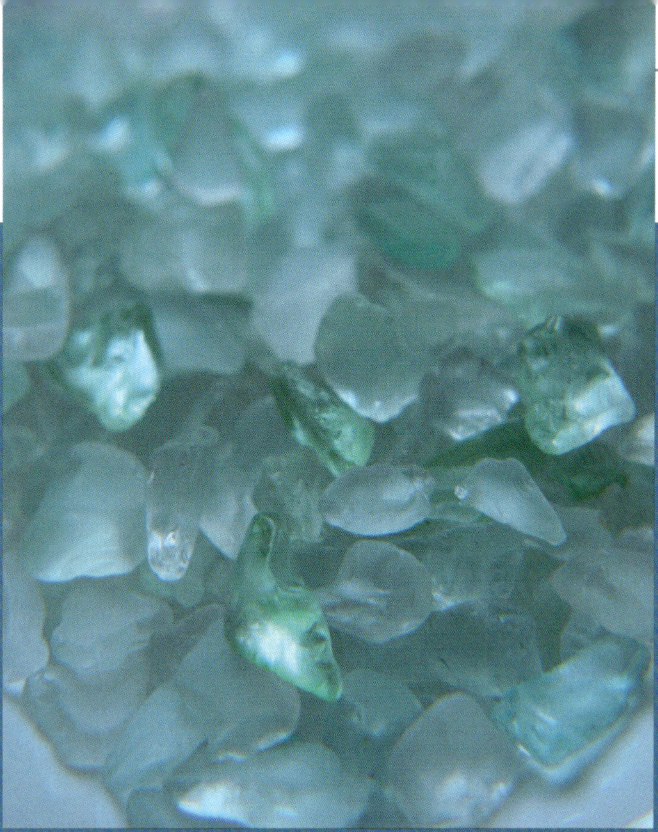

Bildgestaltung:

Eine besonders intensive Bildwirkung kann erzielt werden, wenn man ein Motiv auf einen weißen Hintergrund setzt. Motive mit auffallender Farbgebung, wie in diesem Beispiel, werden so besonders markant hervorgehoben.

Die Steine und Pflanzen sind bei Tageslicht digital mit einer Spiegelreflexkamera fotografiert und ohne weitere Farbanpassung auf Fine Art Print-Papier mit mittlerer Struktur ausgedruckt worden. Die Bildgröße wurde quadratisch auf 10 x 10 cm angelegt, sodass aus den Originalbildern Ausschnitte zu sehen sind. Nach dem Druck sind die Bilder auf kleine Malplatten in entsprechender Größe kaschiert worden, um sie auf einem Bord an die Wand gelehnt zu präsentieren. Bei der Präsentation oder Hängung in Feuchträumen ist eine sorgfältige Fixierung notwendig.

Tipp:

Interessante Materialien lassen sich überall finden. Steine wie auf diesen Seiten gibt es reichlich in der Natur und im Bau- oder Gartenmarkt. Viele Geschäfte für Dekorations- und Bastelbedarf führen ebenfalls eine große Auswahl brauchbarer Materialien, z. B. farbige Steine und Kugeln aus Glas oder spezielle Schmucksteine.

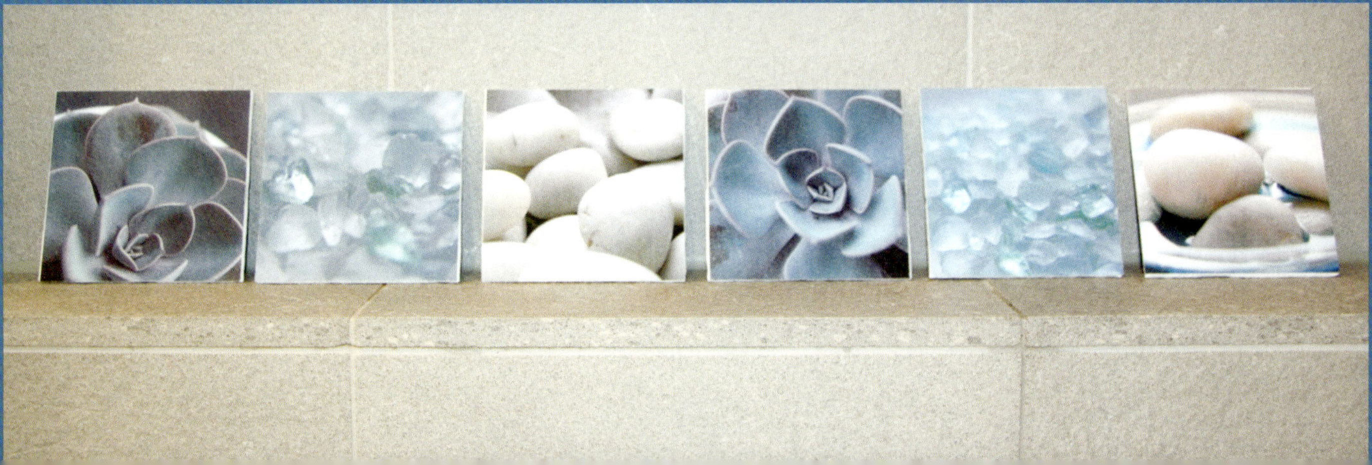

TIERE

Tiere sind sehr beliebte Motive, aber nicht ganz einfach zu fotografieren, weil es sich bei ihnen nicht um statische Objekte handelt. Bei Haustieren, idealerweise gut erzogen und auf Kommandos hörend, ist die Sache sicherlich etwas einfacher. Wenn jedoch auch Tiere in freier Wildbahn fotografiert werden sollen, sind Erfahrung, Ruhe und Geduld gefragt.

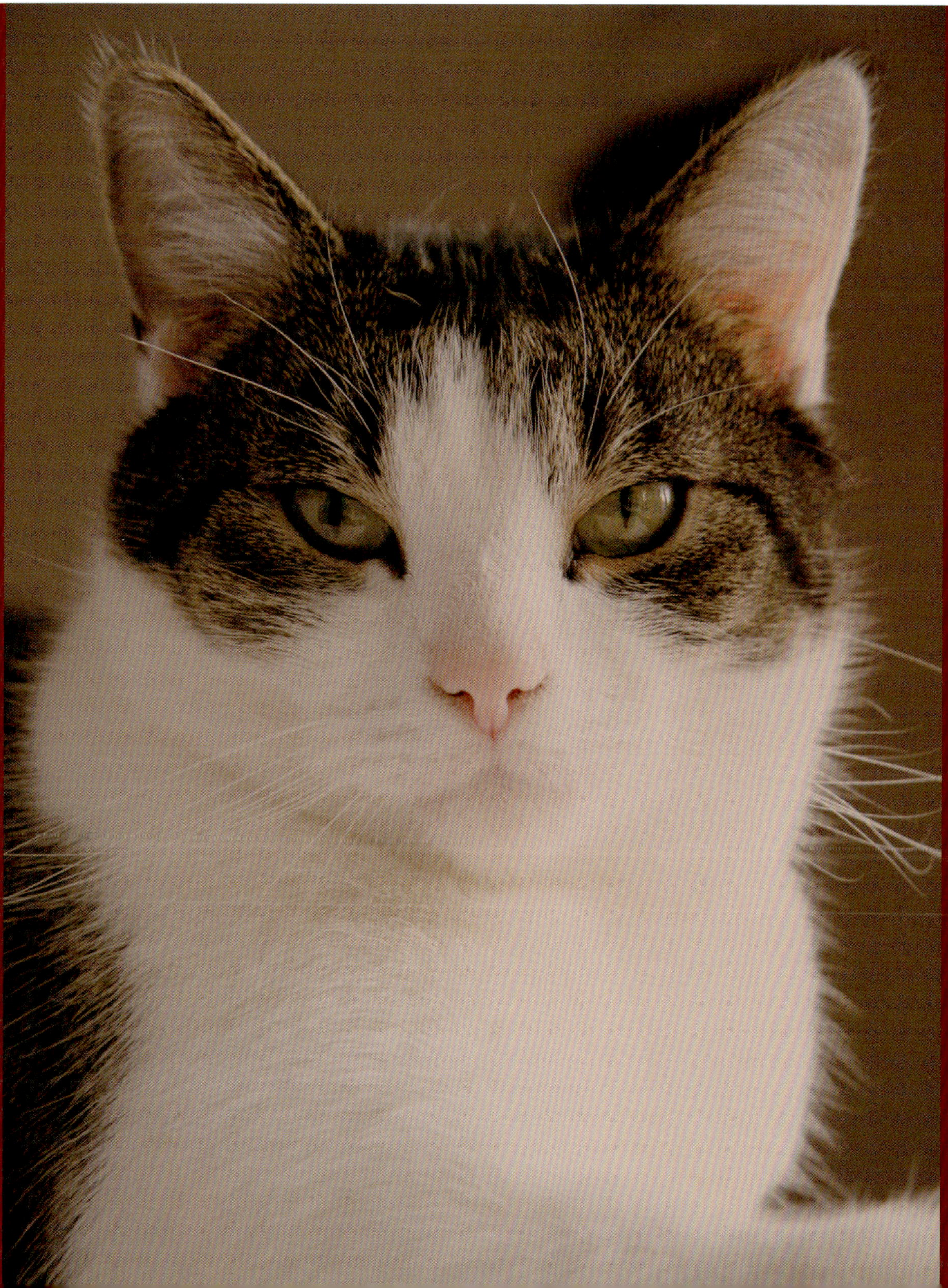

Bildgestaltung:

Das Bildbeispiel auf dieser Seite zeigt das Foto eines Hundes, das mit einer Digitalkamera bei Tageslicht draußen fotografiert und über den Fine Art Print-Service auf Leinwand ausgedruckt wurde. Das Bild ist mit einem hochwertigen, goldenen Rahmen ohne zusätzliches Passepartout gerahmt.

Rahmenleisten sind in zahllosen Varianten erhältlich und wenn der Rahmen mit dem gedruckten Bild harmoniert, ist das Ergebnis besonders gut gelungen.

Man sollte die Rahmung mit und ohne Passepartout testen, denn die Bildwirkung verändert sich dadurch stark.

Die Wahl der Rahmenleiste hängt vom persönlichen Geschmack und dem Platz ab, an dem das fertig gerahmte Bild später präsentiert werden soll.

Rahmenleisten gibt es aus verschiedenen Materialien (z. B. Holz, Kunststoff, Metall) und in unterschiedlicher Breite und Tiefe.

Das Bild auf der rechten Seite ist hinter speziell entspiegeltem Glas gerahmt, damit der Druck vor Staub, Schmutz und Feuchtigkeit geschützt ist.

Die Verwendung pigmentierter Tinten gewährleistet eine lange Haltbarkeit und hohe Farbstabilität der Ausdrucke.

Tipp:

Diese besondere Rahmung ist zwar ein wenig aufwändiger, unterstreicht aber die Hochwertigkeit des Bildes. Die Auswahl an Rahmen und Passepartouts ist sehr groß, man kann sich in der Einrahmungswerkstatt umfassend beraten lassen und verschiedene Kombinationen und Varianten ausprobieren.

Abb. unten: Originalfoto

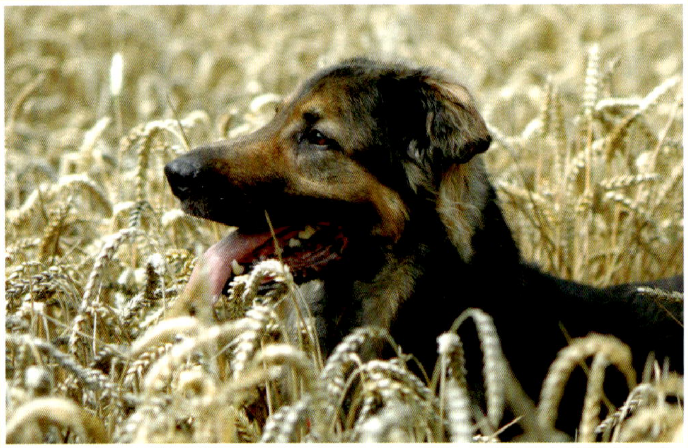

Abb. unten: das Rahmenprofil im Detail

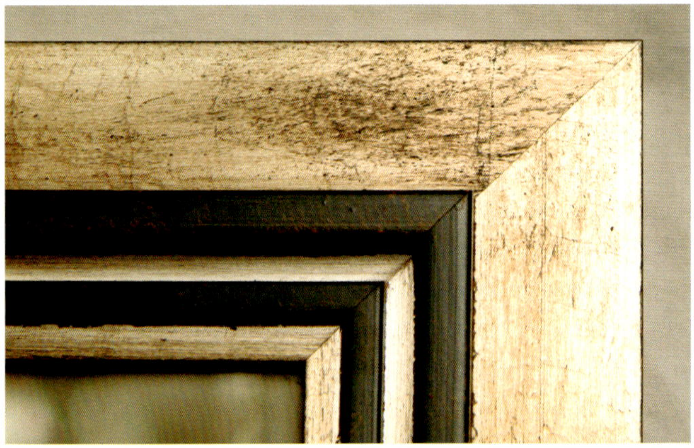

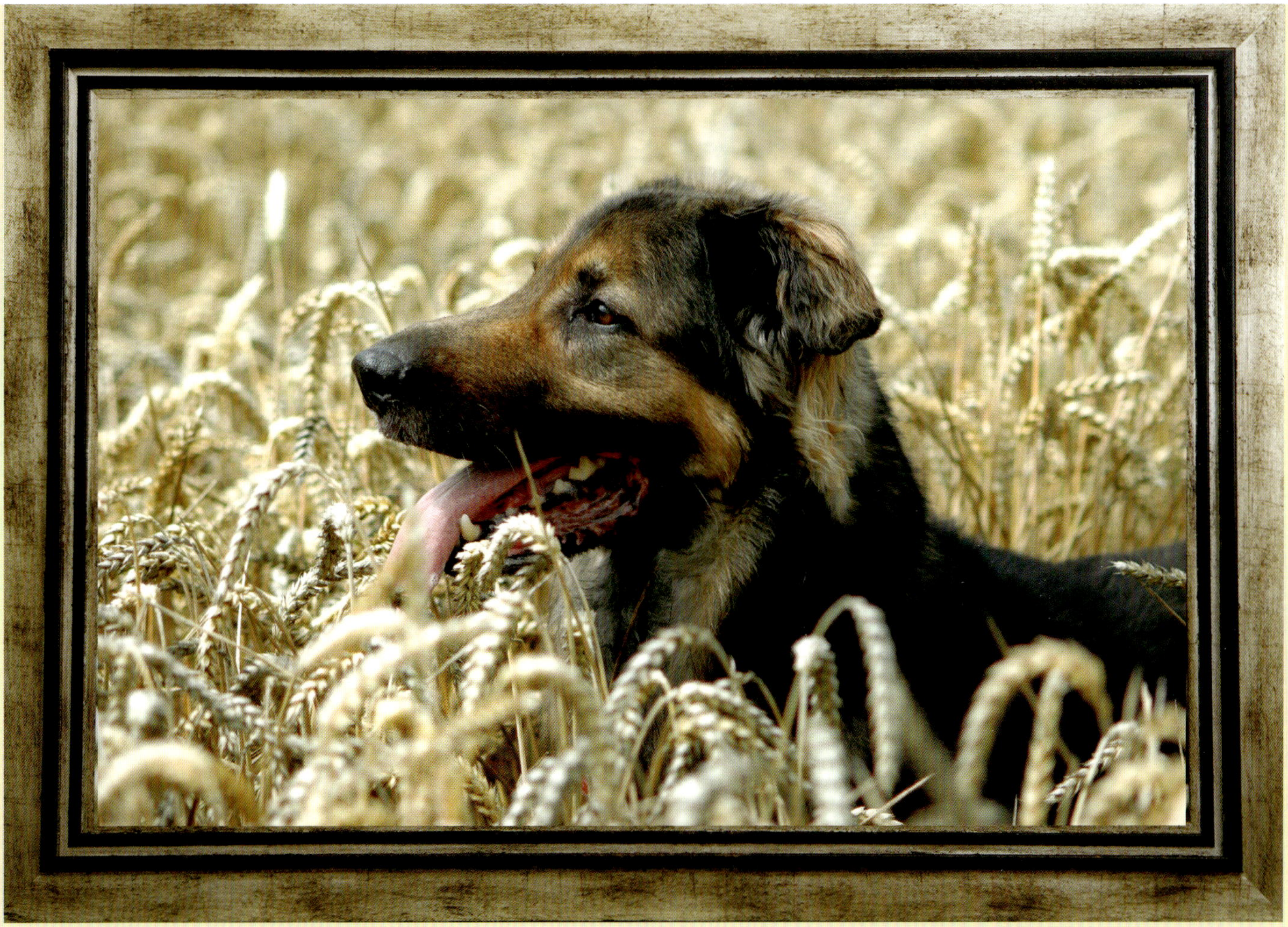

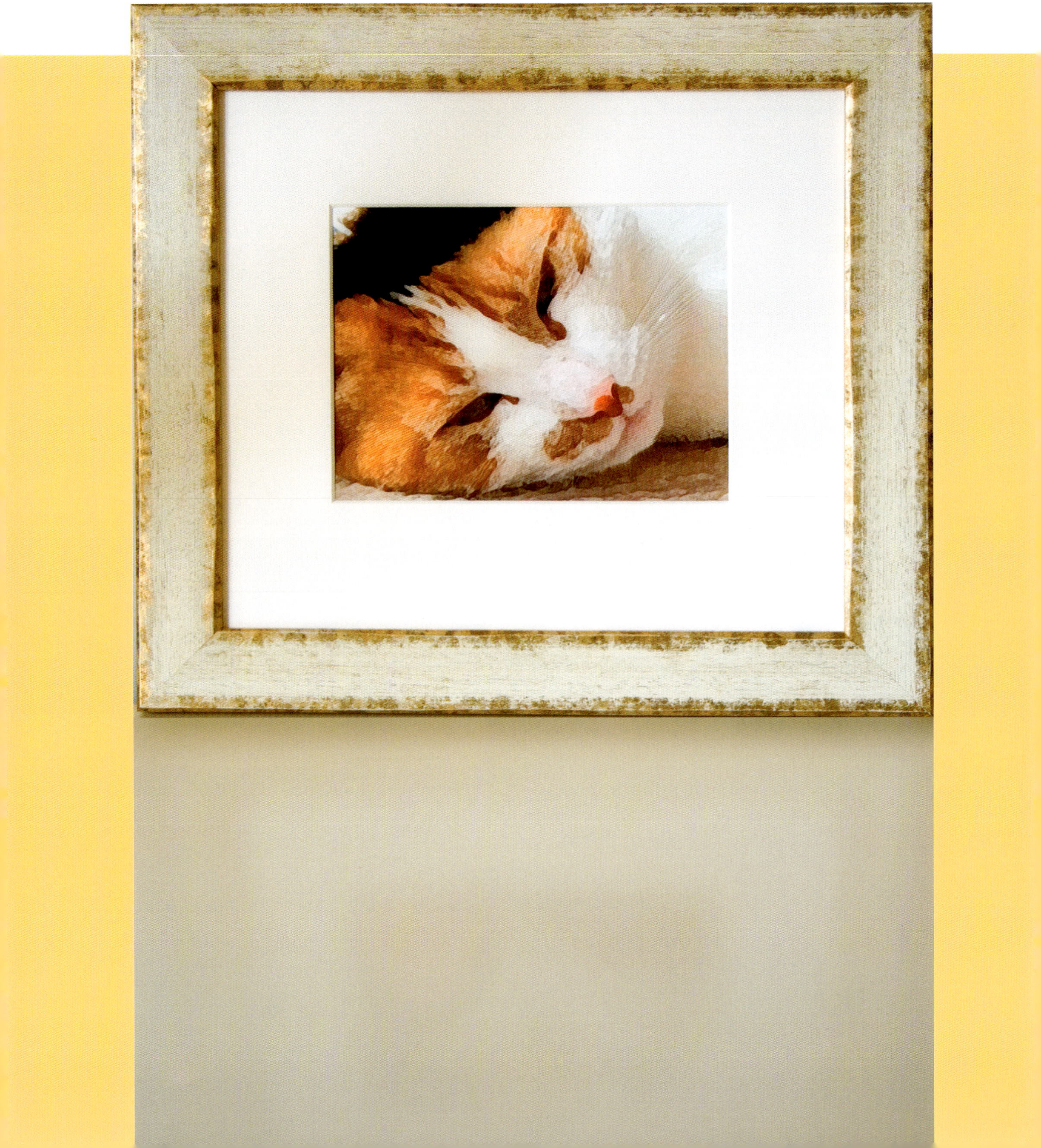

Abb. oben: Detail des Rahmens in beige-goldenem Farbton. Das Bild ist auf *Photo Rag*-Papier ausgedruckt und mit einem breiten Passepartout versehen worden.

Bildgestaltung:

Das Foto der Katze wurde digital mit einer Kompaktkamera fotografiert und im Bildbearbeitungsprogramm nachbearbeitet.

Zur Anwendung kam ein Malfilter, sodass das Bild aussieht, als sei es mit feinen Pinselstrichen gemalt worden. So ein Bild des Haustieres ist ein sehr schönes Unikat und das Richtige für jeden begeisterten Tierfreund.

Die edle Rahmung, die durch den beige-goldenen Farbton betont wird, wirkt sehr hochwertig. Der Rahmen wird aus Rahmenleisten in der gewünschten Größe angefertigt und das Format auf das Passepartout abgestimmt.

Das breite Passepartout lenkt den Blick des Betrachters auf das eigentliche Bild. In der Abbildung rechts oben sehen Sie zum Vergleich die Rahmung ohne Passepartout mit größerem Bild. Die Bildwirkung ist ganz unterschiedlich, ebenso die Wirkung des Rahmens.

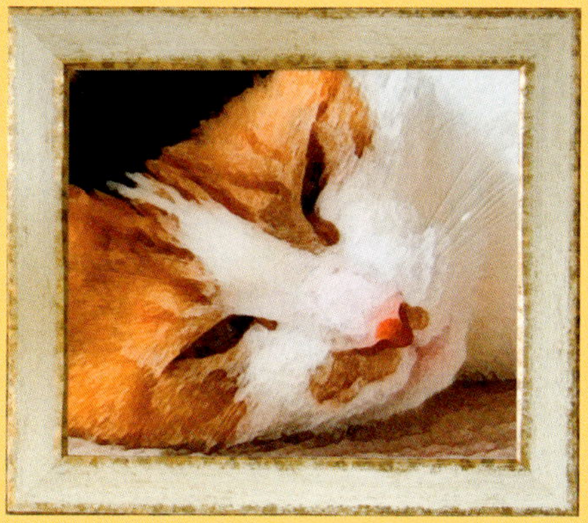

Realisierbar sind fast immer beide Varianten, mit oder ohne Passepartout, sofern das Bild für einen vergrößerten Druck eine ausreichende Qualität aufweist.

Der Charakter des Tieres wurde durch die Wahl des Bildausschnittes (Anschnitt des Kopfes) betont.

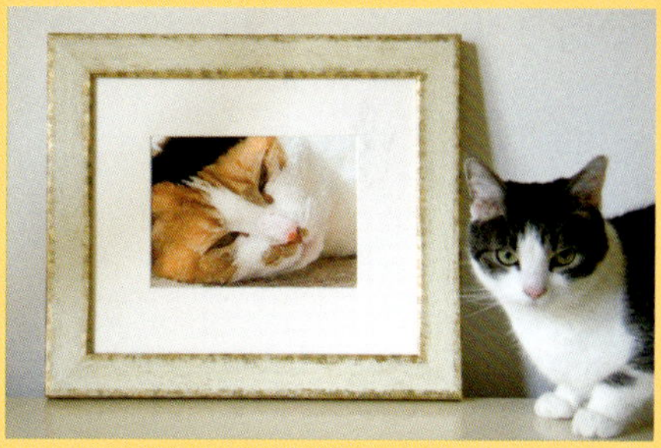

Tipp:

Wählen Sie doch einmal einen eher ungewöhnlichen Ausschnitt und probieren Sie die Filter Ihres Bildbearbeitungsprogrammes aus – so entstehen ganz neue Ansichten bekannter und vertrauter Motive. Die Bildwirkung und Bildaussage können durch starke oder übertriebene Nachbearbeitungsschritte ganz maßgeblich verändert werden. Nur Mut – den Befehl „Rückgängig“, also die Wiederherstellung des vorherigen Zustandes, bietet jedes Programm!

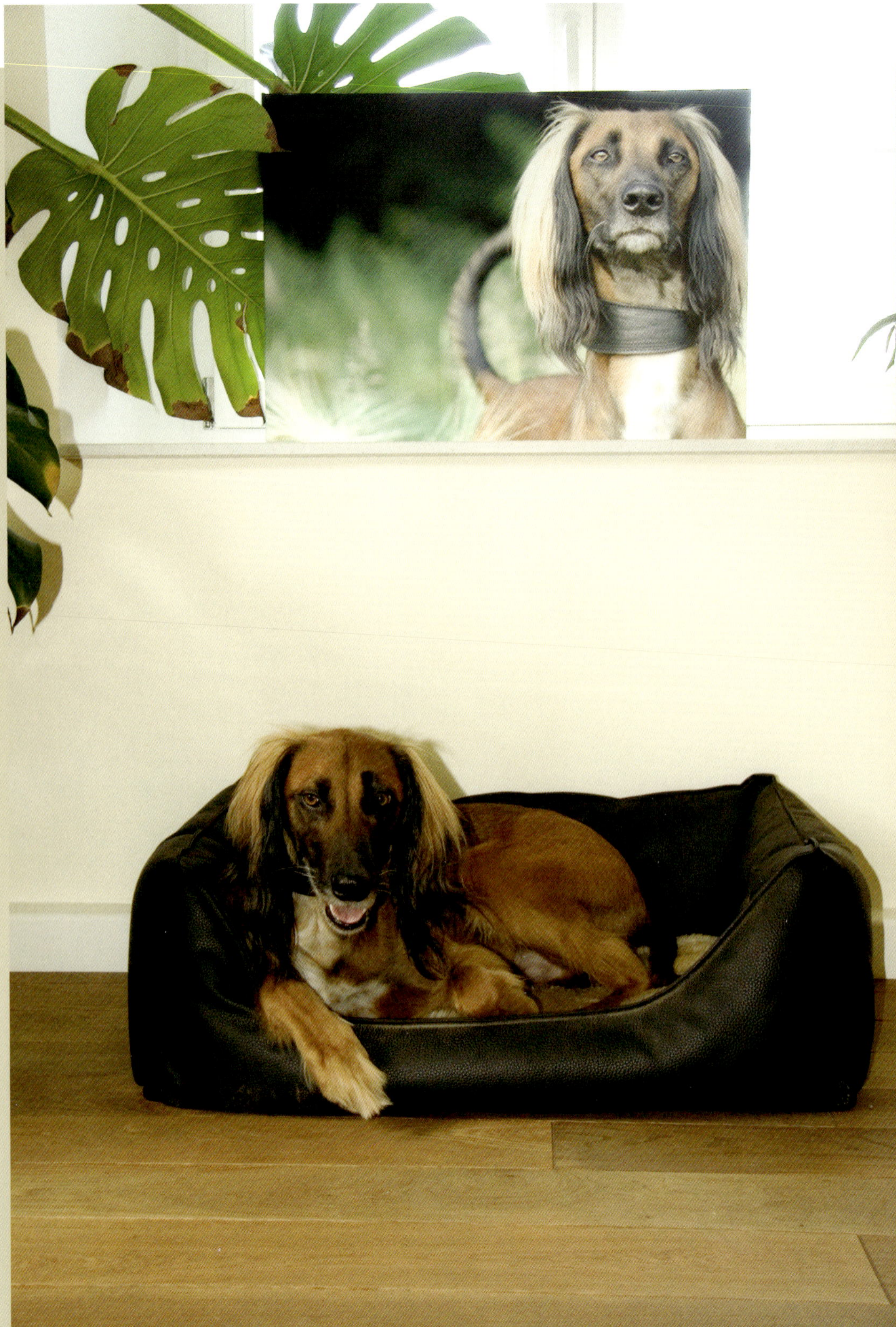

Bildgestaltung:

Das Foto eines im Sommer bei Tageslicht fotografierten Hundes wurde hier auf Leinwand gedruckt und auf einen Keilrahmen mit einer Tiefe von 6,5 cm aufgezogen.

Der Keilrahmen ist äußerst stabil und sehr flexibel einzusetzen, er kann aufgehangen oder auch stehend präsentiert werden.

Der Rahmen ist in Standardmaßen und in individuellen Sondermaßen erhältlich. Besonders bei großen Bildformaten wird eine sehr plastische und dreidimensionale Bildwirkung erzielt.

Allerdings muss beachtet werden, dass die Auflösung des zu druckenden Fotos ausreichend für sehr große Bildformate sein sollte. In diesem Fall wird das Motiv mit einem Rand angelegt, damit es beim Aufziehen auch um die Kanten herum verläuft.

Das Foto links zeigt einen Hund auf seinem Lieblingsplatz im Haus, darüber sein Porträt, fotografiert in der Natur während eines Spaziergangs.

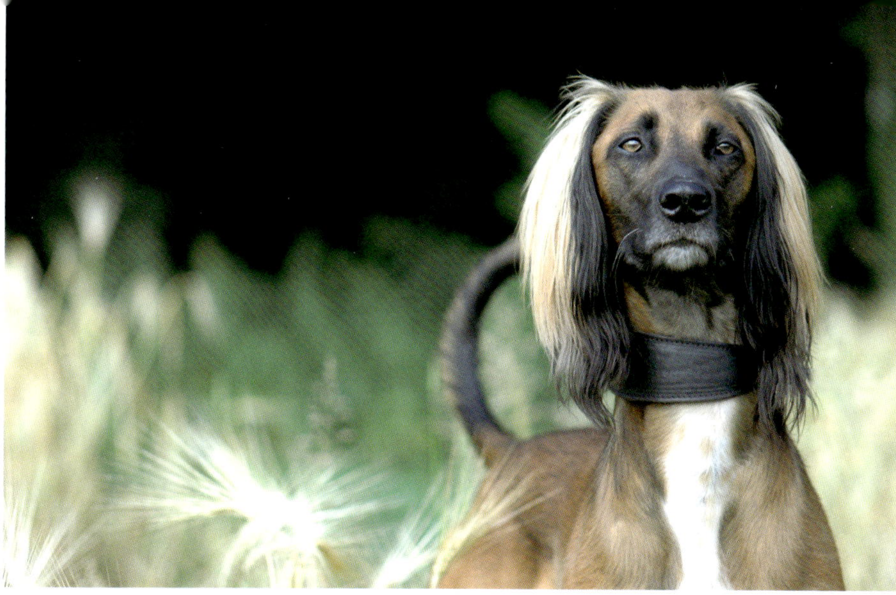

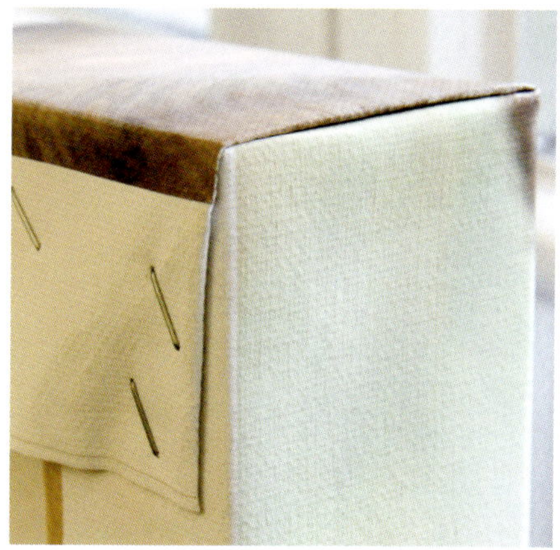

Abb. oben:
Detail des Keilrahmens „Museo" mit 6,5 cm Tiefe. Die bedruckte Leinwand wird um die Kante nach hinten umgeschlagen und rückseitig geklammert, sodass das Motiv auch seitlich an der Kante des Rahmens sichtbar ist.

Tipp:

Auch bei dieser Leinwand empfiehlt sich eine nachträgliche Versiegelung, besonders weil bei diesem Bespiel zu erwarten ist, dass das Bild durch den Hund verschmutzt werden könnte.

REISE

Wer fotografiert nicht gerne auf Reisen? Gerade in der Urlaubszeit bieten sich viele Motive an, weil alles unbekannt und neu erscheint – und das ist manchmal leichter im Bild einzufangen als das Bekannte. Außerdem sind Zeit und Muße vorhanden, sich endlich mal wieder mit dem Lieblingshobby zu beschäftigen. Doch auch der Gelegenheitsfotograf, der nur seine Erinnerung festhalten will, findet reichlich Motive, die später veredelt und in Raumobjekte verwandelt werden können. Es bieten sich besonders die Themenbereiche Landschaft, Architektur und Menschen an.

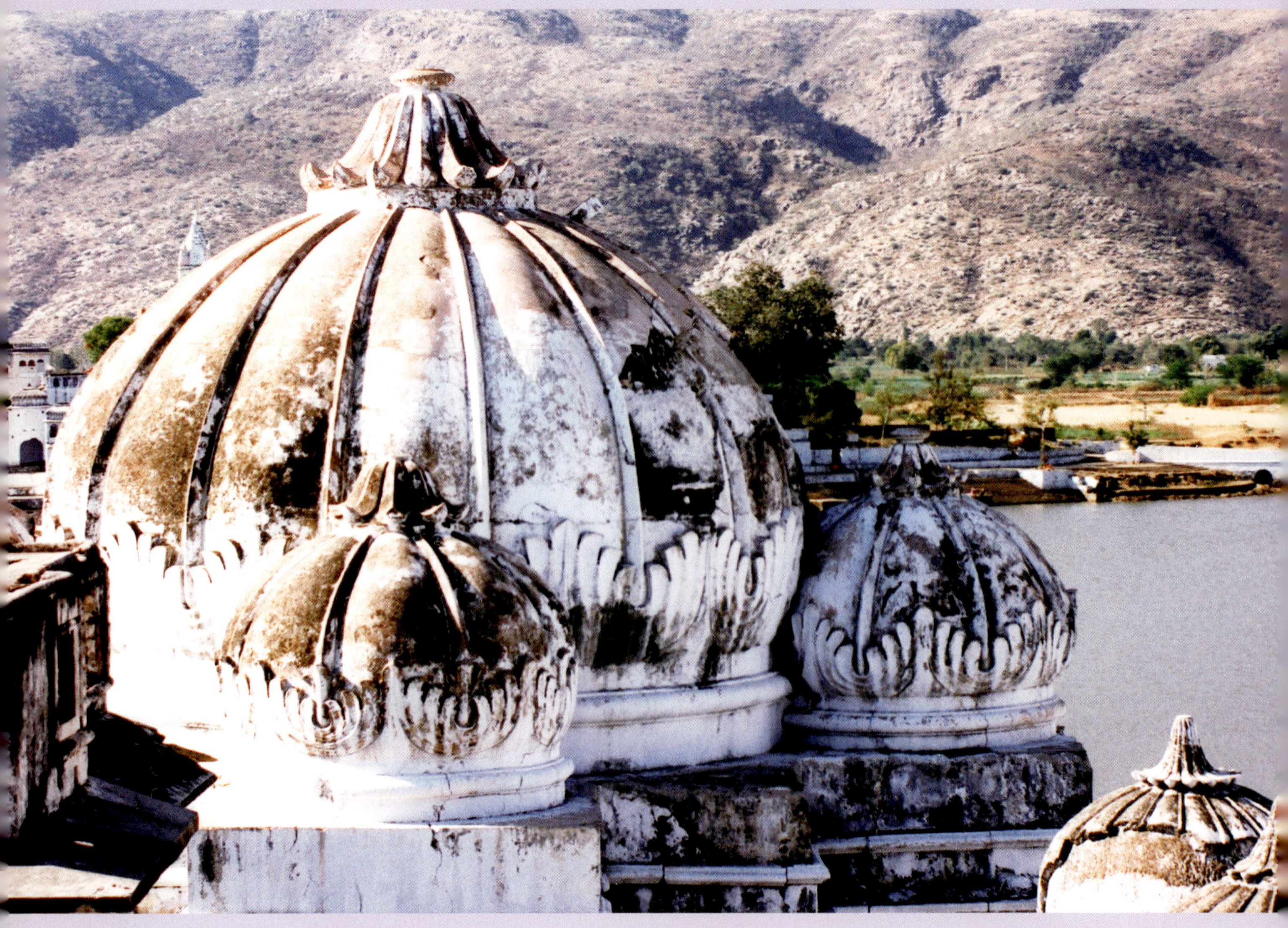

Bildgestaltung:

Das Bildbeispiel links zeigt ein Architekturmotiv, das mit einer analogen Spiegelreflexkamera auf Kleinbildfilm fotografiert und danach über einen Dia-Scanner digitalisiert wurde. Die Helligkeit und der Kontrast des Bildes wurden leicht korrigiert und danach über den Fine Art Print-Service auf *Photo Rag*-Papier mit geringer Struktur gedruckt.

Im zweiten Teil des Buches ist dieses Motiv in verschiedenen Farbvarianten, in Graustufen umgewandelt und in Sepia eingefärbt zu sehen.

Bei Tageslichtaufnahmen mit sehr viel Licht empfiehlt sich ein Film bzw. eine Einstellung mit geringer Empfindlichkeit. Falls die Lichtmenge allgemein zu hoch ist, kann auch ein Graufilter zum Einsatz kommen. Die Funktion eines Graufilters besteht darin, das Licht quantitativ, also in der Intensität zu reduzieren, ohne die Farben zu beeinflussen.

Der Filter reguliert die Lichtmenge und findet vor allem Verwendung bei sehr hellem Licht, z. B. bei starkem Sonnenschein, wenn der Belichtungsspielraum der Digitalkamera oder des Films überschritten wurde.

Graufilter ermöglichen besonders bei Langzeitaufnahmen beeindruckende Effekte. Störende, bewegte Elemente können mit einem sehr starken Graufilter eliminiert werden. Wenn einige Minuten lang vom Stativ aus belichtet wird, kann so z. B. der vorbeifließende Verkehr nahezu „unsichtbar" gemacht werden.

Tipp:

Bei der Bildbearbeitung, dem ersten Schritt zum Fine Art Print, sollte das Bild unbedingt noch einmal kritisch geprüft werden. Gerade bei Reisemotiven ist es nicht immer möglich, die optimale Lichtsituation zu wählen oder abzuwarten und so sollten Helligkeit und Kontrast, wenn notwendig, nachträglich angepasst werden.

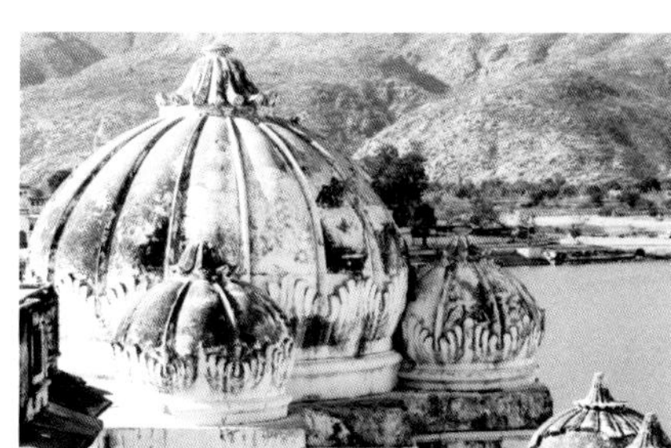

Bildgestaltung:

Die Bildreihe rechts entstand mit einer Kompakt-Digitalkamera während einer Reise in Sankt Petersburg.

Verschiedene Motive des Stadtbildes und Nahaufnahmen von Details und Strukturen ergeben eine spannende Bildreihe, die nachträglich im Bildbearbeitungsprogramm farblich aufeinander abgestimmt worden sind. Die Serie vermittelt über die Farbgebung eine gedämpfte Stimmung und unterstreicht den besonderen Charakter der Bilder.

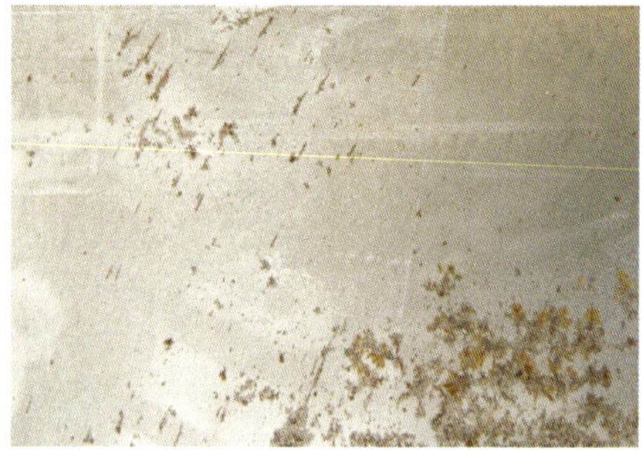

In diesem Fall wurde bei unterschiedlichen Lichtverhältnissen fotografiert, teils draußen bei Tageslicht, teils im Innenraum mit künstlicher Beleuchtung bzw. Blitzlicht. Die Sättigung der Bilder wurde zuerst herabgesetzt und danach ein einheitlicher Farbton für alle Motive festgelegt, der über „Farbbalance“ und „Selektive Farbkorrektur“ entstanden ist.

Die Bilder dieser Serie sind auf Fine Art Print-Papier mit stark strukturierter Oberfläche ausgedruckt und nach dem Zuschnitt mit Sprühkleber auf eine massive Eisenplatte geklebt worden.

Die Eisenplatte passt sehr gut zu den Motiven der Serie, die metallische Oberfläche ist matt glänzend und weist leichte Rostspuren und Kratzer auf. Die Platte ist 50 x 60 cm groß und kann aufgehängt oder wie in diesem Fall an eine Wand gelehnt präsentiert werden.

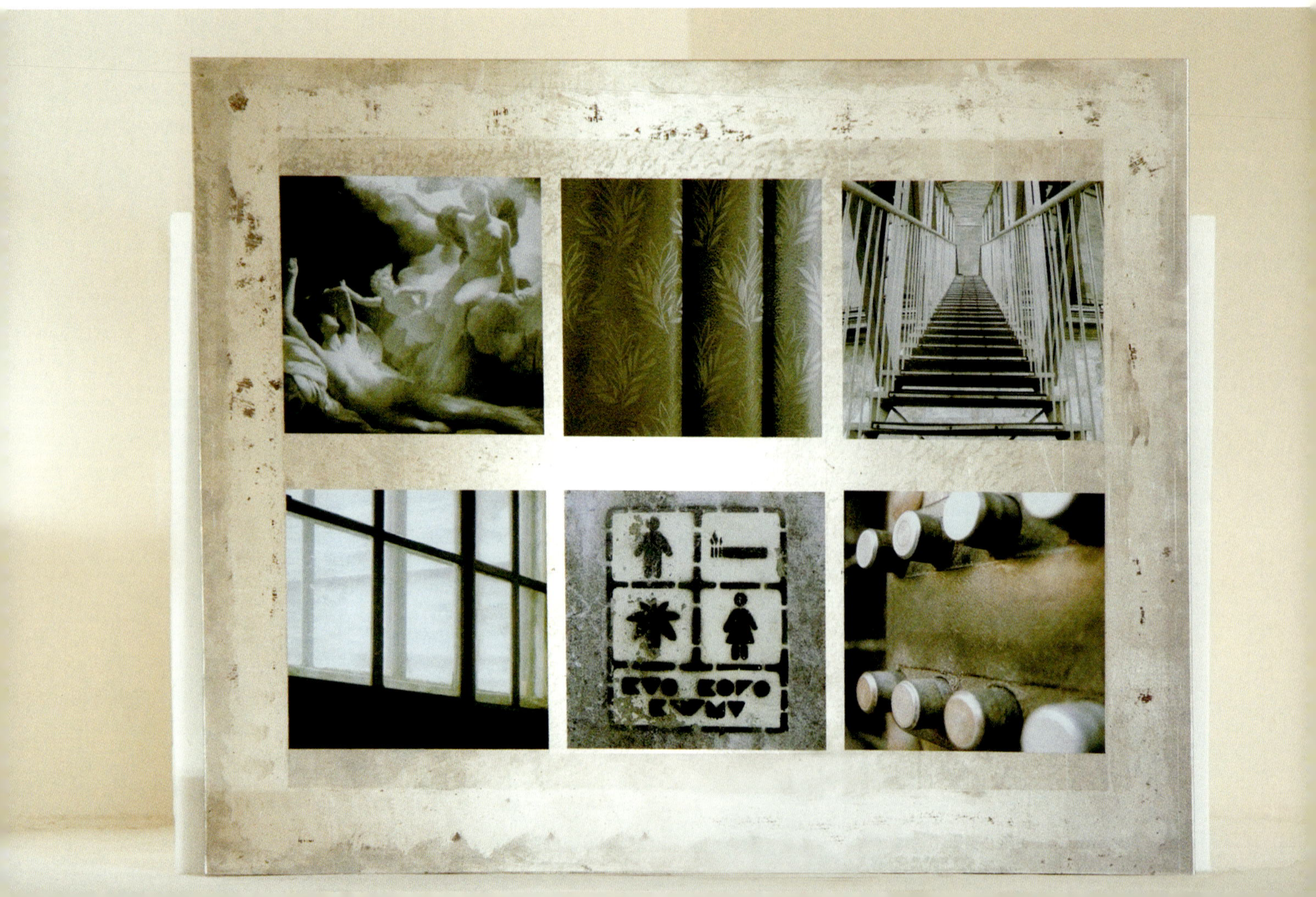

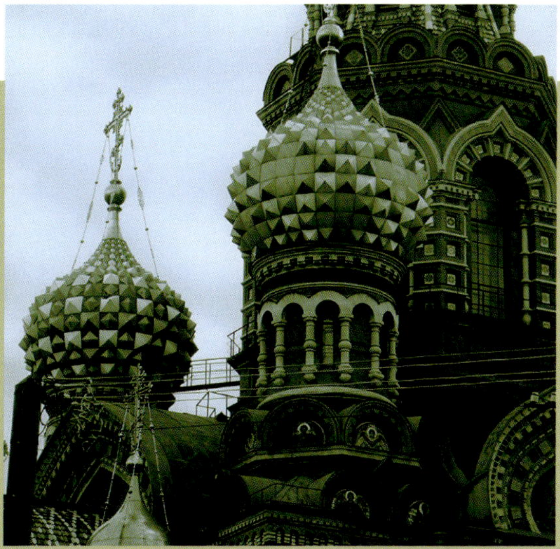

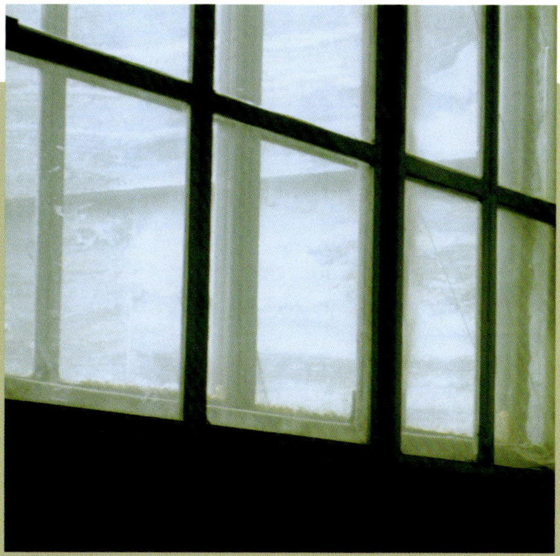

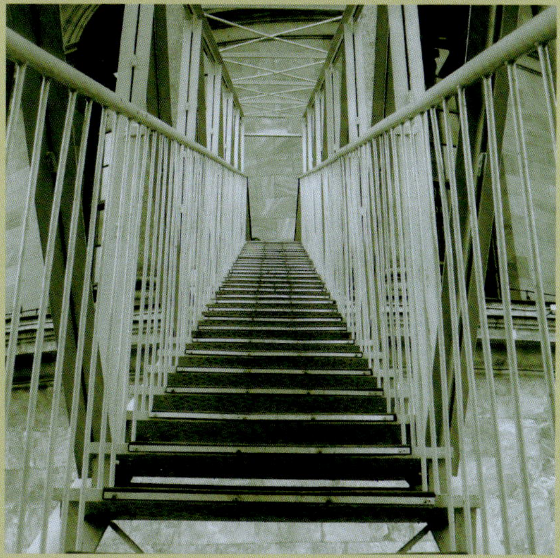

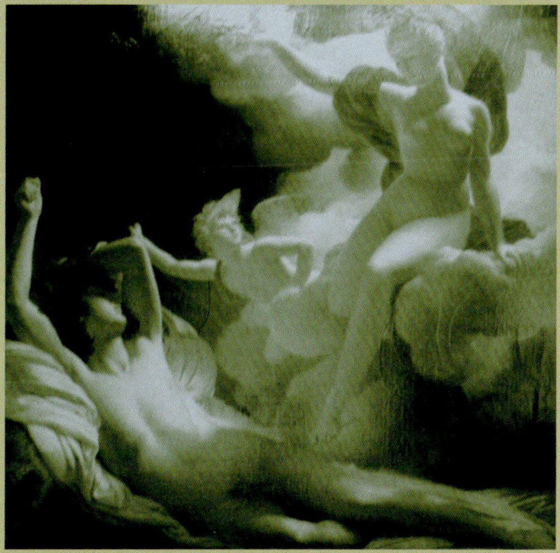

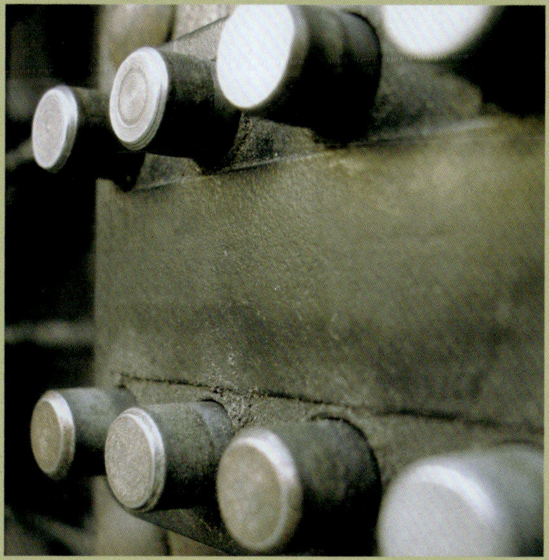

© Thomas Schüer

Bildgestaltung:

Auf Reisen bieten sich viele schöne Motive an, daher lohnt es sich fast immer, die Kamera auf Touren und Ausflüge mitzunehmen. Kleine, leichte Digitalkameras sind natürlich sehr praktisch, unkompliziert und einfach in der Bedienung.

Sie haben allerdings den Nachteil, dass man keine Auswahl bei den Objektiven hat, wie bei einer Spiegelreflexkamera. Wer eine solche Ausrüstung besitzt, sollte vorher genau überlegen, welches Zubehör sinnvoll ist, denn das Gewicht einer größeren Kamera mit Zubehör ist auf Reisen nicht unerheblich.

Bei digitalen und analogen Spiegelreflexkameras sind Zoomobjektive mit einem Brennweitenbereich von Weitwinkel bis Tele sehr flexibel im Einsatz und in den meisten Fällen für die Reise gut geeignet. Sie bieten eine ausreichende Qualität und verringern das Gewicht in der Fototasche.

Jeder ambitionierte Hobbyfotograf hat auch seine Schwerpunkte, daher liegt die Empfehlung für die Ausstattung in seinem Ermessen, denn für manche Fotos kann Zubehör notwendig sein, z. B. ein Stativ, Aufheller oder Blitzgerät.

Wer eine gehobene Ausrüstung besitzt, muss entscheiden, ob es die Mühe wert ist, alles zu transportieren. Objektive mit Normal- und Weitwinkelbrennweite sind für viele Fälle schon sehr gut geeignet, ein großes (und schweres) Teleobjektiv sollte natürlich dementsprechend viel genutzt werden.

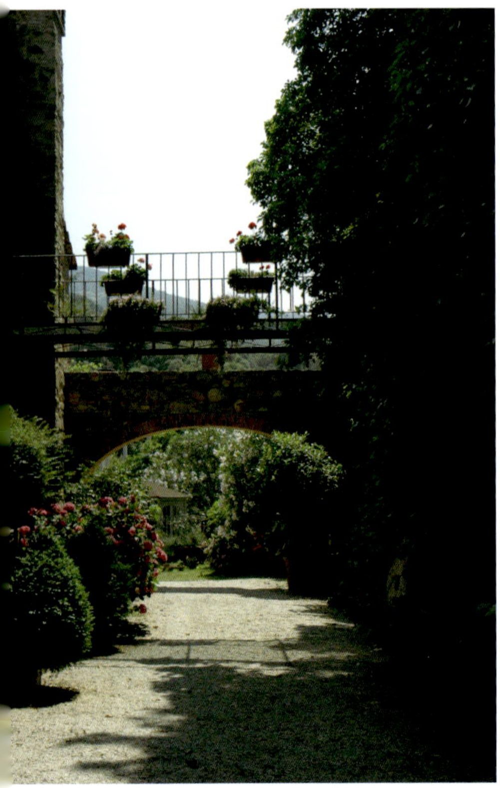

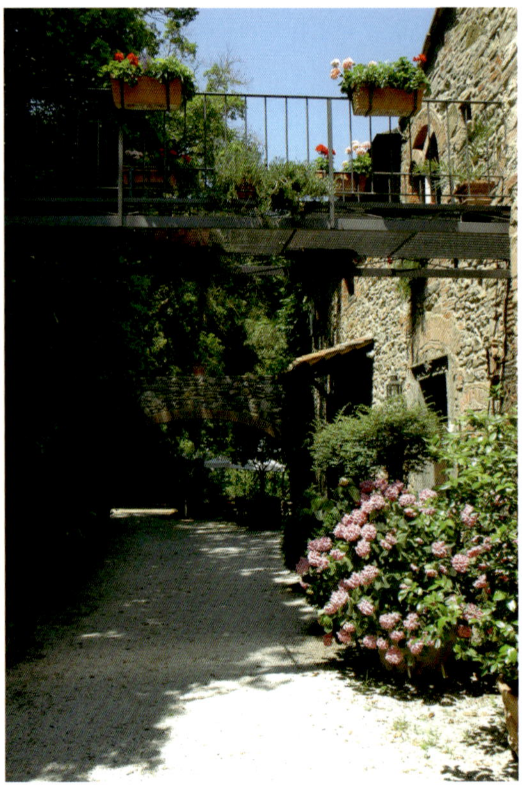

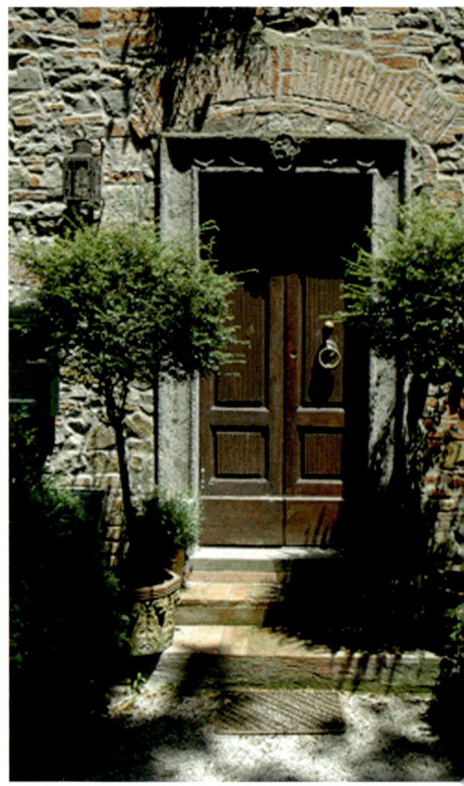

© Ral

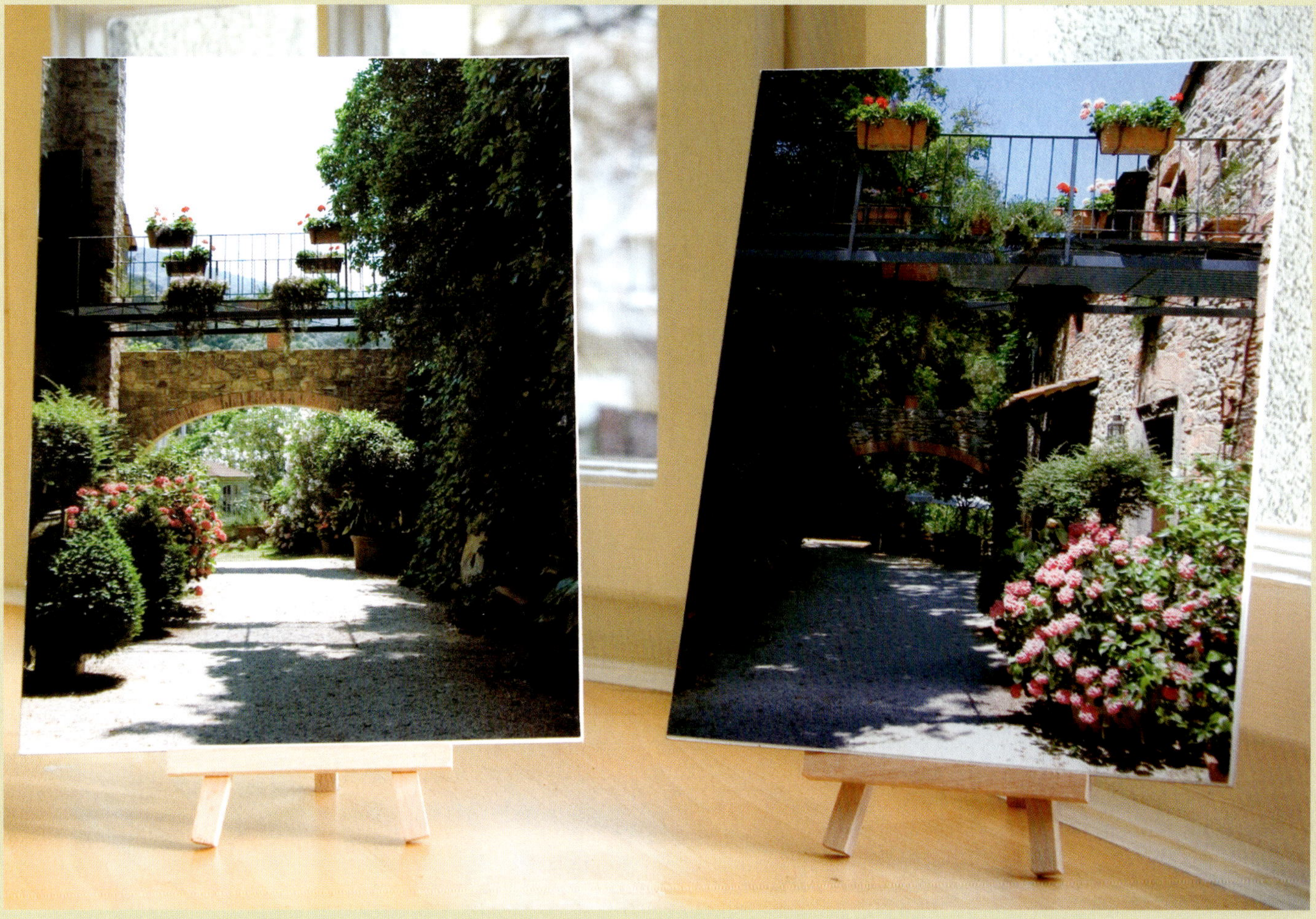

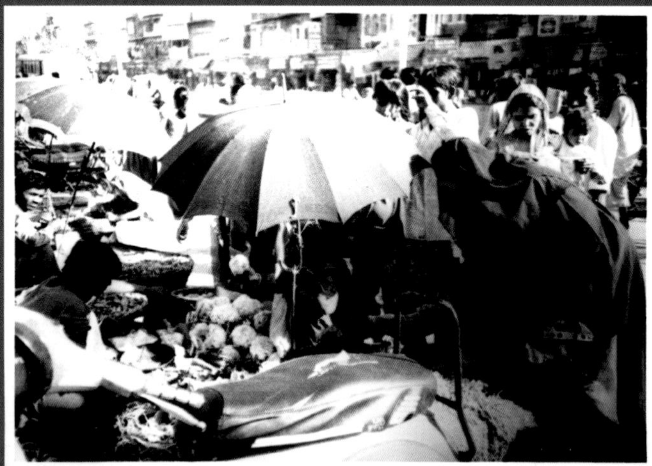

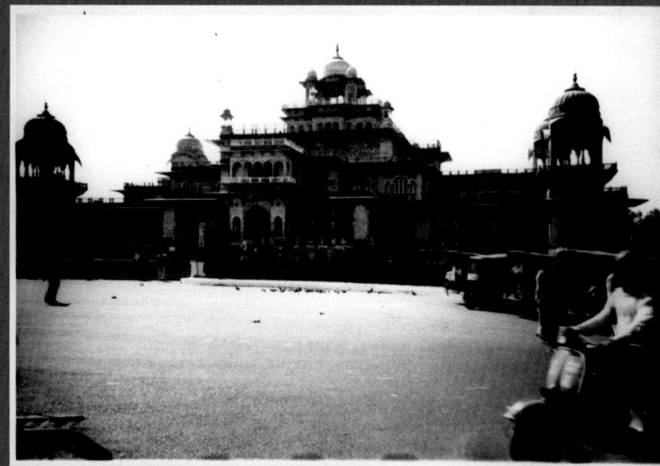

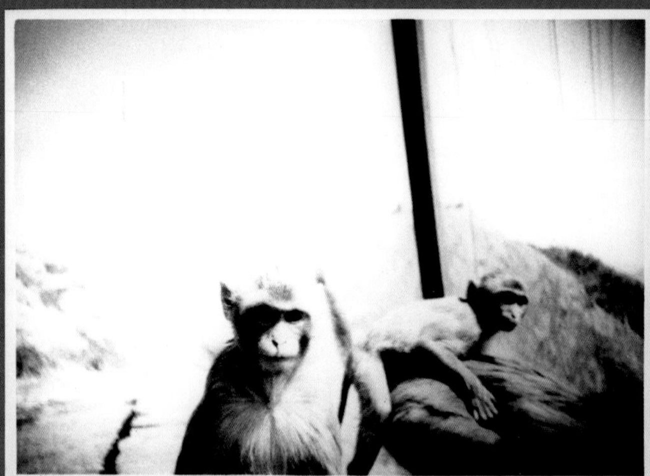

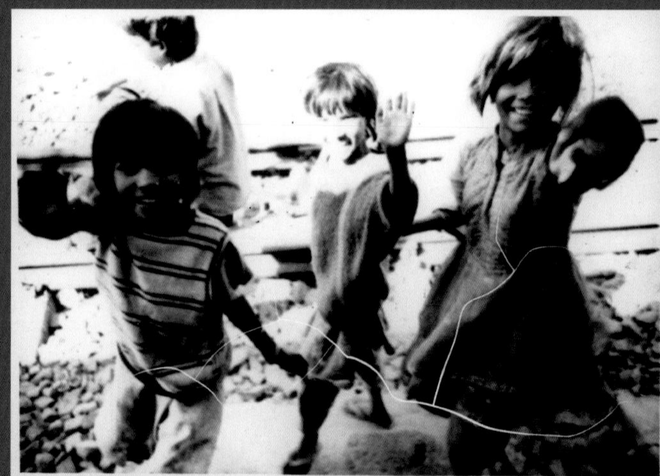

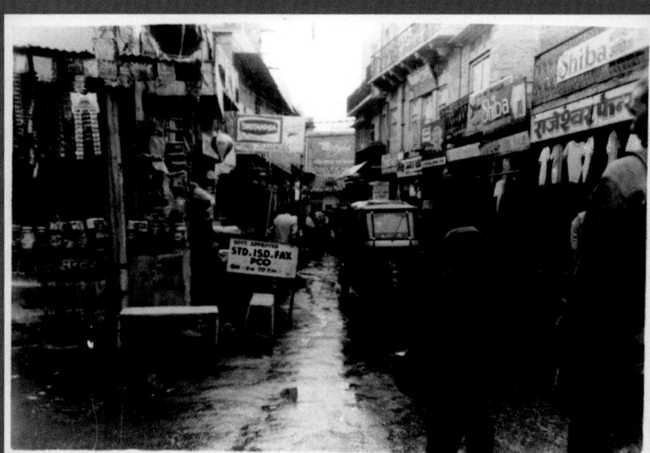
Shiba
Shiba
STD. ISD. FAX
PCO

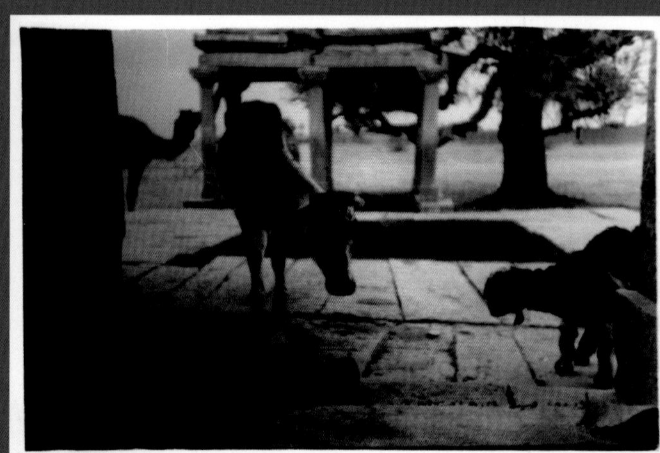

Bildgestaltung:

Diese Schwarz-Weiß-Serie entstand auf einer Rundreise in Indien und zeigt landestypische Motive – buntes Treiben auf den Straßen, Paläste, Tiere, Menschen, Land und Kultur.

Die Fotos dieser Serie sind analog mit einer Spiegelreflexkamera auf Kodak T400 CN Filmmaterial fotografiert worden. Dabei handelt es sich um einen Schwarz-Weiß-Film, der im Farbprozess (C-41) entwickelt wird und so einfach, nahezu überall und preiswert entwickelt werden kann. Wenn der Film in einem Großlabor (z. B. im Drogeriemarkt) entwickelt wird, weist er meist eine braun-schwarze Tonung auf, die sehr ansprechend wirkt.

In der digitalen Fotografie sind vergleichbare Effekte leicht mit Hilfe der Bildbearbeitung zu erzielen. Über den Druck und die richtige Papierwahl ergeben sich noch weitere Möglichkeiten. Spezielle Fine Art Print-Papiere ermöglichen es nicht nur, unterschiedliche Gradationen darzustellen, beim Einsatz pigmentierter Tinten kann sogar fast die Lebensdauer von Fachvergrößerungen erreicht werden.

Tipp:

Auf Reisen sollten immer die kulturellen und religiösen Gegebenheiten des Landes beachtet und respektiert werden. Wenn Sie Menschen fotografieren möchten, gerade in Ländern mit einer uns fremden Kultur, sollten Sie immer um Erlaubnis fragen. Wenn Personen sich weigern und nicht fotografiert werden möchten, wird das Gründe haben, die Sie unbedingt respektieren müssen.

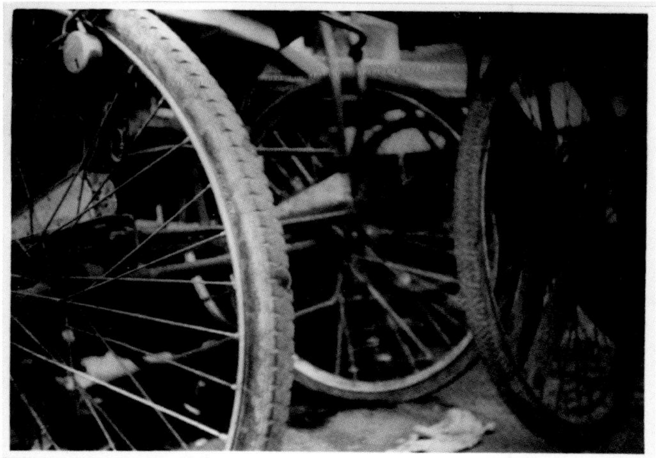

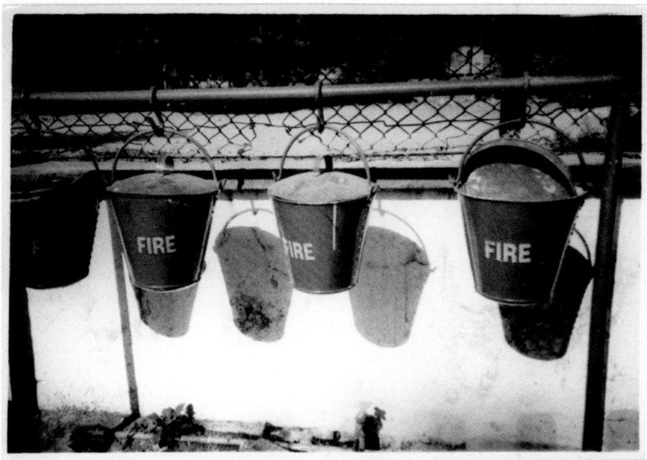

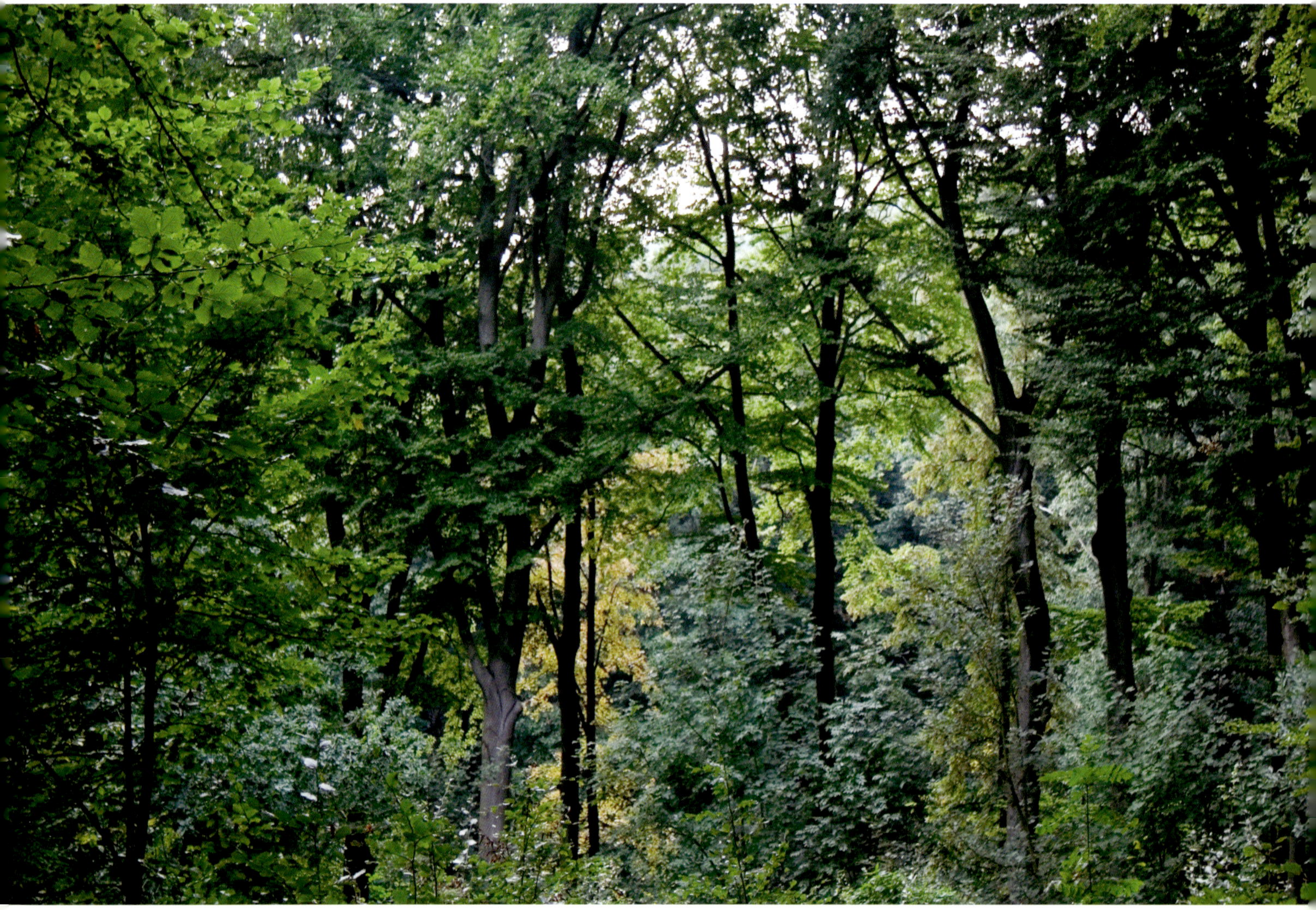

Panoramabilder:

Heutzutage bieten viele moderne Digitalkameras die Funktion von Panoramabildern an, ohne dass die Kamera ein echtes Panoramabild erzeugt. Dazu werden mehrere Bilder einzeln nacheinander fotografiert und dann über eine Sonderfunktion montiert. Die Kamera rechnet die Pixel hinzu, die zur Verknüpfung mehrerer Bildteile notwendig sind, ohne dass später „Nahtstellen“ zu sehen sind.

„Echte“ Panorama-Bilder, werden mit Weitwinkelobjektiven erzeugt, es gibt aber auch spezielle Panoramakameras, die ausschließlich für diesen Zweck konzipiert sind.

Da diese besonderen Kameras aber recht teuer sind, kommen sie leider für den Hobbyfotografen nur selten in Frage. Aus Panoramabildern können wie in dem Beispiel rechts auch große Wandbilder für den Wohnraum entstehen. In diesem Fall wurde über den Fine Art Print-Service auf Leinwandstoff (Baumwollgewebe) gedruckt und das Bild danach auf einen flachen Keilrahmen im Format von 1,5 x 2,00 m aufgespannt.

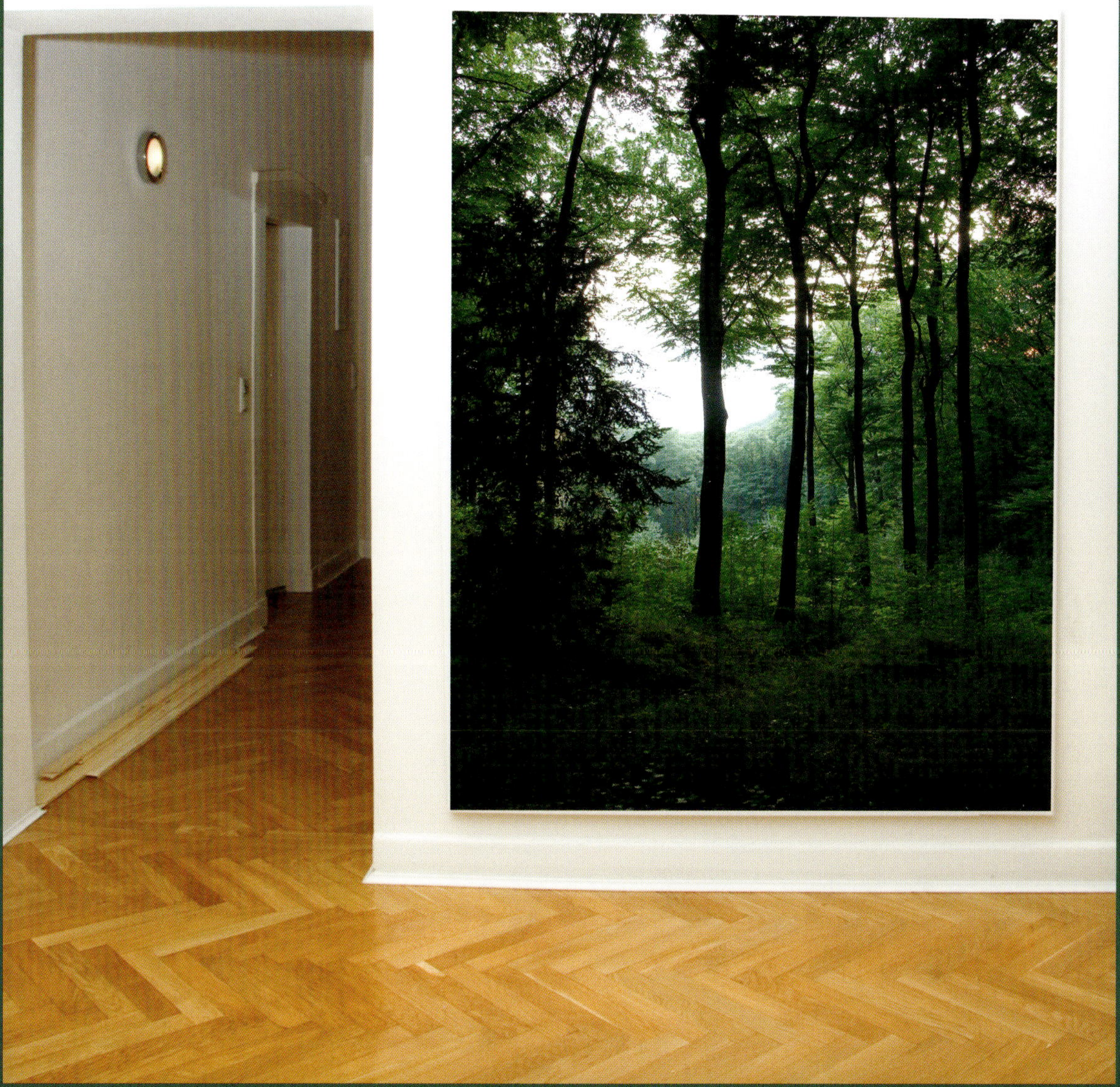

Bildgestaltung:

Auf Reisen sind Landschaftsaufnahmen beliebte Fotomotive. Der Charakter der jeweiligen Gegend sollte auf dem Bild gut erkennbar sein, vor allem mit einem Weitwinkelobjektiv kann ein großer Ausschnitt erfasst werden. So entsteht ein besonders weitläufiger Eindruck der Landschaft.

Dieses Bild wurde analog mit einer Spiegelreflexkamera aufgenommen und danach mit einem Dia-Scanner digitalisiert. Der Vorteil bei Dia-Material liegt darin, dass die Aufnahmen als Positiv sofort gesichtet werden können, sie zur Archivierung gut geeignet sind und die Möglichkeit zur Betrachtung über einen Dia-Projektor bieten.

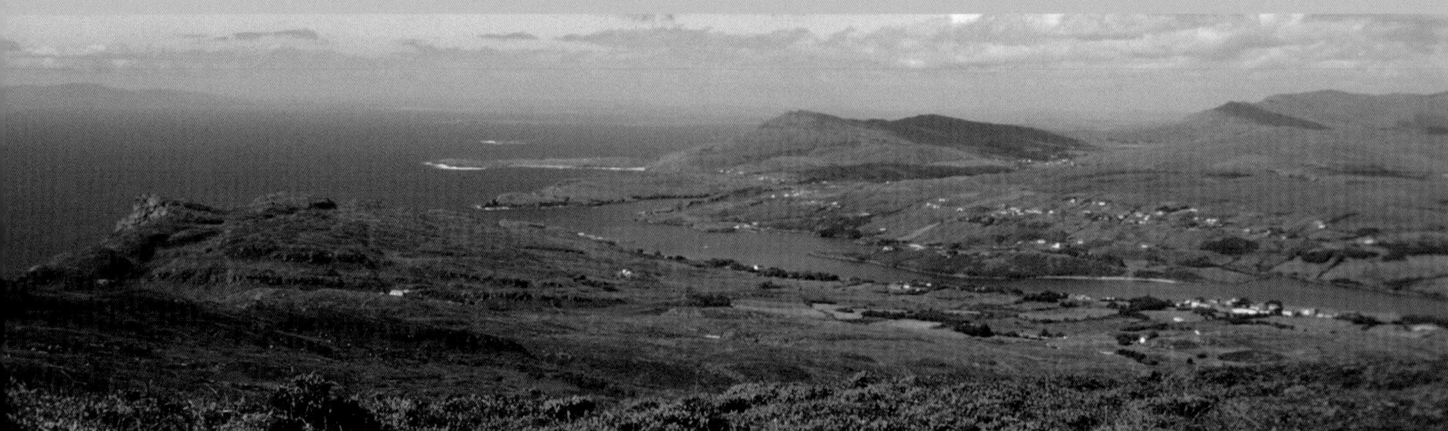

Tipp:

Erstellen Sie doch einmal ein Panoramabild aus einem bereits bestehenden Bild. Gerade das überdimensionale Querformat eignet sich wunderbar für eine schöne Präsentation im Wohnraum, z. B. in einem schmalen Format auf einen Keilrahmen aufgezogen. Auch die in den 70er Jahren beliebte Fototapete kann mittels Fine Art Print zu neuem Leben erweckt werden.

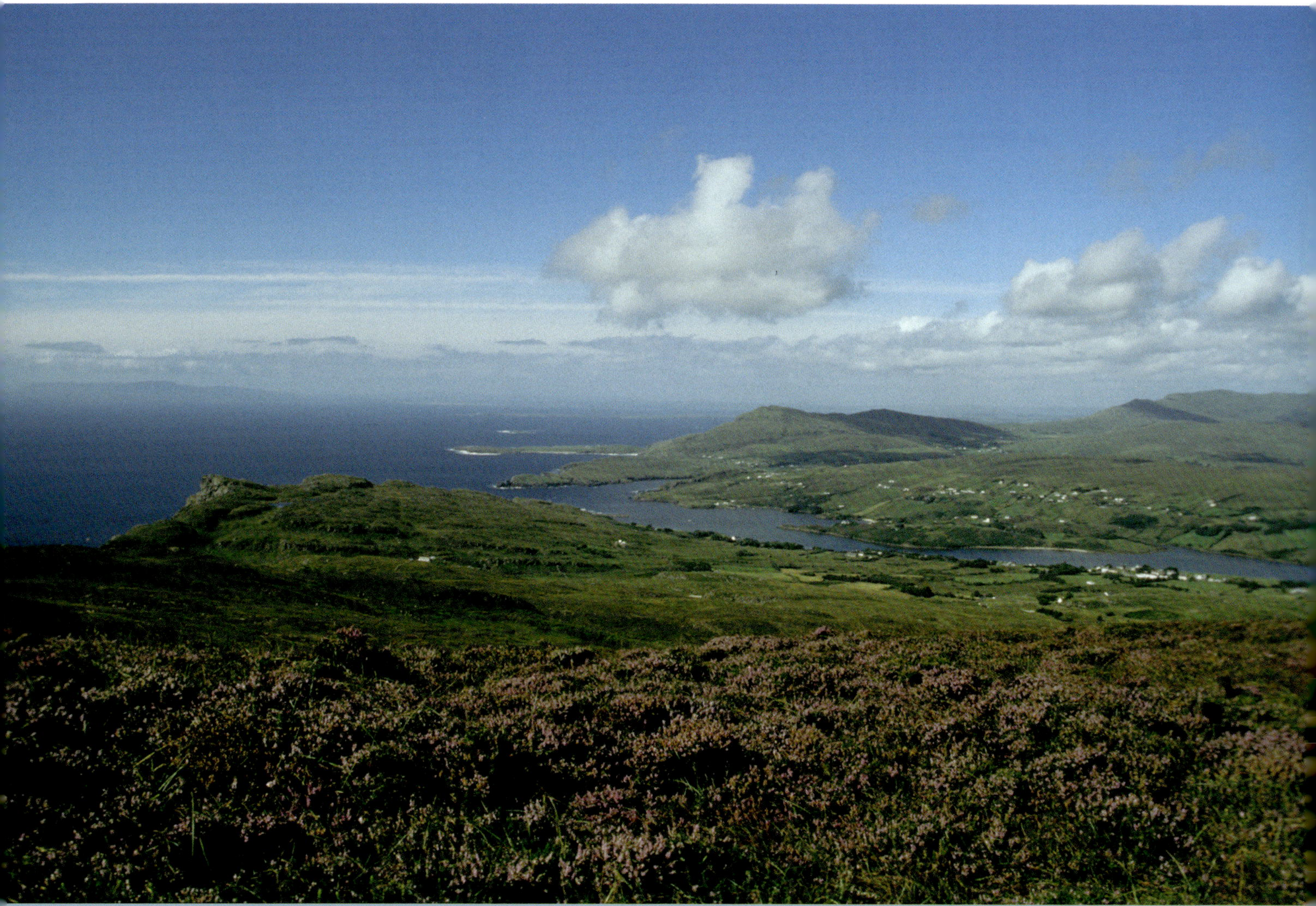

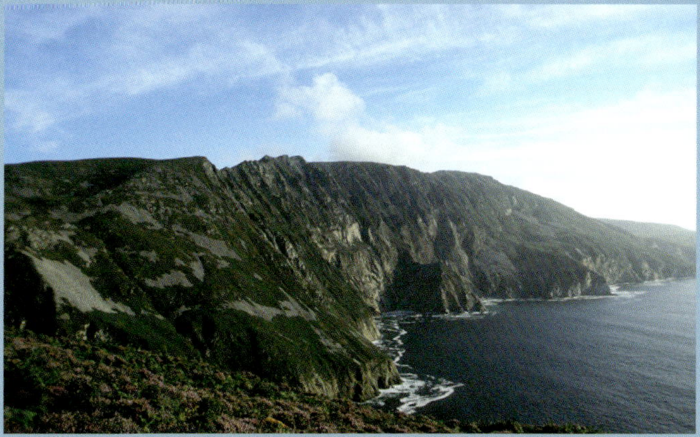

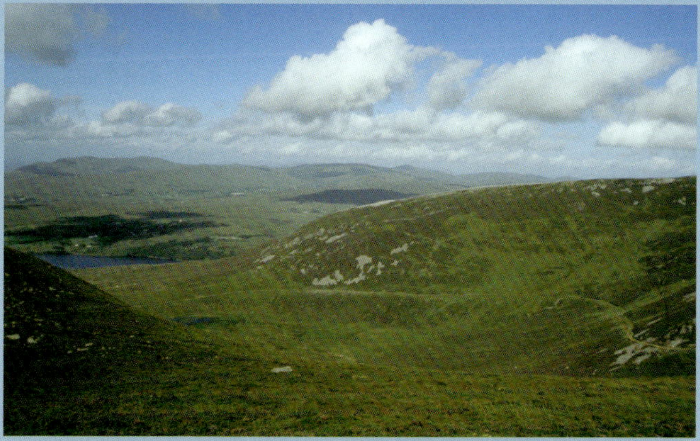

Fotos Doppelseite © Ralf Hölz

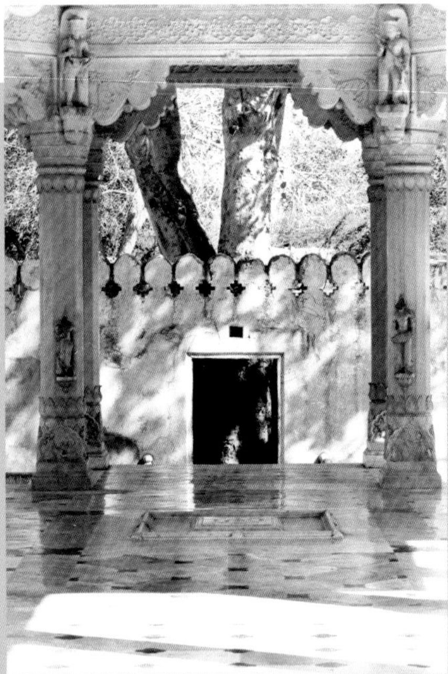

Abb. oben: Originalfoto

Abb. unten: Sockel aus Gips im Detail

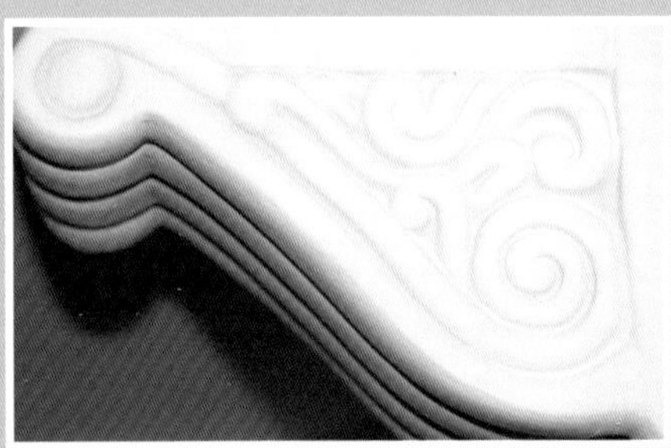

Bildgestaltung:

Das Bildbeispiel rechts zeigt den Torbogen eines Tempels, aufgenommen mit einer Spiegelreflexkamera auf Negativ-Filmmaterial während einer Indienreise.

Das Originalfoto wurde mit einem Flachbettscanner eingescannt und der bestehende Sepiaton des Abzugs durch leichte Erhöhung des Kontrastes und der Sättigung noch hervorgehoben. Das Bild wurde auf eine Malplatte mit einer Stärke von 0,4 mm geklebt und wirkt auf einem Sockel aus Gips präsentiert äusserst ansprechend.

Bei dieser Aufnahme wurde ein besonderes Filmmaterial verwendet, KODAK TCN-400, dessen spezifisches Merkmal darin besteht, dass der Film im Farbprozess (C-41) entwickelt wird, aber die Anmutung eines Schwarz-Weiß-Films mit warmer, leicht brauner Tonung hat.

Der Film wurde direkt auf der Reise in einem indischen Fotolabor entwickelt. Dies bringt natürlich ein gewisses Risiko mit sich, da die Qualität vielleicht nicht dem gewohnten heimischen Standard entspricht. Da aber alle Filme der Reise dort entwickelt wurden, weisen sie untereinander keine qualitativen Unterschiede auf.

Der Vorteil der Entwicklung vor Ort bestand darin, dass die belichteten Filme nicht mehr speziell geschützt und transportiert werden mussten und dass die Abzüge schon während der restlichen Reisezeit vorlagen und z. B. verschenkt werden konnten.

Tipp:

Eine nachträgliche UV- und Schutzversiegelung ist beim Druck auf *Photo Rag*-Papier anzuraten, da das Material empfindlich gegen Verschmutzungen ist. Es kann auch ein spezielles Fixativ verwendet werden, um die Oberfläche etwas widerstandsfähiger zu machen.

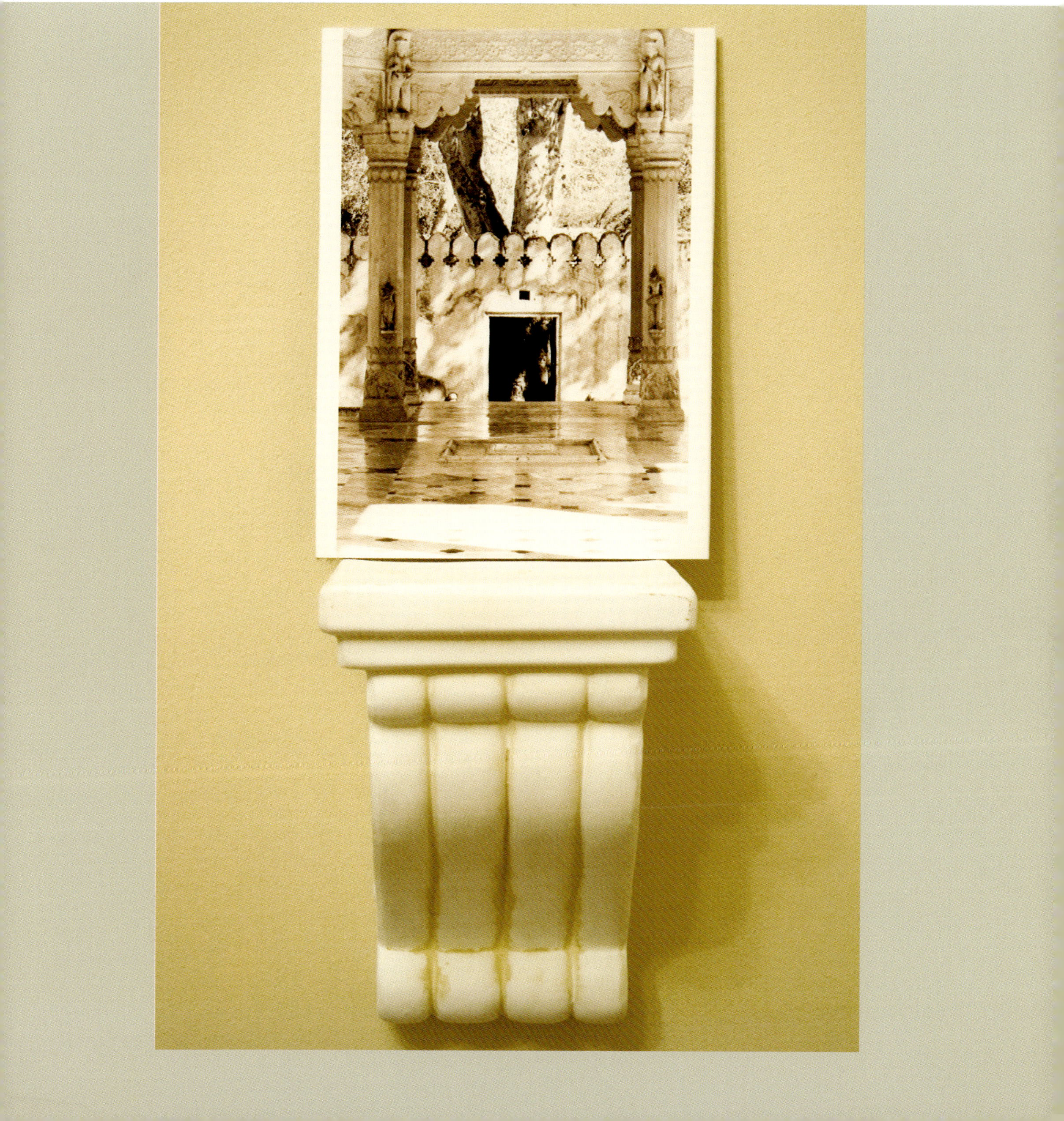

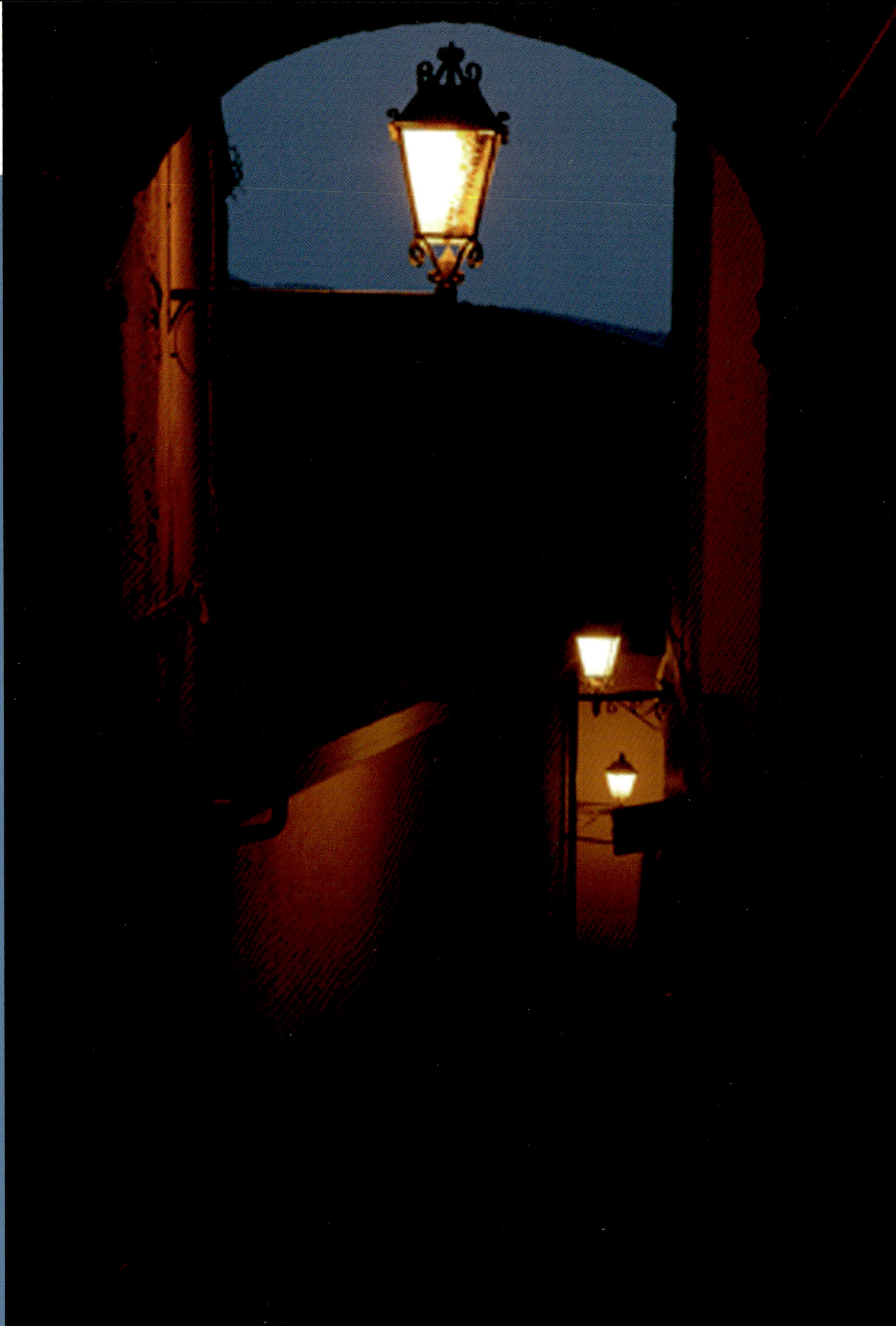

© Ralf Hölz

Bildgestaltung:

Bei langen Belichtungszeiten, wie z. B. bei sehr wenig vorhandenem Licht oder bei dieser Nachtaufnahme, sollte von einem Stativ aus fotografiert werden, da das Bild sonst verwackeln könnte.

Auch bei höher empfindlichem Filmmaterial und besonders bei Objektiven mit geringer Lichtstärke sind die Belichtungszeiten bei wenig Licht meist zu lang, um aus der Hand fotografieren zu können. Speziell für Reisen gibt es kleine, sehr kompakte Stative, die leicht aber stabil sind und sich gut zum Transport eignen.

Falls kein Stativ zur Hand ist, kann auch improvisiert werden, indem man den Bildausschnitt wählt und die Kamera z. B. auf einer Mauer oder einem Tisch aufstellt.

Um Störungen durch Verwacklung zu vermeiden, während man auf den Auslöser drückt, wird die Aufnahme mit dem voreingestellten Selbstauslöser gemacht. Währenddessen sollte möglichst jede Erschütterung des Bodens vermieden werden.

Tipp:

Wer digital fotografiert hat den Vorteil, die Lichtempfindlichkeit verändern zu können. So muss kein Film gewechselt werden um auch bei schlechten Lichtverhältnissen fotografieren zu können. Die modernen Digitalkameras bieten einen großen Spielraum bei der Wahl der Empfindlichkeit, meistens einen Bereich zwischen ISO 100 bis 800. Allerdings erhöht sich das „Bild-Rauschen" bei Wahl einer hohen ISO-Zahl, was in etwa einer stärkeren Körnung bei höher empfindlichen Filmen entspricht. Für den Weißabgleich gibt es viele Möglichkeiten, die eine optimale Anpassung an die entsprechenden Lichtverhältnisse erlauben.

PORTRÄTS

Schöne Porträtfotos eignen sich zum Ausdrucken auf dem eigenen Drucker oder über den Fine Art Print-Service sowohl in Farbe als auch in Schwarz-Weiß besonders gut. Fotos eines Menschen spiegeln seine Persönlichkeit, seine charakteristischen Züge und Eigenschaften wieder. Die Familie und besonders die Kinder werden sehr gern und häufig fotografiert, weil sie sich vor der Kamera meist unverkrampft und natürlich verhalten. Auch als Geschenk sind solche Fotos sehr beliebt. Ein individueller Druck im Rahmen oder Passepartout präsentiert ist immer ein wertvolles Unikat.

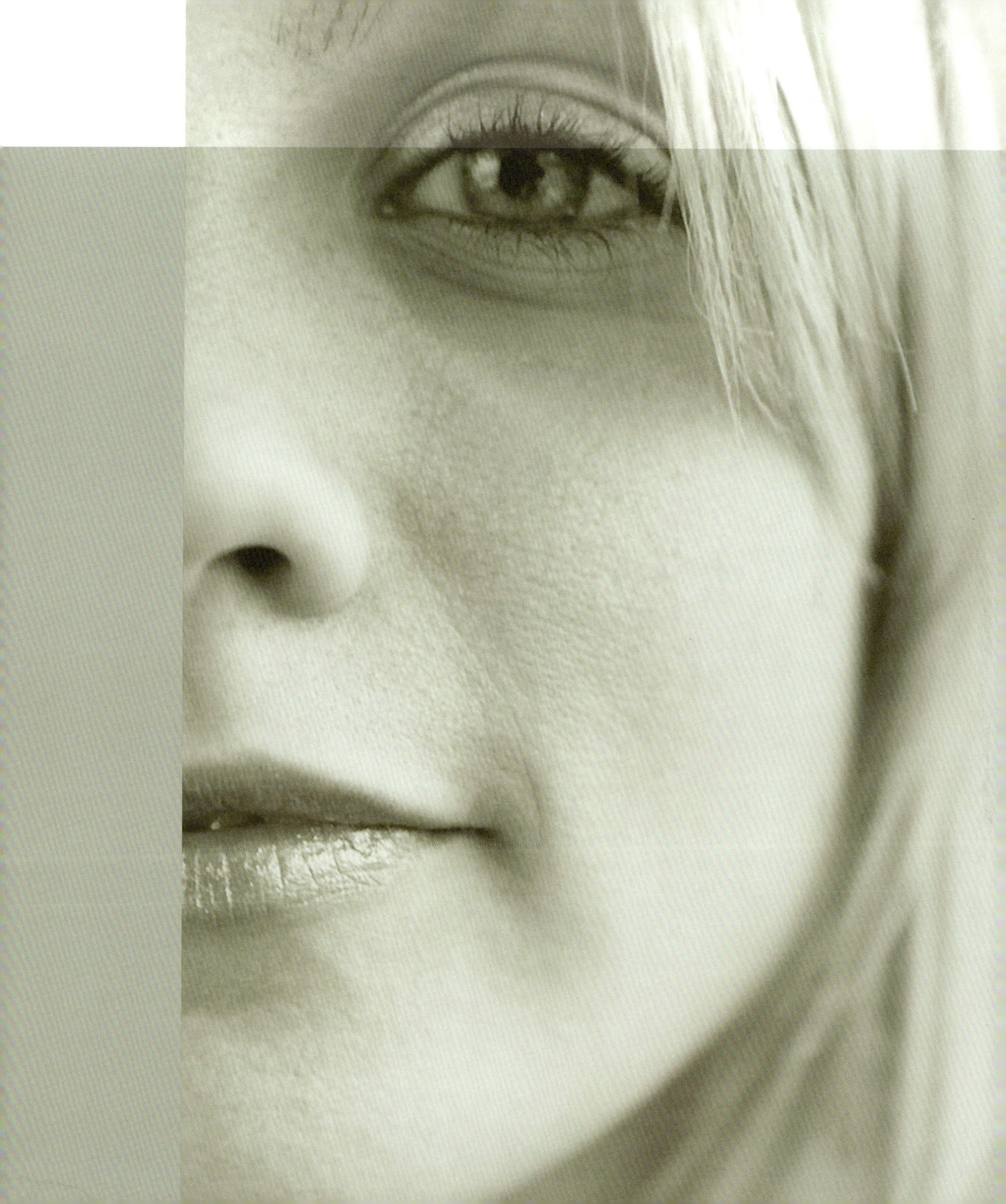

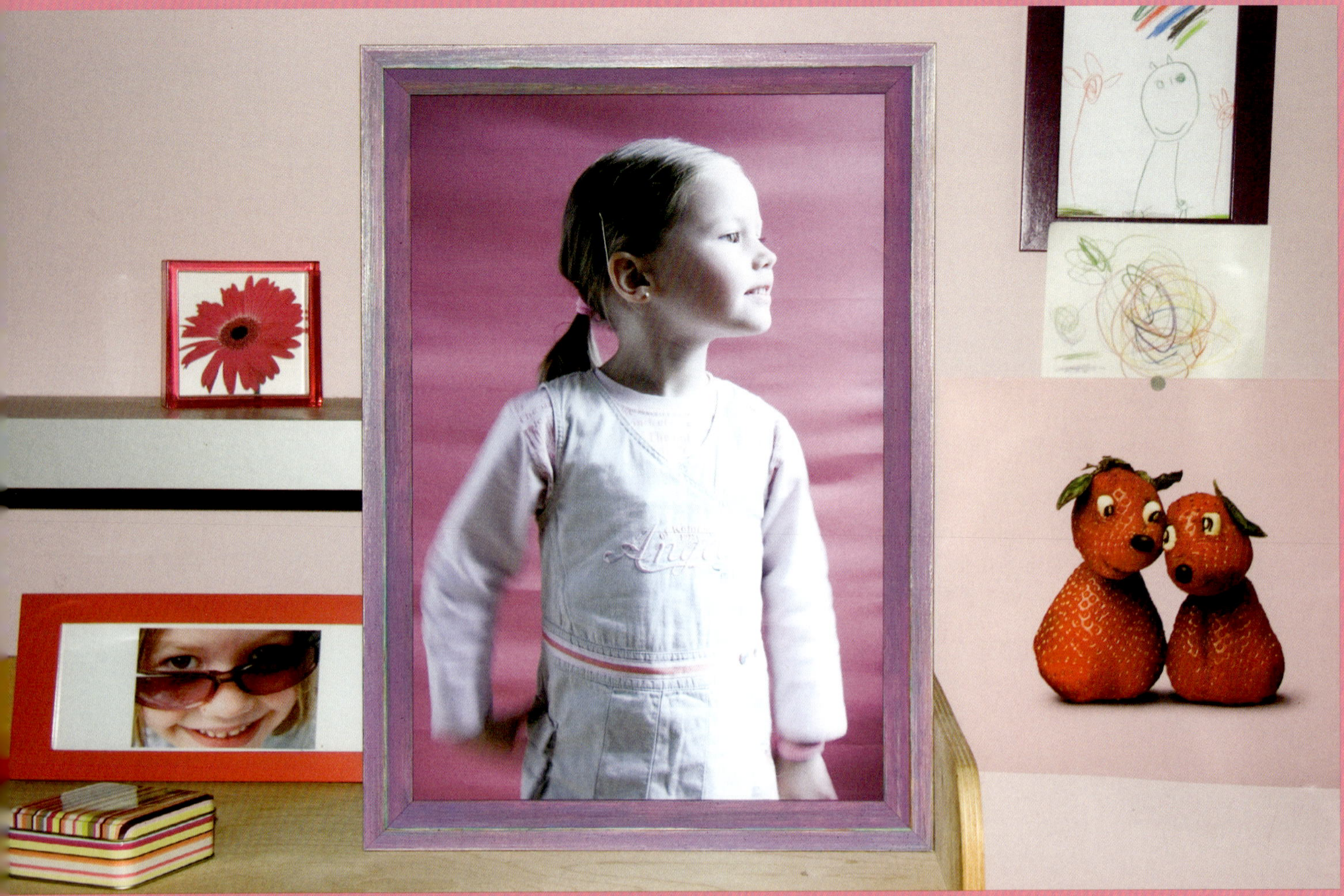

Bildgestaltung:

Das Foto des kleinen Mädchens links wurde bei Tageslicht (von einem Fenster auf der rechten Seite des Kindes) mit einer digitalen Spiegelreflexkamera aufgenommen.

Den Hintergrund bildet ein großer Holzrahmen, der mit einem pinkfarbenen Stoff bezogen ist. Der Farbton des Hintergrundes passt gut zu den Rosatönen, die in der Kleidung des Kindes vorkommen und unterstreicht das „Mädchenhafte" der Aufnahme.

Tageslicht bietet gerade für Porträts ein schönes, natürliches Licht, mit dem sehr einfach gearbeitet werden kann. Bei seitlichem Lichteinfall empfiehlt es sich, auf der anderen Seite der Person mit einem Aufheller zu arbeiten, um zu starke Schatten auf der Gegenseite zu vermeiden. Als Aufheller kann z. B. eine weiße Wand, eine größere Styroporplatte oder ein aufgespannter weißer Stoff dienen. Professionelle Aufheller bzw. Reflektoren sind im Fotofachhandel erhältlich, viele sind faltbar und leicht im Gewicht.

Aufheller gibt es in verschiedenen Farbkombinationen in Weiß, Silber und Gold für die Aufhellung und meist auch mit einer schwarzen Rückseite zum Abschatten. Dies ist nützlich, wenn man z. B. Konturen definieren will, etwa Gesichtskonturen betonen oder einen dunklen Rand stärker unterstreichen möchte.

Tipp:

Tageslicht lässt sich überall für Porträts nutzen. Wenn das Licht hell genug ist, kann ohne Stativ gearbeitet werden. Wenn weniger Licht vorhanden ist, kann entweder ein Aufhellblitz zum Einsatz kommen oder vom Stativ aus gearbeitet werden. Tageslicht mit sehr viel Sonnenlicht ist für Porträts eher ungeeignet, da die Person durch die Sonne geblendet werden kann. Daher bieten sich für Porträtaufnahmen Lichtsituationen im Halbschatten besser an.

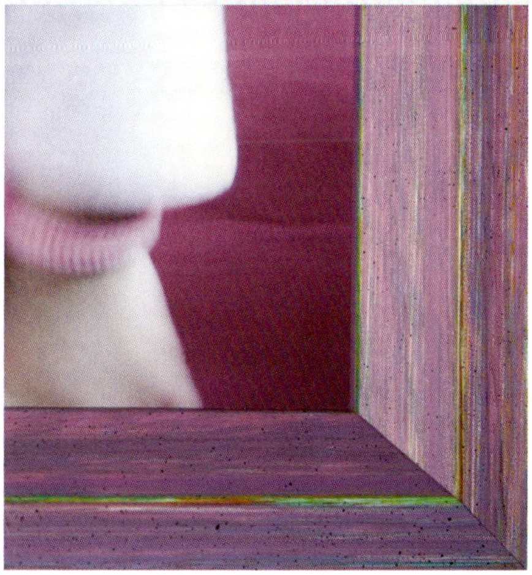

Das Detailbild links zeigt die Kante des Rahmens, die Grundfarbe ist Magenta-Violett, der Rahmen hat einen schimmernden Effekt in der Lasur sowie feine grüne und goldene Elemente. Fine Art Print ermöglicht die vergleichsweise günstige und dabei qualitativ hochwertige Herstellung größerer Formate. In diesem Fall entspricht die Größe des Bildes mit Rahmung etwa DIN A3.

Abb. rechts: Originalfoto ohne Rahmen

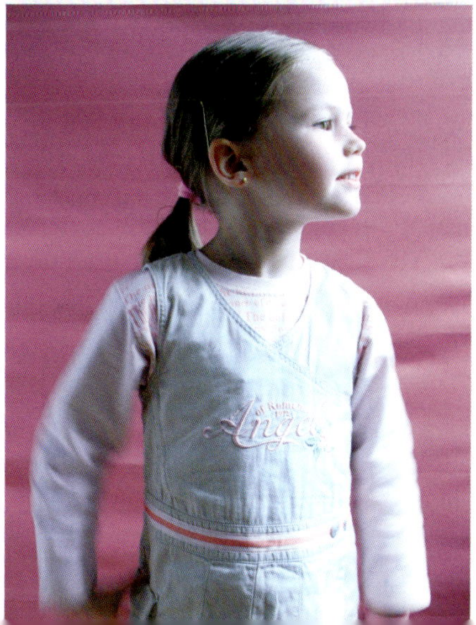

Bildgestaltung:

Das Bildbeispiel rechts ist ein Familienfoto aus einem alten Familienalbum. Das Bild (Originalgröße 8 x 12 cm) wurde inklusive der Rahmenumrandung mit einem Flachbettscanner eingescannt, sodass möglichst viel von der altmodischen Anmutung zu sehen ist.

Das Bild wurde ohne weitere Nachbearbeitung über den Fine Art Print-Service ausgedruckt, die ursprünglichen Farb- und Tonwerte blieben erhalten.

Bei diesem Foto bietet es sich an, die Kratzer und Gebrauchsspuren nicht zu korrigieren, da das Bild sehr alt ist und diese Anmutung erhalten bleiben soll. Schäden am Bild wie Risse oder Flecken, stören bei derartigen Bildern nicht. Falls aber bildwichtige Bereiche wie z. B. Gesichter davon betroffen sind, sollte man eine Retusche oder Reparatur dieser Stellen vornehmen, damit die Bildwirkung nicht beeinträchtigt wird.

Mit dem Werkzeug „Stempel", das in den gängigen Bildbearbeitungsprogrammen vorhanden ist, kann man schadhafte Bildbereiche korrigieren, indem man einen intakten, angrenzenden Bildbereich in eine Art Auswahl kopiert, und ihn dann über die betreffenden Stellen legt bzw. „stempelt".

Manche Bildbearbeitungsprogramme bieten auch die Funktion, Pixel mit ähnlichen Farbanteilen auszuwählen, neu zu berechnen und in das Bild einzufügen.

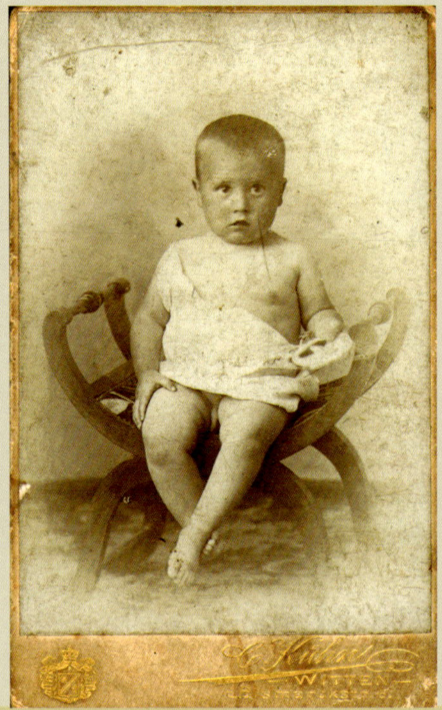

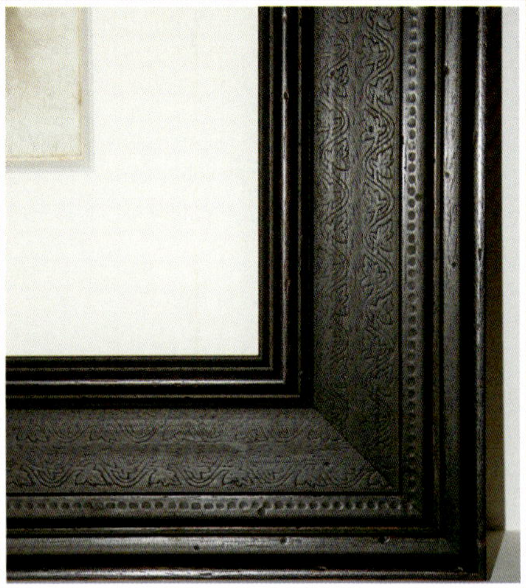

Abb. oben: Detailansicht des Holzrahmens und des breiten Passepartouts. Passepartouts können in verschiedenen Farben und Kartonstärken hergestellt werden, der Zuschnitt erfolgt ganz individuell und auf das einzelne Bild entsprechend angepasst.

In diesem Beispiel wurde ein sehr breites Passepartout gewählt, um dem gedruckten Bild ausreichend Platz zu bieten und die Wirkung im Rahmen zu steigern.

Tipp:

Alte Familienbilder oder Fotos mit besonderer persönlicher Bedeutung können über den Scanvorgang gut archiviert werden. Die Veränderung eines alten Fotos im Laufe der Zeit durch UV-Licht, Temperatur oder andere Bedingungen kann dazu führen, dass die Qualität zunehmend schlechter wird. Zur Archivierung sollten die Originalbilder möglichst mit einer Auflösung von 300 dpi im RGB-Farbmodus eingescannt werden, damit eine gute Qualität der Bilddatei gewährleistet ist.

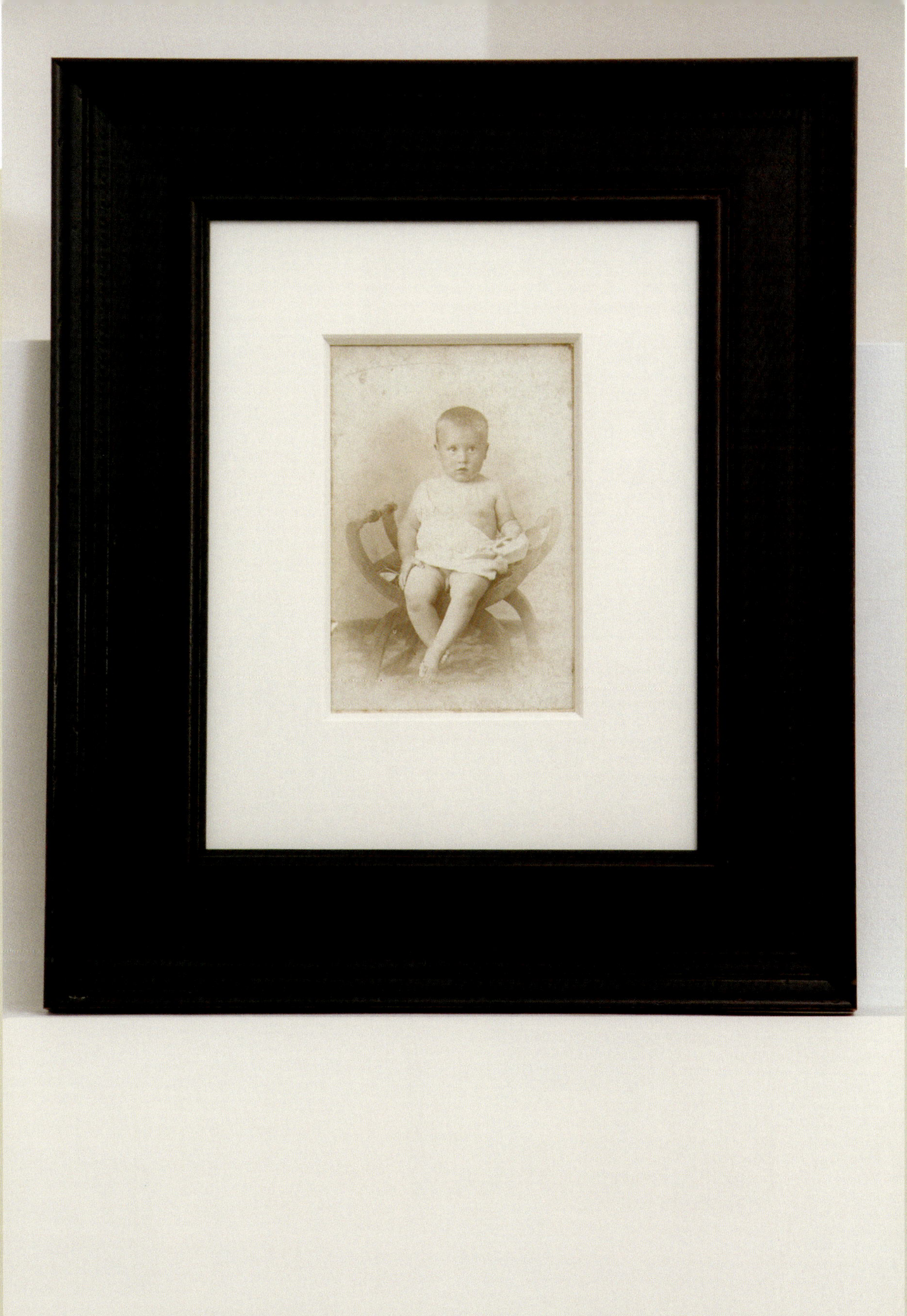

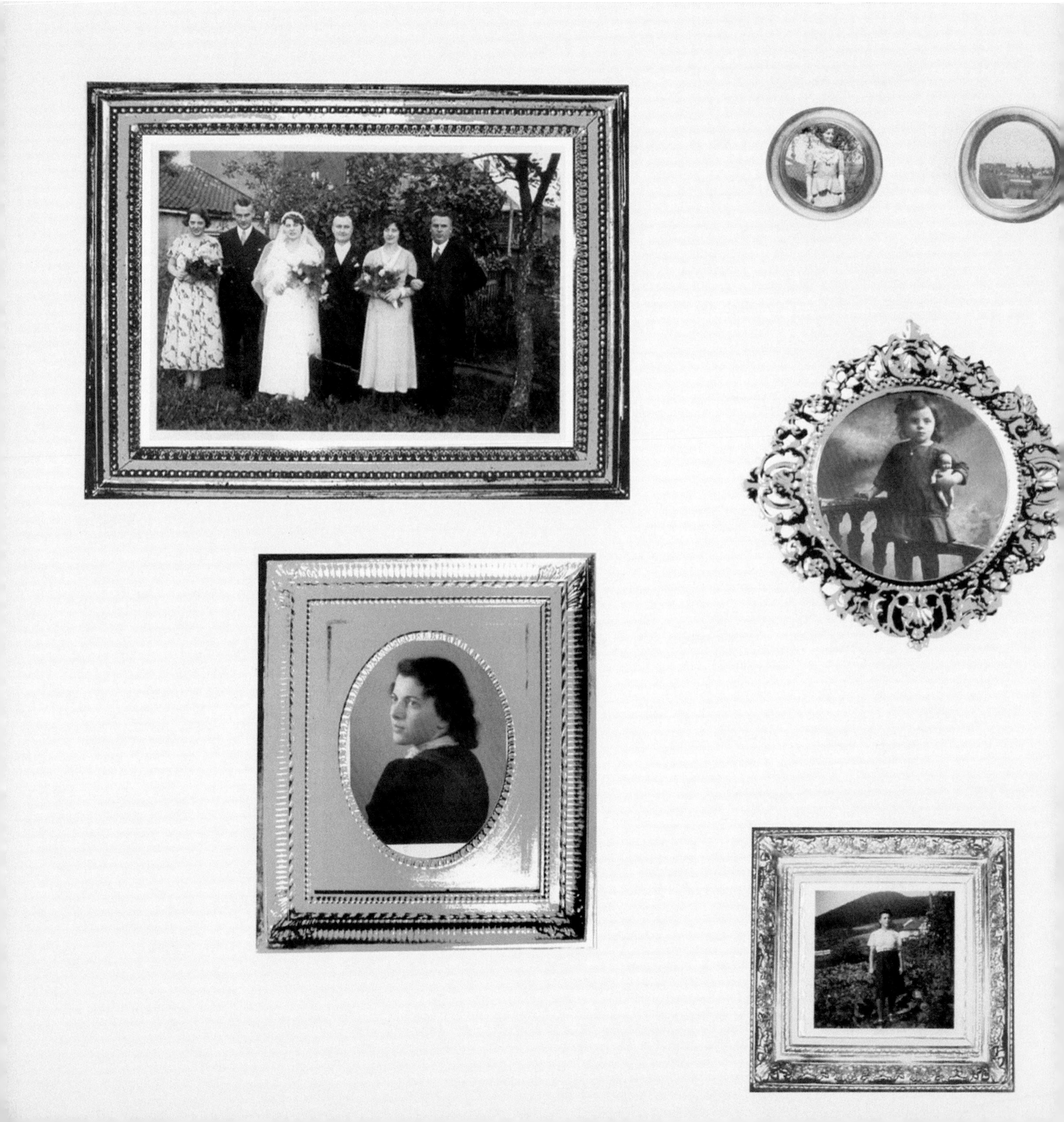

Eine sehr schöne Form der Präsentation von Familienfotos sowohl in Farbe als auch Schwarz-Weiß ist das Aufhängen vieler verschiedener Rahmen und unterschiedlicher Formate nebeneinander auf einer größeren Wandfläche. Die Aufhängung der Rahmen kann entweder recht streng und linear sein oder aber absichtlich ungeordnet und mit unterschiedlichen Abständen der Bilder untereinander.

Die sogenannte „Petersburger Hängung" bezeichnet eine sehr enge Hängung von Bildern, die teilweise bis unter die Decke reicht. Diese Hängung war seit den privaten Kunstsammlungen barocker Fürsten bis zu den bürgerlichen Salonausstellungen des 19. Jahrhunderts eine gängige Ausstellungsform. Ihre Bezeichnung erhielt diese besondere Präsentationsform wohl deswegen, weil unter anderem die Petersburger Eremitage diese Hängung salonfähig machte. Inzwischen wird den Bildern in den Museen und Ausstellungsräumen für gewöhnlich reichlich Platz eingeräumt, damit jedes Bild für sich seine volle Wirkung entfalten kann. Die „Petersburger Hängung" dagegen zielt darauf ab, den Betrachter durch die Masse der versammelten Kunstwerke zu beeindrucken. Heutzutage findet man diese besondere Form der Hängung noch häufig in rekonstruierten Schlössern.

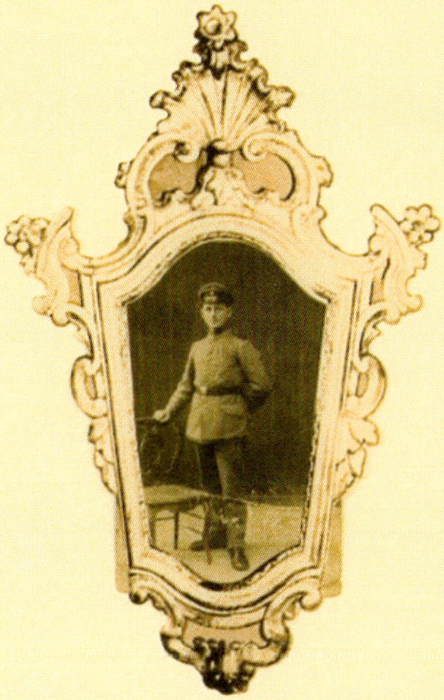

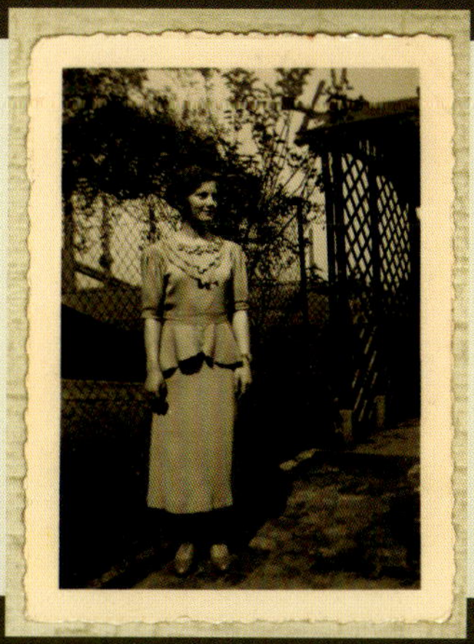

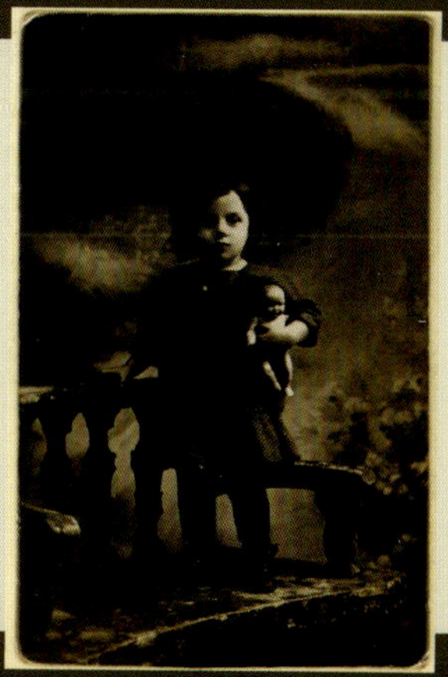

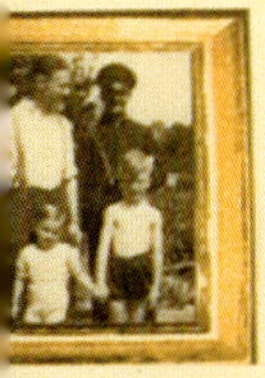

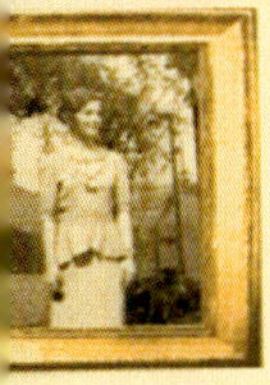

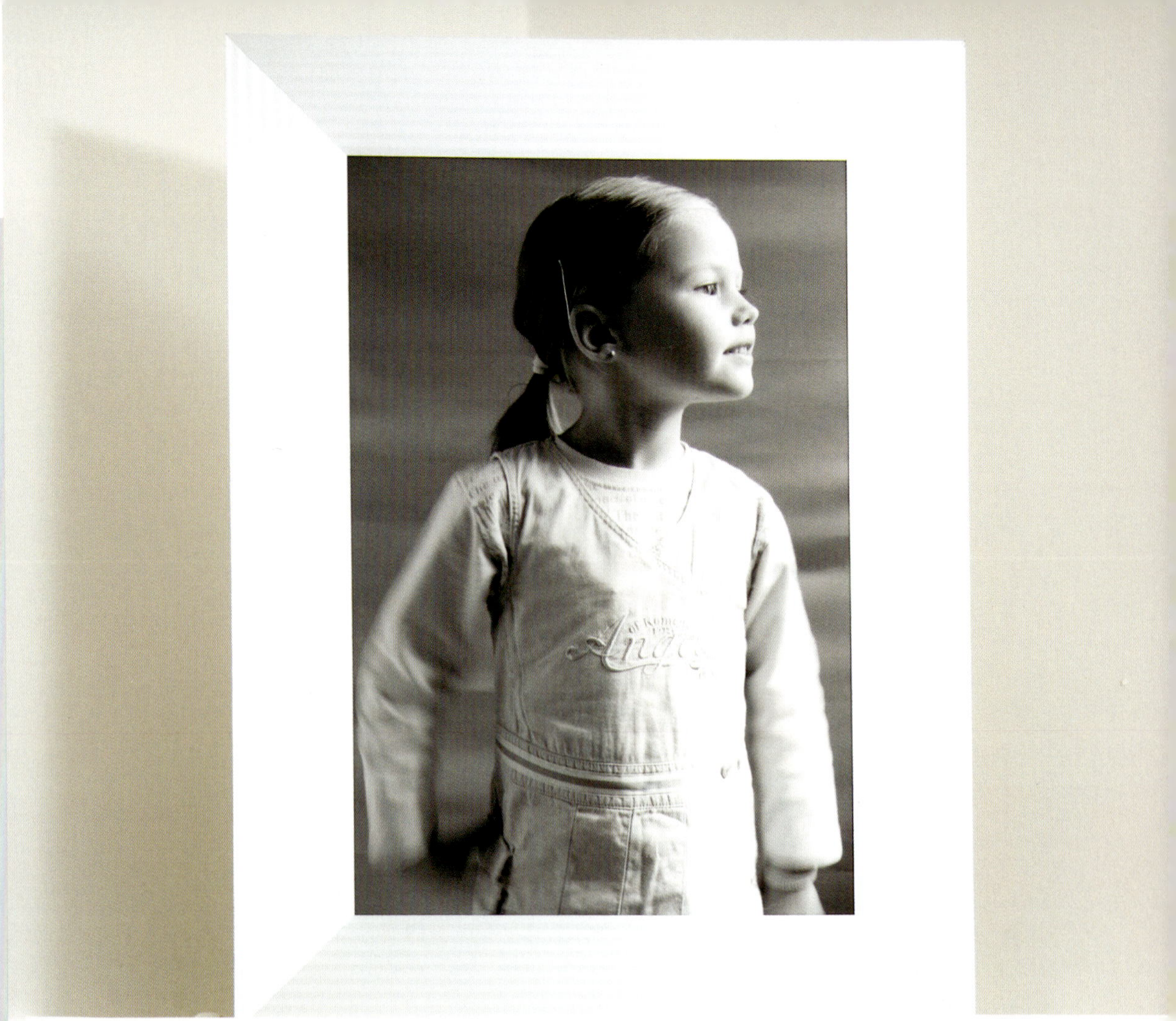

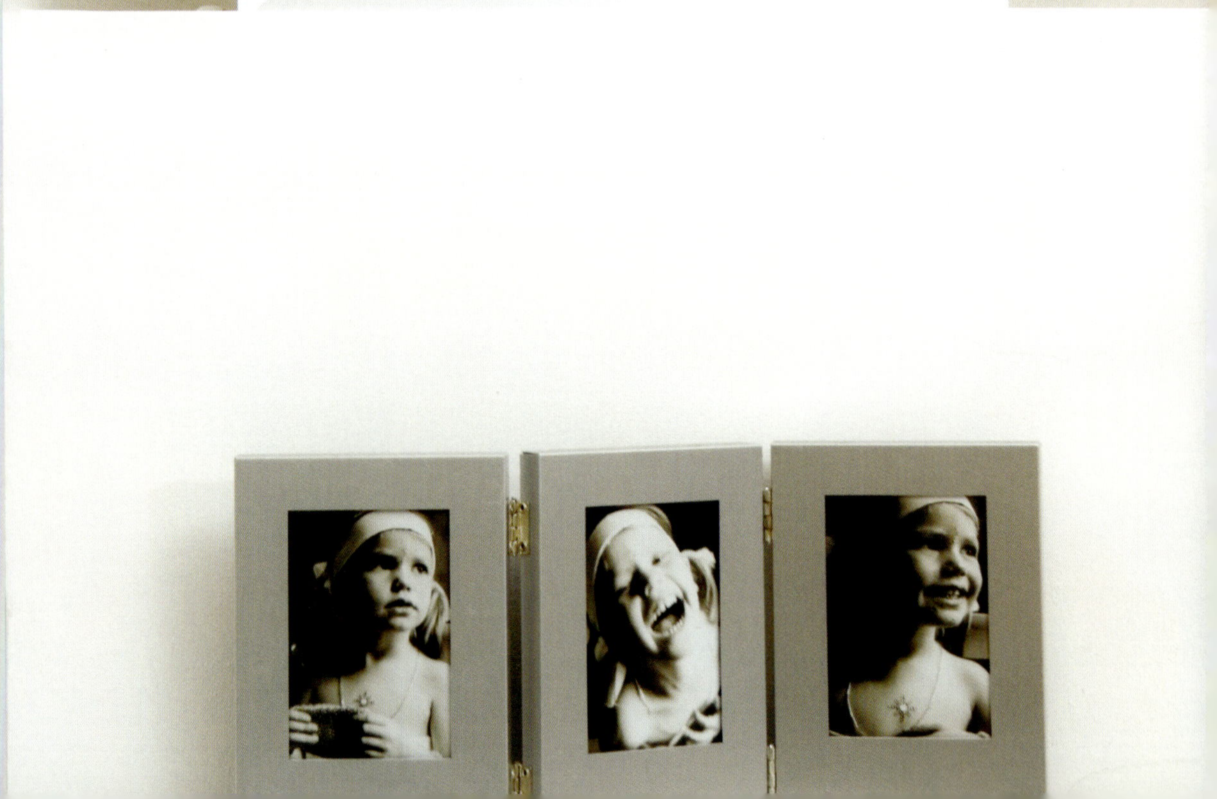

Bildgestaltung:

Eine weitere Idee ist es, ein neues Bild in ein altes zu verwandeln, indem einem digitalen Bild künstlich Gebrauchsspuren und Abnutzungserscheinungen zugefügt werden.

In den gängigen Bildbearbeitungsprogrammen wird dies z. B. durch den Einsatz der Funktion „Störungen hinzufügen“ oder mit verschiedenen Vergröberungsfiltern ermöglicht.

So kann man z. B. künstlich ein grobes Filmkorn erzeugen. Je nachdem, welche Bildwirkung erzielt werden soll, kann das Bild auch noch zusätzlich in Sepia- oder Brauntönen gefärbt werden, um den alten und „vergilbten“ Eindruck zu betonen.

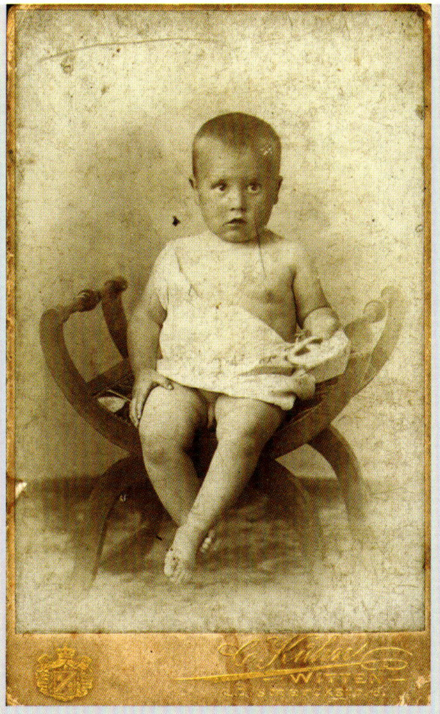

Künstliche Kratzer und Spuren können ebenso über die verschiedenen Funktionen der Bildbearbeitungsprogramme eingefügt werden, z. B. manuell über feine Striche und Linien, die man mit der Maus in das Bild einsetzt.

Ebenso kann man auch eine Vorlage einscannen, etwa gerissenes Papier oder Rahmen alter Fotos und die Deckkraft herabsetzen, sodass nur leichte Risse und Spuren sichtbar werden und das darunter liegende Bild überlagern.

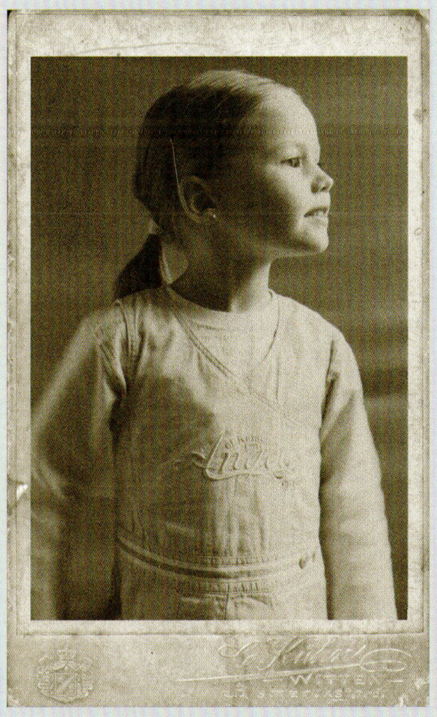

Bildgestaltung:

Ein Kinderfoto, wie das Bildbeispiel rechts zeigt, ist immer ein schönes Motiv für einen hochwertigen Abzug bzw. einen Fine Art Print. Schön gerahmt ist es auch als Geschenk für Familie und Freunde sehr beliebt.

Kinderfotos wirken in Farbe oder Schwarz-Weiß ganz unterschiedlich, die optimale Wirkung sollte man einfach ausprobieren. In diesem Fall ist das Foto in Farbe digital fotografiert und nachträglich in Graustufen umgewandelt worden.

Hier passt Schwarz-Weiß sehr gut zu dem Foto des kleinen Mädchens, die hellen Haare und die Haut heben sich sehr schön von dem zurückhaltenden, dunklen Hintergrund des Bildes ab. Hinzu kommt, dass der ernste Blick des Kindes durch die reduzierte Farbigkeit sehr gut zur Geltung kommt.

Davon abhängig, ob man ein Foto alleine oder mit anderen zusammen aufhängt, sollten das Format und die Rahmung festgelegt werden. Viele verschiedene Rahmen auf einer Wand können sehr ansprechend wirken, besonders wenn alte und neue Fotos gemischt werden, z. B. Jugendbilder der Großeltern in Schwarz-Weiß neben aktuellen Familienfotos in Farbe oder Schwarz-Weiß.

In diesem Fall ist der Druck mit einem breiten Passepartout (12 cm breit) gerahmt worden, was der Bildwirkung zugute kommt. Der Rahmen aus Holzleisten wurde entsprechend der Bild- und Passepartoutabmessungen angefertigt und weist leichte Farbunterschiede an den Kanten auf.

Tipp:

Eine sehr schöne Form der Hängung von Familienfotos und Bildern von Freunden ist es, auf einer größeren Wandfläche viele verschiedene Rahmen und Formate nebeneinander aufzuhängen und sowohl Farb- als auch Schwarz-Weiß Fotos zu zeigen. Die Hängung der Rahmen kann entweder recht streng und linear sein oder aber absichtlich ungeordnet und mit unterschiedlichen Abständen der Bilder untereinander.

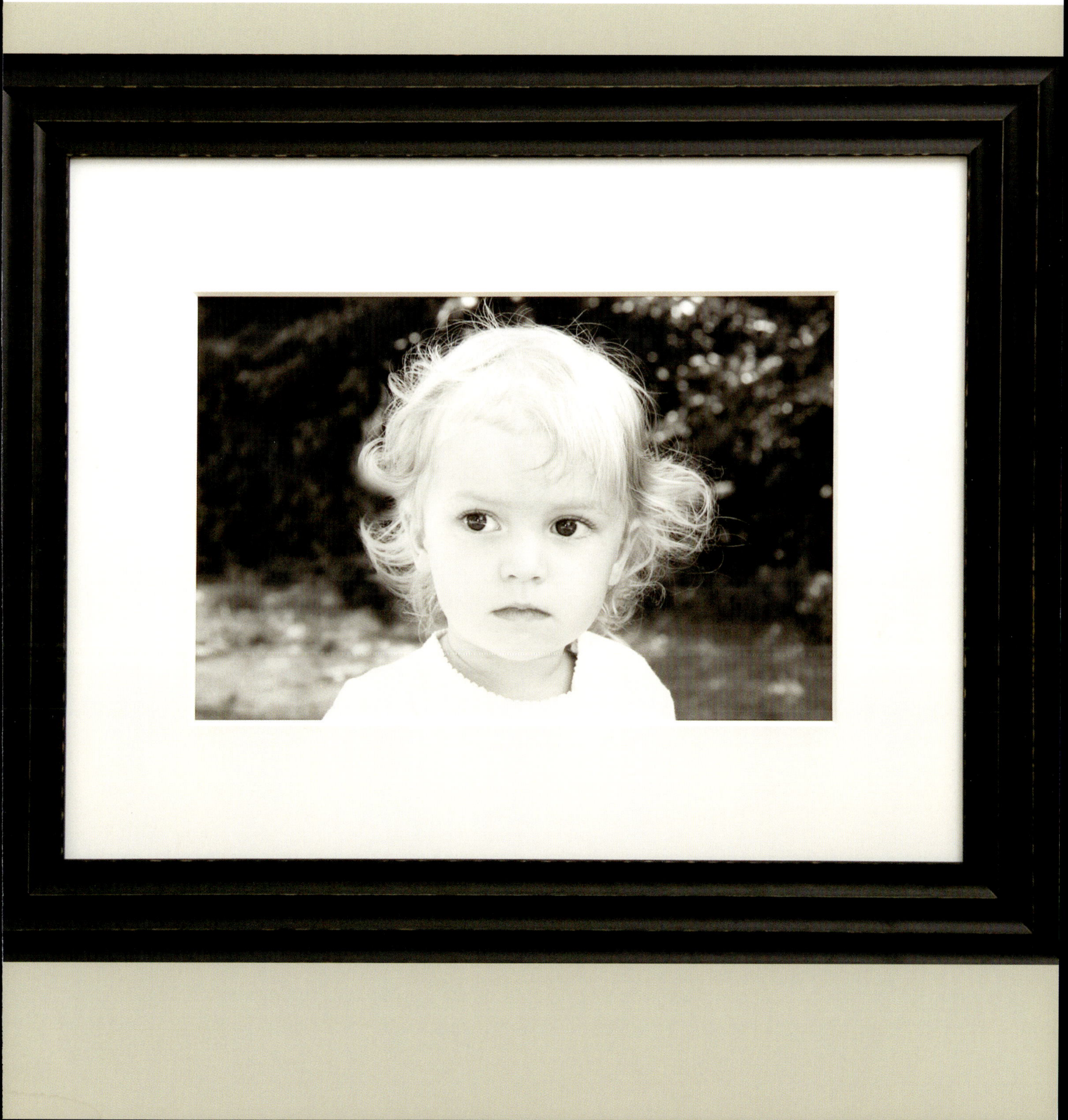

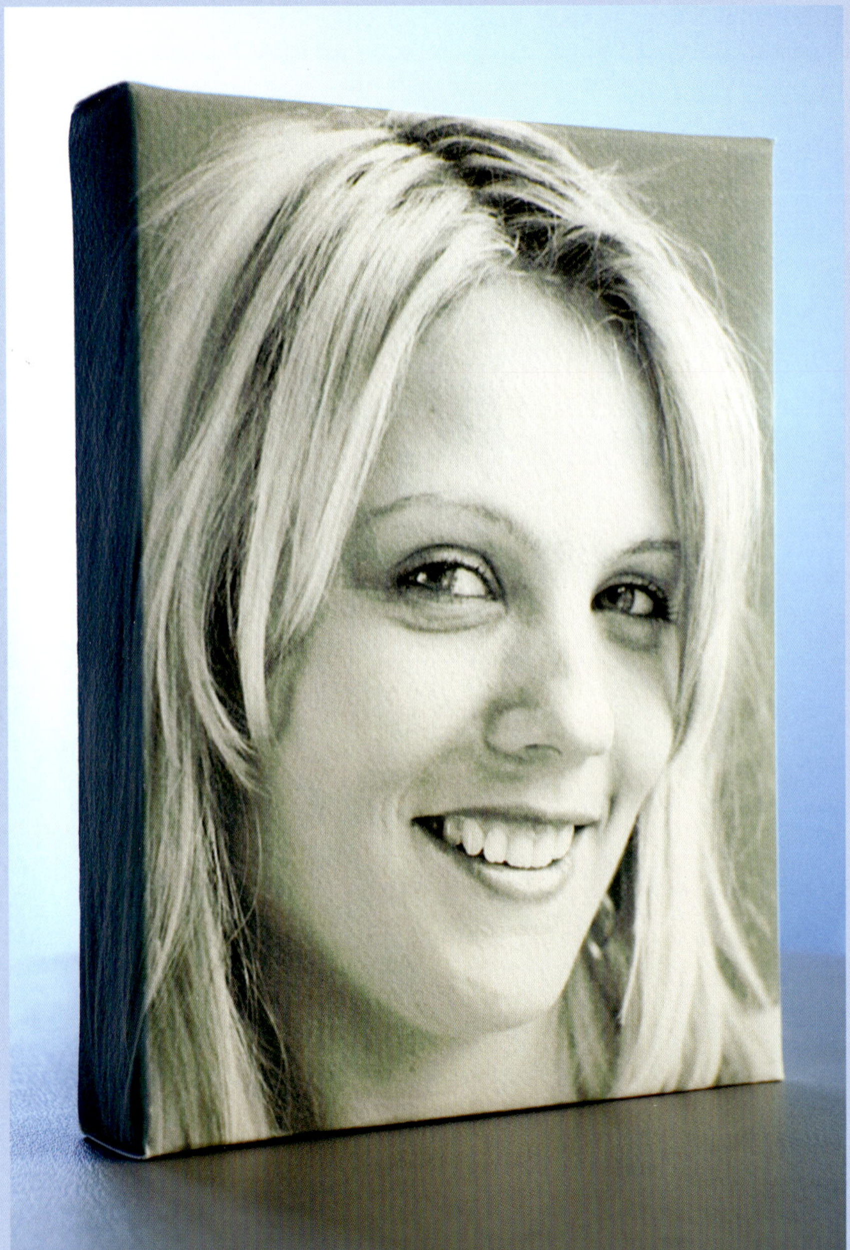

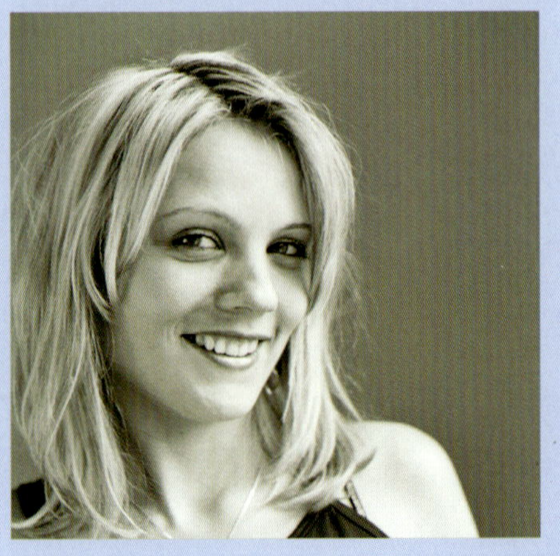

Bildgestaltung:

Porträtfotos sind für den Fine Art Print ausgesprochen gut geeignet.

Gedruckt werden kann auf alle Arten von Papier, Leinwandmaterial (Canvas) oder auch auf transparente Untergründe wie z. B. Acrylglas.

Es gibt vielfältige Möglichkeiten zur Präsentation, abhängig davon, ob ein Einzelbild oder eine Reihe von Porträts gezeigt werden soll.

Porträtfotos sind als Geschenk besonders individuell und persönlich. Sie bieten in Farbe oder Schwarz-Weiß zahllose Kombinationsmöglichkeiten. Die eigenen Fotounikate sind leicht und einfach herzustellen und das Experimentieren mit Farben und Hintergründen macht sehr viel Spaß.

Im Bildbeispiel unten sind zum Vergleich die Motive mit unterschiedlichem Kontrast und Veränderung in der Helligkeit zu sehen, die Bildwirkung ändert sich dadurch bereits deutlich.

Die Bilder mit stärkerem Kontrast wirken „härter“, die mit weniger Kontrast deutlich „weicher“. Welche Art der Darstellung besser zu einem Motiv passt, hängt vom Bild selbst und der Vorliebe des Betrachters ab.

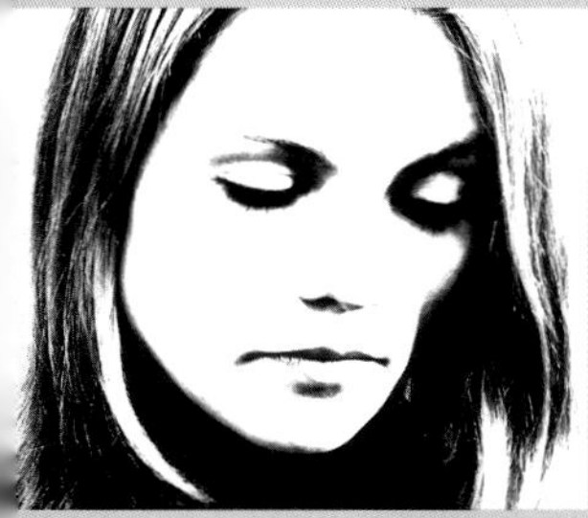

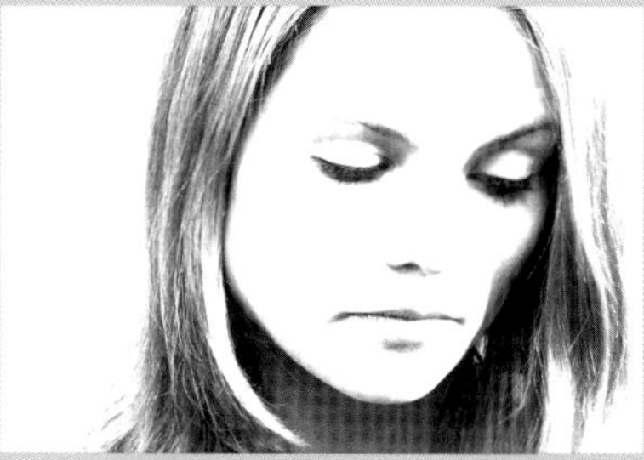

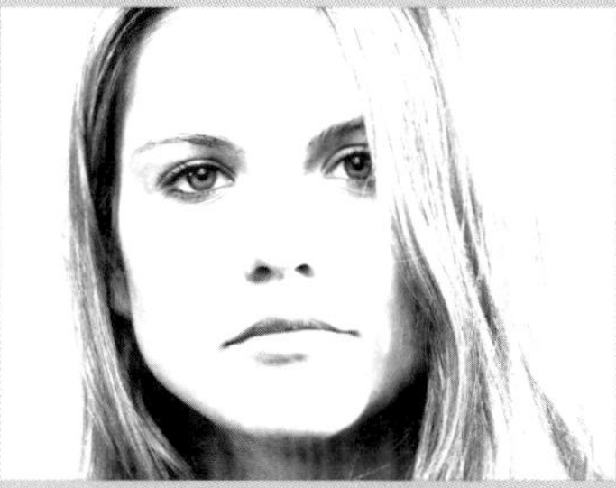

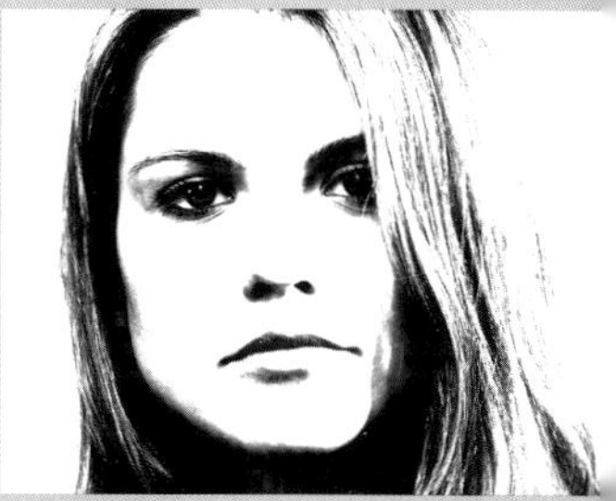

Tipp:

Bei Porträtfotos können Fotografien sehr schön wirken, die leichte „Mängel“ haben, z. B. wenn sie fehlbelichtet sind oder wenn die Person nicht in die Kamera schaut. Man kann die Bilder auch absichtlich im Bildbearbeitungsprogramm verfremden, etwa durch Veränderung von Helligkeit und Kontrast oder durch Filtereffekte (siehe dazu auch das Kapitel Bilderwelt digital, Seite 110 ff.).

Bildgestaltung:

Auf dieser Seite werden als Anregung weitere Fotos im Sinne von Porträts gezeigt, bei denen aber nicht das Gesicht, sondern der Körper im Vordergrund steht. Details und Ausschnitte machen interessante und spannende Bilder möglich und die neue, ungewohnte „Sicht" auf den Körper ergibt tolle und faszinierende Motive. Welches Format dann letztlich in Frage kommt, hängt vom Motiv, der persönlichen Vorliebe und der Wahl der weiteren Verarbeitungsschritte ab.

Wer keine Erfahrung in der Aktfotografie hat, kann so einen Einblick und Übung darin erhalten, den Körper einer Person in Szene zu setzen. Bei Fotos dieser Art können sehr abstrakte Bilder entstehen, beispielsweise durch Nah- oder Makroaufnahmen.

Darüber hinaus eignen sich die Bilder auch sehr gut für Verfremdungen. Nachbearbeitete Porträtfotos mit Mal- oder Zeichenfiltern entfalten eine ganz eigene Charakteristik und Bildsprache.

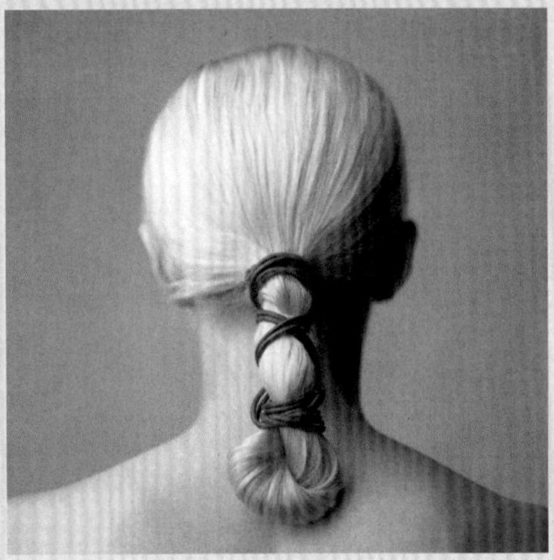

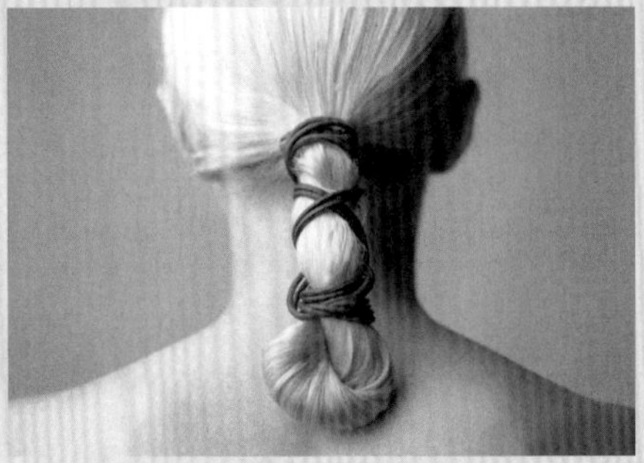

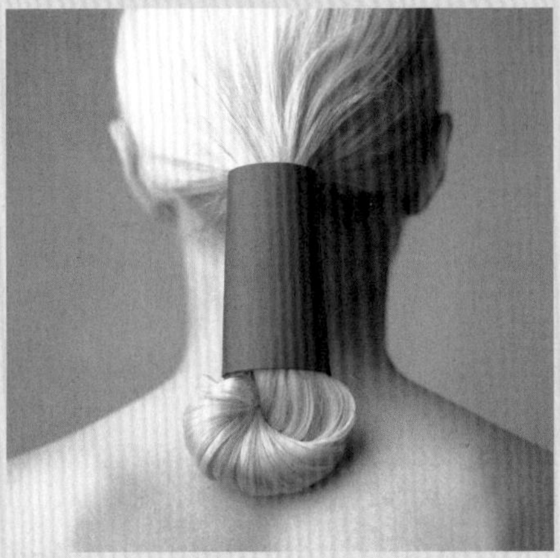

Tipp:

Bei Fotos aus den Bereichen Porträt und Körper kann entweder das ganze Bild oder auch nur ein Ausschnitt in Frage kommen. Detailaufnahmen vom Gesicht oder Körper ergeben spannende Motive. Natürlich hängen diese von den besonderen Merkmalen des jeweiligen Modells ab. In diesem Beispiel boten sich die Detailaufnahmen der Frisur des Modells an.

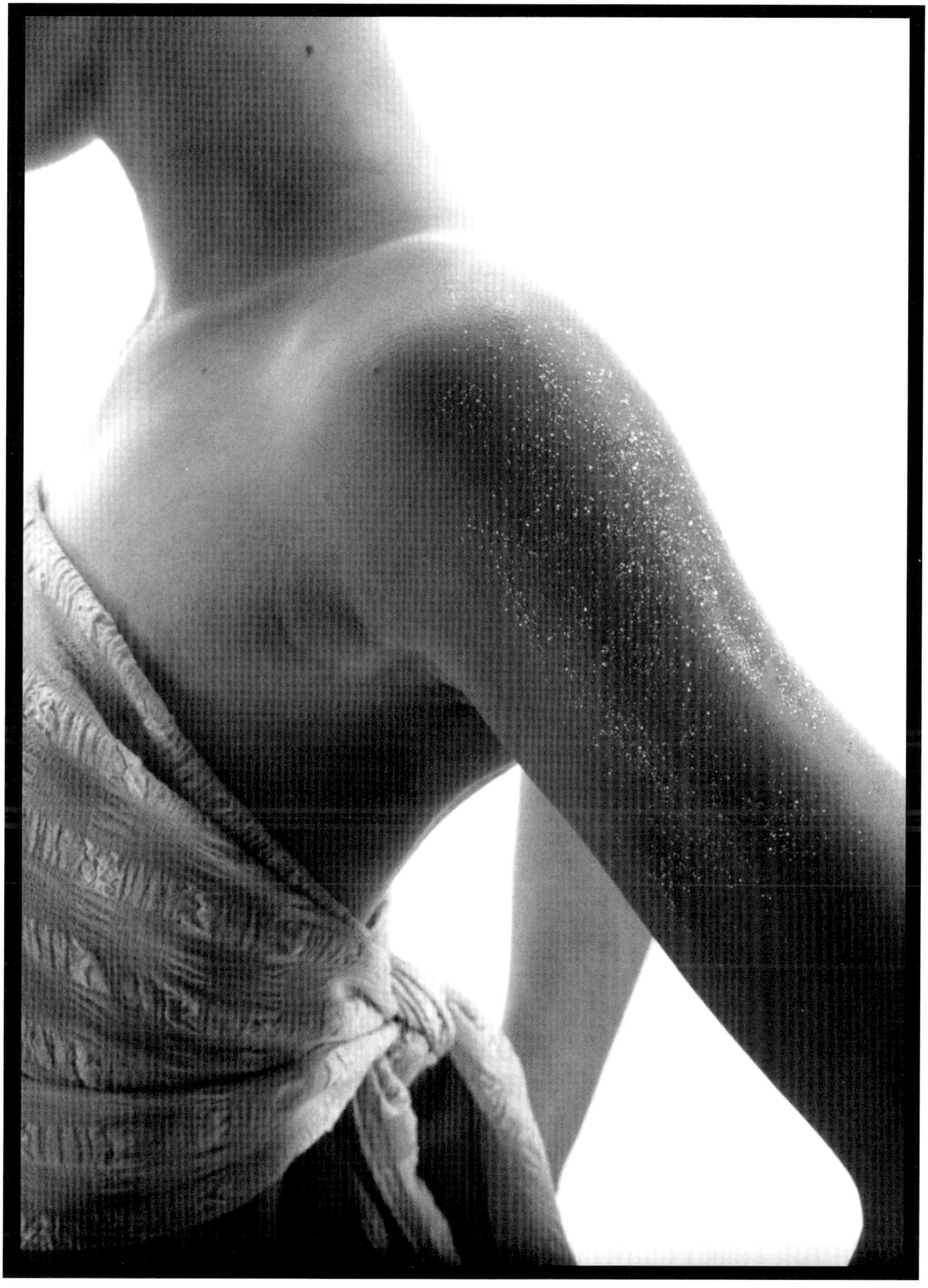

KUNST WERKE

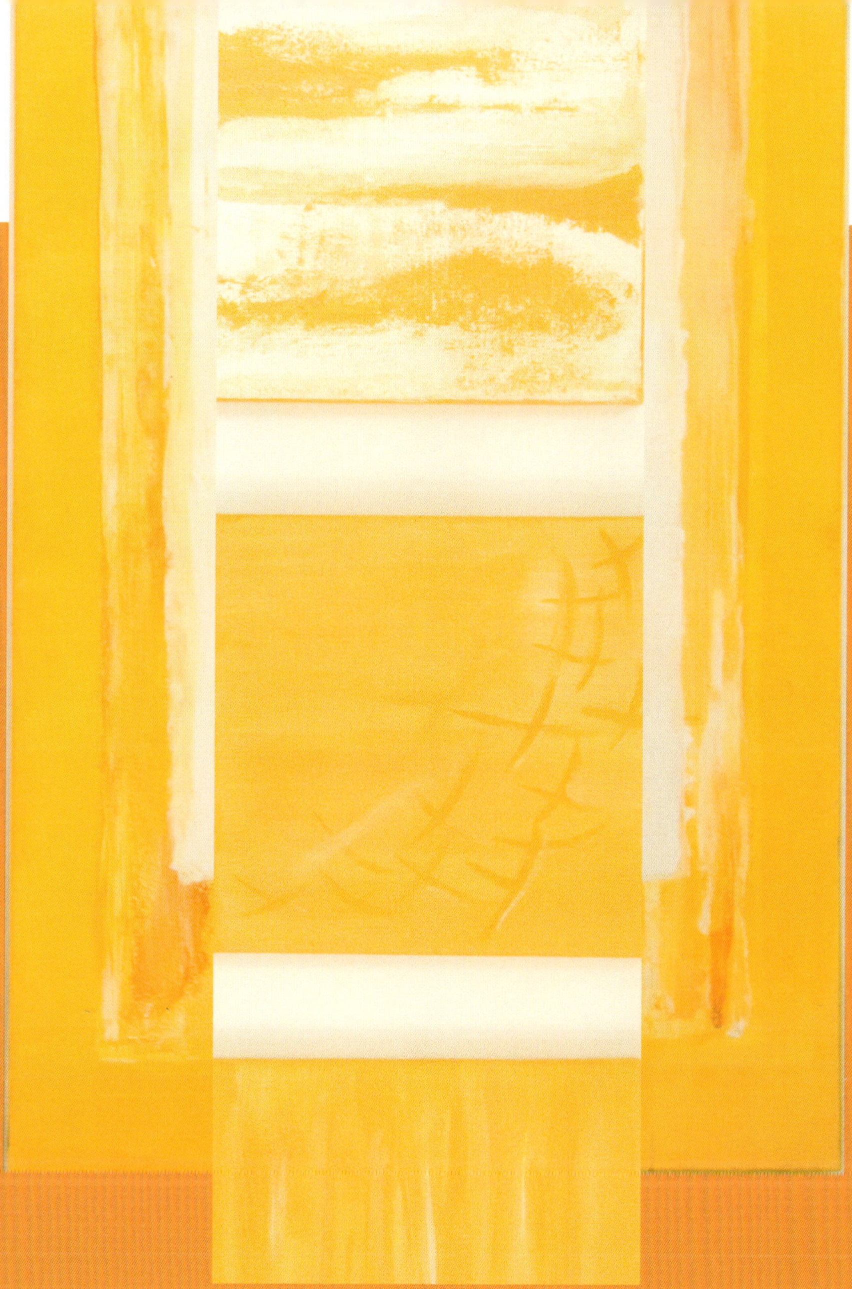

Bisher haben wir uns im Schwerpunkt mit digitalen oder digitalisierten Fotos auseinandergesetzt, die mittels Fine Art Print zu besonderen Unikaten wurden. Ein anderer Einsatzbereich ist das Digitalisieren, also Scannen von Gemälden oder Grafiken. Auf diese Art und Weise wird es dem Anwender ermöglicht, signierte Kleinserien eines Originals herzustellen. Der Hobbykünstler hat die Möglichkeit, seine Freunde oder die Familie mit eigenen Bildern zu erfreuen, ohne auf das Original verzichten zu müssen. Außerdem ist es möglich, Vorlagen jeglicher Art wie z. B. besondere Muster oder alte Tapeten zu digitalisieren und sie mittels entsprechender Bildträger in Raumobjekte zu verwandeln. Der Profikünstler kann durch die Herstellung signierter Bildserien, in denen kleine Details ergänzt oder Farbgebungen verändert werden, aus einem Basisbild viele wertvolle Unikate erstellen und sich so neue Verdienstmöglichkeiten schaffen.

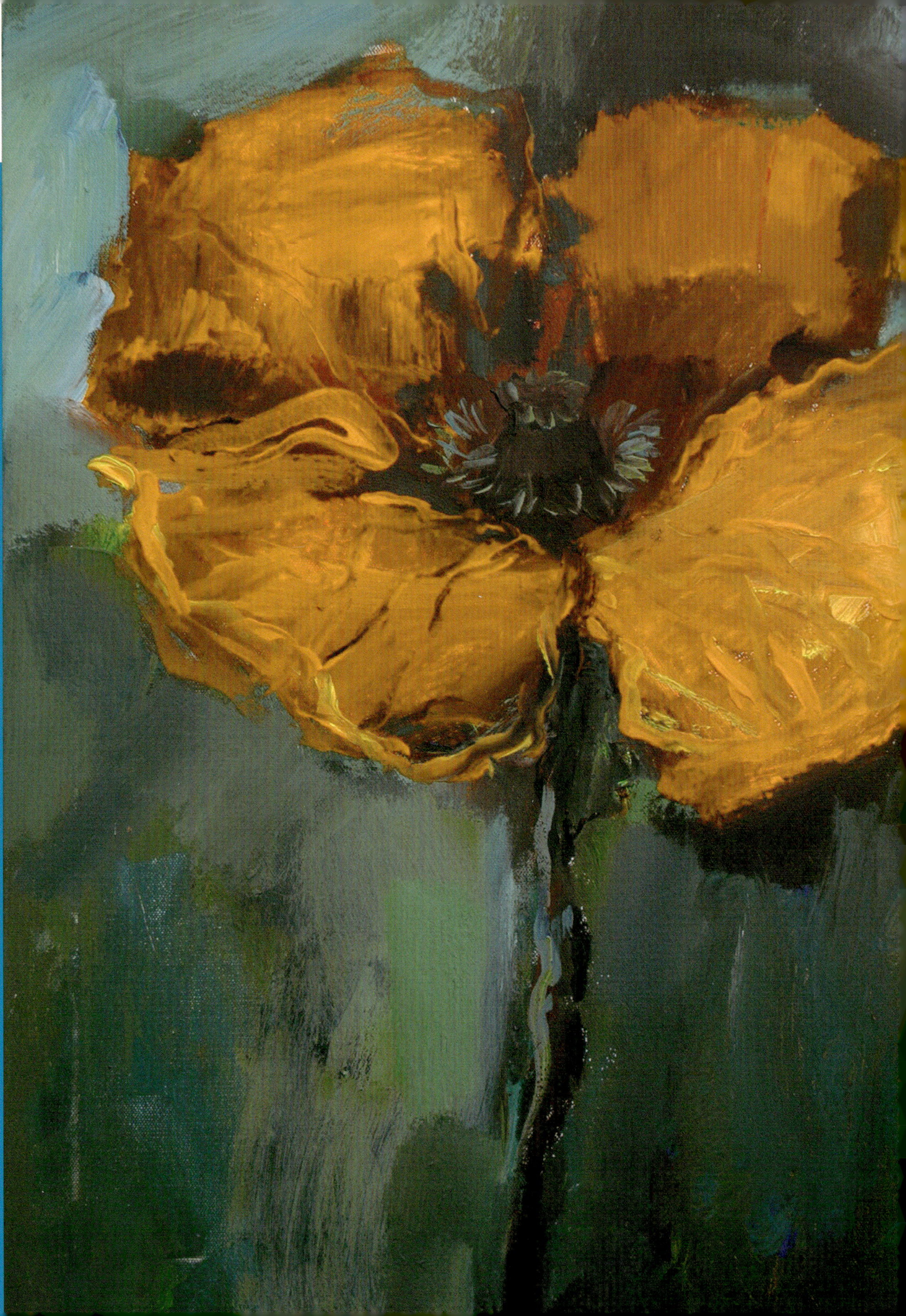

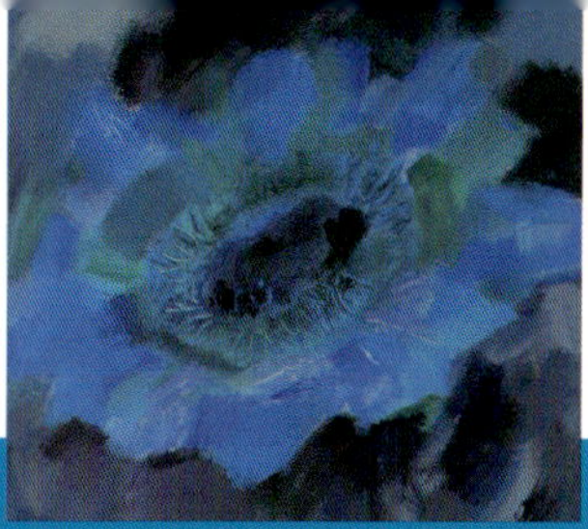

Bildgestaltung:

Die Bildbeispiele links zeigen die Reproduktionen zweier digital mit Blitzlicht fotografierter Gemälde. Gemalte Kunstwerke zu digitalisieren, kann für den Künstler sehr sinnvoll sein, sowohl zur Archivierung als auch zum Verkauf von Drucken der Gemälde.

Der große Vorteil beim Fine Art Print liegt in der Auswahl des Materials, das bedruckt werden soll, da Besonderheiten der Malerei hervorgehoben werden können, etwa durch Verwendung von sehr grobem Leinwandstoff oder strukturiertem Papier.

Die hohe Qualität beim Fine Art Print und die Lichtechtheit der Druckfarbe machen das Ergebnis nahezu so langlebig und wertvoll wie das Originalgemälde.

Für einen bildenden Künstler bietet die digitale Form seiner Werke viele kreative Möglichkeiten, denn durch die Bildbearbeitung am Computer lassen sich die entstandenen Bilder einfach und schnell verändern.

Über das Auswahlwerkzeug lässt sich sehr leicht ein Ausschnitt eines Motivs hervorheben oder Bilder können durch andere Farben variiert werden. So hat auch der bildende Künstler die Möglichkeit, neue Ideen für seine Werke auszuprobieren.

Bildkonzepte wie z. B. Bildreihen oder Serien bieten sich bei vielen Motiven besonders gut an, wenn ähnliche oder artverwandte Themen dargestellt werden.

Abb. rechts: Farbvariationen

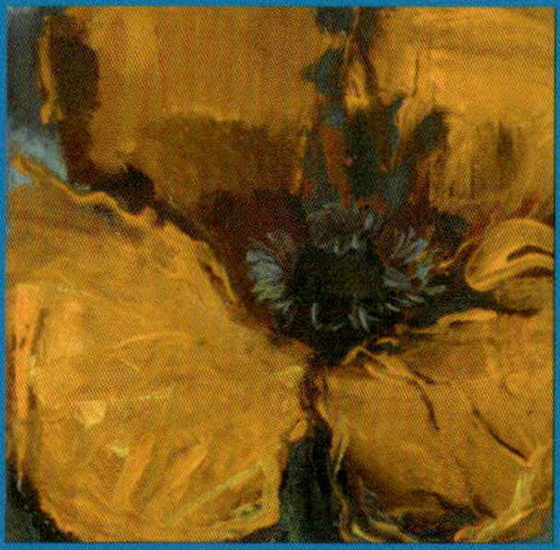

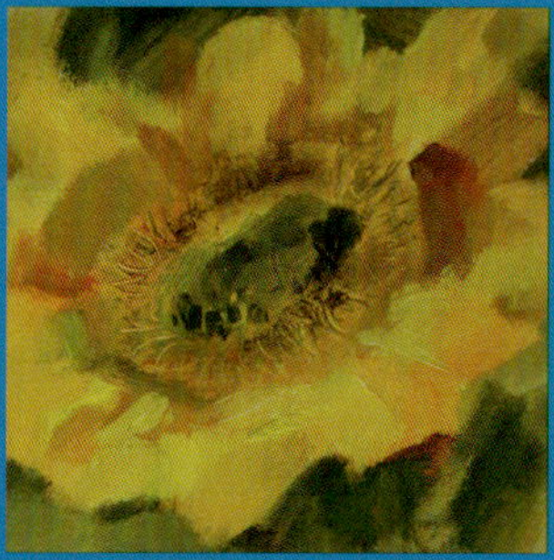

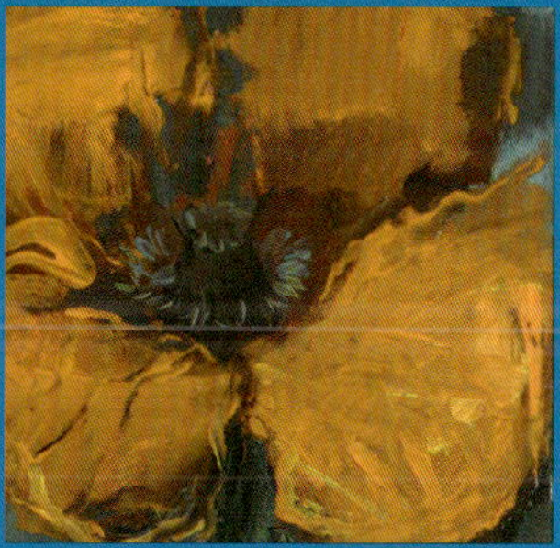

Tipp:

Bei Gemälden kann es vorkommen, dass die bemalten Keilrahmen nicht ganz rechtwinklig sind bzw. der Rahmen in sich etwas verzogen und schief ist. Bildbearbeitungsprogramme bieten mit verschiedenen Werkzeugen die Möglichkeit, Formen absichtlich zu verzerren bzw. zu entzerren. Bei Fotos von verzogenen Rahmen sollte man solche Korrekturen vor dem Druck durchführen, damit das Ergebnis in den Kanten und Linien wieder möglichst gerade wird. Wenn nach dem Druck das Bild auf Keilrahmen aufgezogen werden soll, verhindert man so ungleiche Kanten bzw. weiße Ränder, die nicht beabsichtigt sind und die Wirkung der Bilder beeinträchtigen würden.

Bildgestaltung:

Eine besonders intensive Bildwirkung kann erzielt werden, wenn man ein Motiv auf einen weißen Hintergrund setzt. Motive mit auffallender Farbe, wie in diesem Beispiel, werden so hervorgehoben und wirken sehr markant.

Hier ist ein Bild im Format einer Postkarte ausgedruckt und in einen Kartenhalter gesteckt worden, der so breit ist wie der Ausdruck. Der weiße Bildhintergrund betont das Motiv besonders intensiv.

Entweder kann das Objekt direkt auf einem großen Stück weißer Pappe fotografiert werden, oder aber man stellt es nachträglich am Computer frei, indem man den Hintergrund entfernt.

Es gibt verschiedene Möglichkeiten, einen Bildbereich auszuwählen, z. B. über eine Funktion, die Pixel mit ähnlichen Farben wählt oder mit einer Auswahl, die außerhalb der Form die Konturen umschließt.

Wenn eine Auswahl bereits besteht, kann diese auch umgekehrt werden, sodass genau der entgegengesetzte Teil (in diesem Fall die weiße Fläche) ausgewählt wird.

So kann man z. B. die Hintergrundfarbe ändern und nach Belieben farblich an das Motiv anpassen. Der Kartenhalter aus unbehandeltem Holz kann auch farbig lackiert oder bemalt werden, Acrylfarbe oder farbiger Spraylack sind dazu gut geeignet.

Tipp:

Zum Schutz des Ausdrucks sollte ein Fixativ verwendet werden, um den Druck vor schädlichen Einflüssen wie z. B. Sonnenlicht, Staub oder Schmutz zu bewahren. Ein Fixativ als Spray ist in diesem Fall besonders geeignet. Man sprüht es mit ca. 20 cm Abstand mehrmals leicht über den Druck, nachdem dieser gut durchgetrocknet ist.

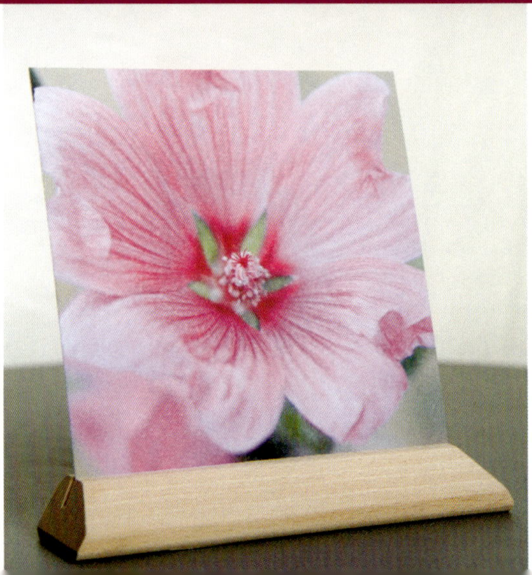

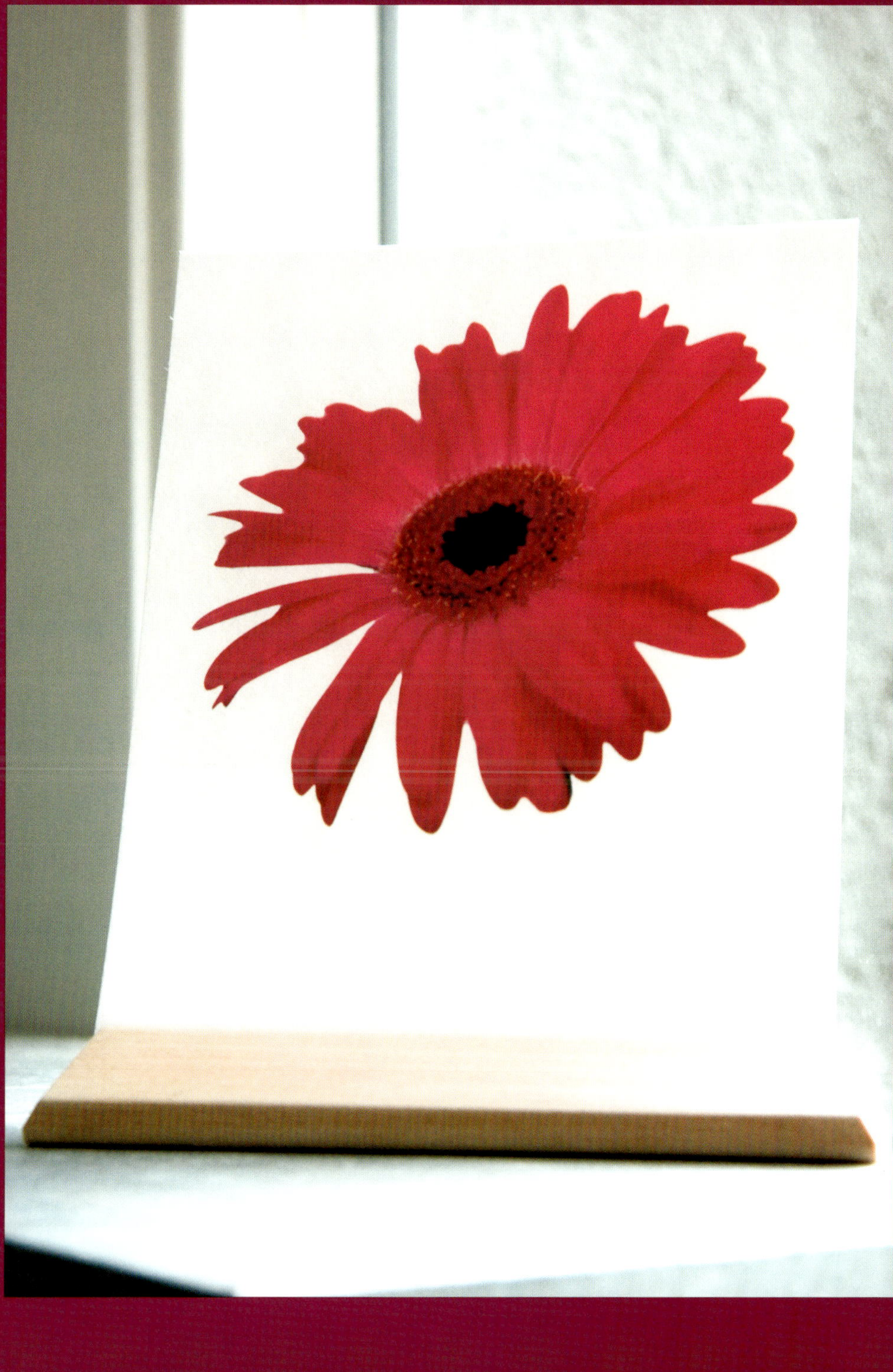

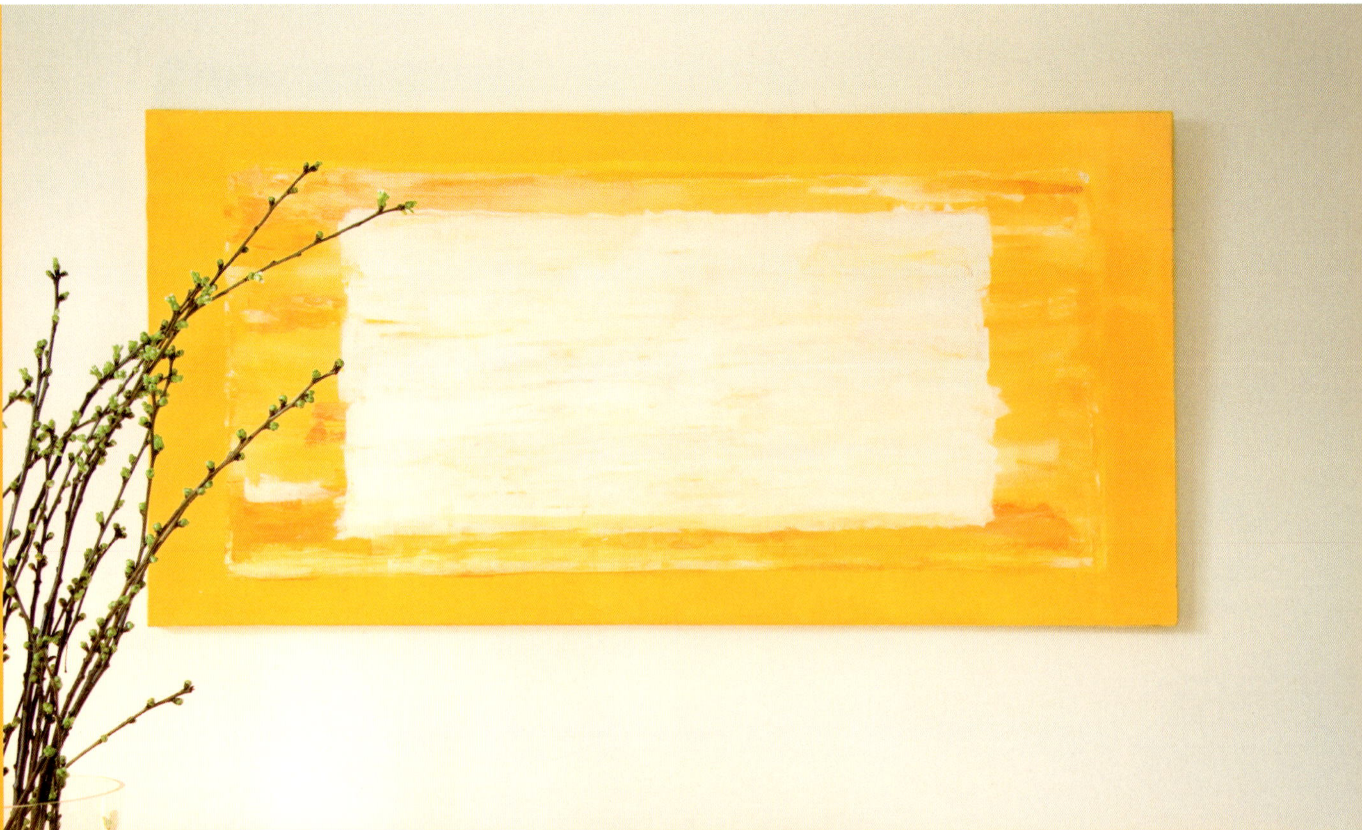

Bildgestaltung:

Für den ambitionierten Maler bietet sich über den Fine Art Print die Möglichkeit, das Werk zu digitalisieren und in verschiedensten Formaten und Größen ausdrucken zu lassen. Bei abstrakter Malerei, wie hier in den Bildbeispielen auf der linken und rechten Seite, sind zudem Veränderungen in der Farbigkeit ganz leicht durchzuführen.

Die Motive können im Anschluss auch weiter künstlerisch bearbeitet werden, entweder im Bildbearbeitungsprogramm vor dem Ausdruck oder mit Farbe und Pinsel, nachdem der Druck aufgezogen wurde.

Da in diesem Beispiel Baumwollgewebe für den Print verwendet wurde, bleibt es der persönlichen Vorliebe überlassen, ob der Farbauftrag mit Öl, Acryl oder Gouache erfolgt. Natürlich können auch alle anderen für dieses Gewebe geeigneten künstlerischen Techniken zum Einsatz kommen. Weist die Originalvorlage Strukturen auf, z. B. durch die Verwendung von Spachtelmassen, so kann der Print nahezu die gleiche Plastizität wiedergeben.

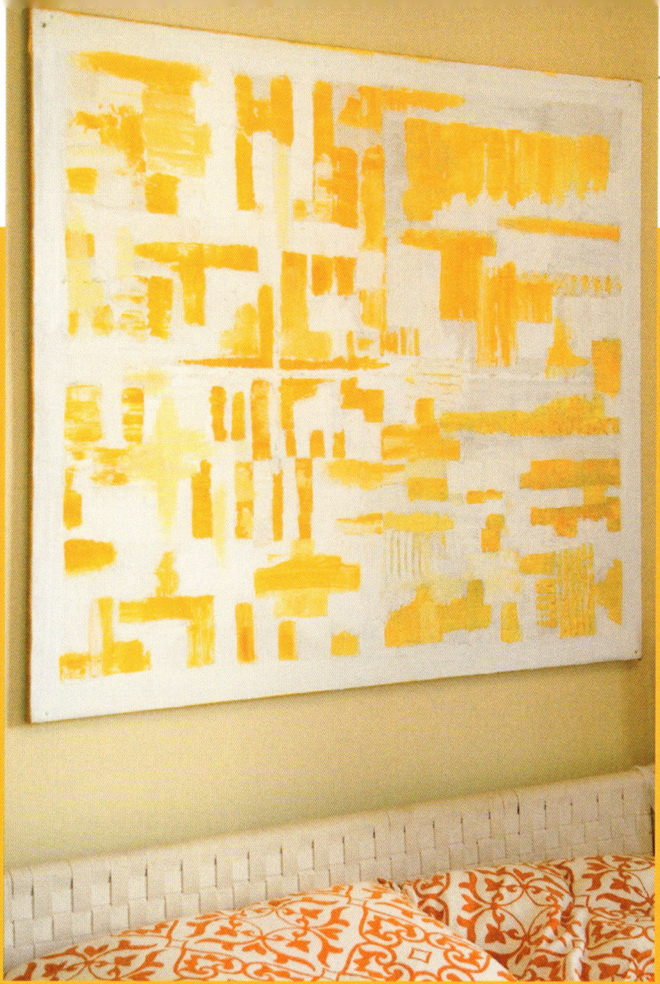

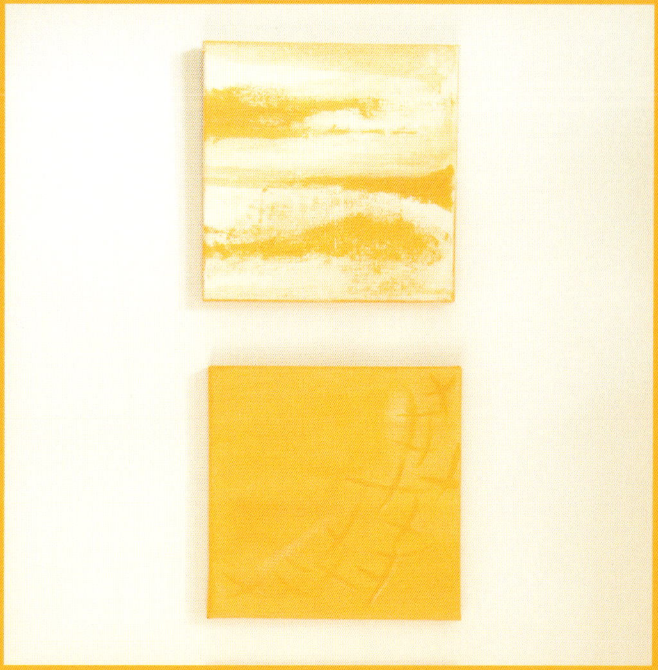

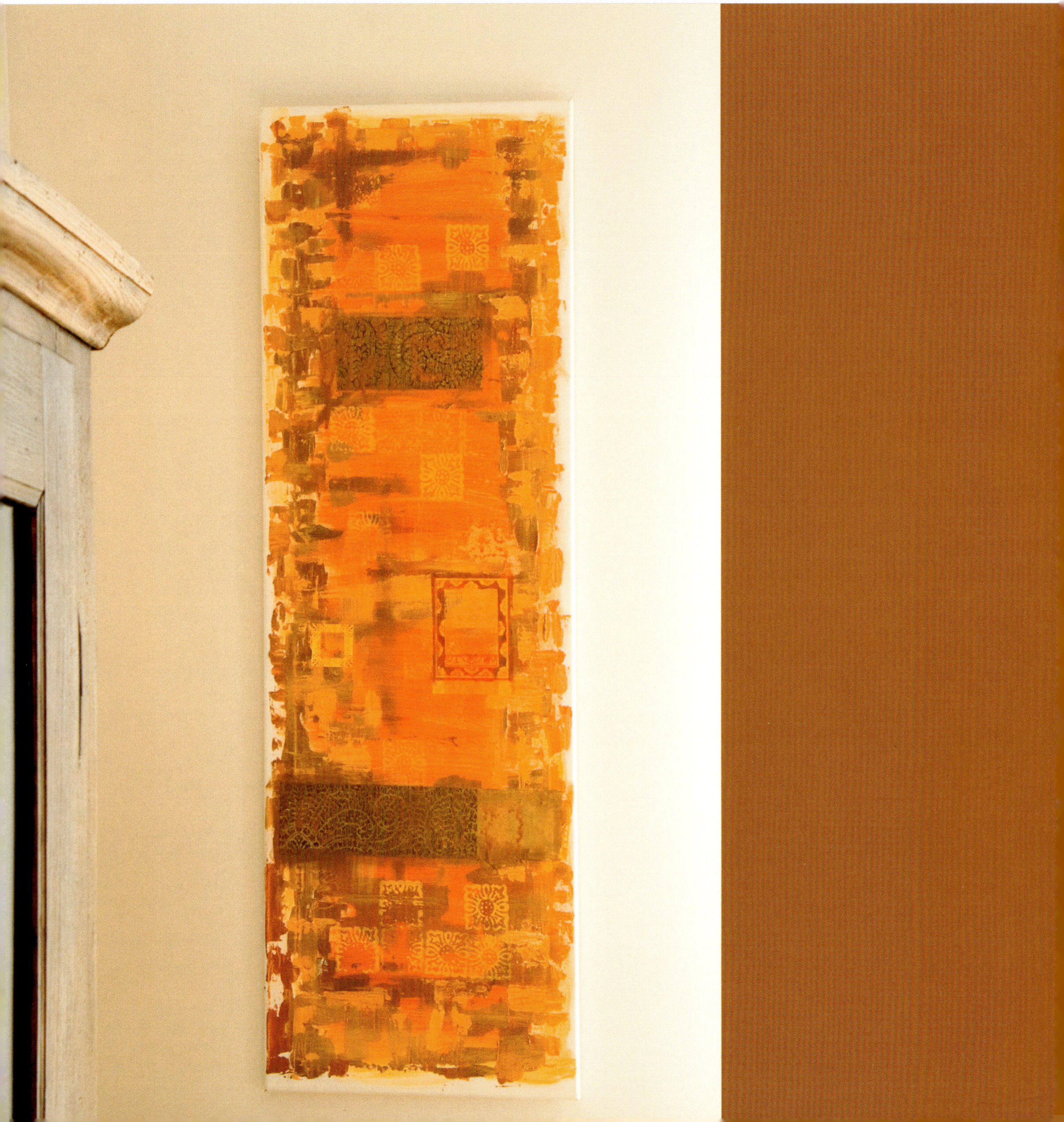

Bildgestaltung:

Das Bild auf dieser Doppelseite stammt aus dem Archiv eines Künstlers und zeigt eine abstrakte Acrylmalerei auf Baumwollgewebe. Das Original wurde über den Fine Art Print-Service mit Hilfe eines Scanners digitalisiert und auf Baumwollgewebe ausgedruckt. Danach wurde der Print auf einen Keilrahmen aufgezogen und gut gespannt.

Durch die weitere Bearbeitung ist aus der Reproduktion des Originals ein neues Unikat entstanden. Die Rahmenmotive und Ornamentflächen wurden in Collagetechnik auf den Print aufgebracht. Bei den Rahmen handelt es sich um Papierrahmen, die ausgeschnitten und mit einem Spezialkleber (Planatol) aufgeklebt wurden. Die Muster und Ornamente stammen aus Papierresten, Drucken und Stoffen und wurden ebenfalls aufgeklebt.

So ist aus dem abstrakten Original durch die Reproduktion und den Einsatz neuer Bildelemente ein neues Werk entstanden. Das ungewöhnliche Hochformat schafft zusätzliche Reize.

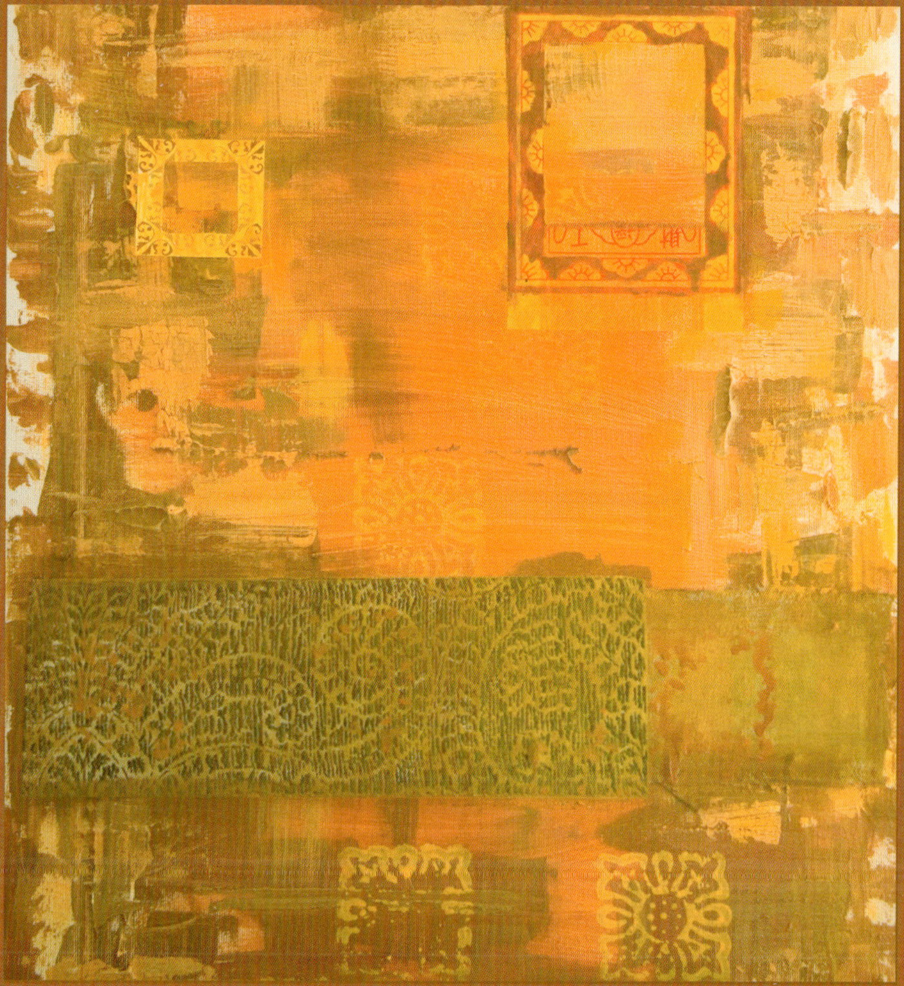

Tipp:

Interessantes Material zur Weiterverarbeitung lässt sich überall finden, etwa in Zeitschriften, Magazinen oder Büchern. In diesem Fall sind Rahmen und Muster von asiatischen Papieren verwendet worden, teilweise auch nur ausgeschnittene Teile davon. Mit einem Cuttermesser und einem Lineal lassen sich Bilder sehr gut beschneiden, falls notwendig, kann man auch vor dem Schnitt die Linien erst mit Bleistift vorzeichnen.

Bildgestaltung:

Auch in diesem Bildbeispiel wurde ein Original, hier eine abstrakte Acrylmalerei, als Grundlage für die Erstellung eines neuen Kunstwerkes verwendet. Die Digitalisierung des kleinformatigen Acrylbildes mit einem Flachbettscanner ermöglicht die Vergrößerung auf ein Großformat von 2 x 1,5 m und den Ausdruck auf Leinwand über den Fine Art Print-Service.

Bei abstrakten Motiven können auch kleinere Vorlagen problemlos vergrößert ausgedruckt werden. Das so entstandene großformatige Bild kann dem Betrachter völlig neue Perspektiven und Ansichten auf ein bekanntes Bild ermöglichen, denn durch die Veränderung des Formates verändert sich auch die Bildwirkung.

Ebenso können aus einer abstrakten Vorlage Teilbereiche ausgewählt und gedruckt werden, wie der Bildausschnitt auf dieser Seite zeigt. Im Bildbearbeitungsprogramm lässt sich das Bild noch weiter bearbeiten, etwa indem man die Farbigkeit des Bildes verändert und so der Wohnungseinrichtung oder persönlichen Farbwünschen anpasst.

Das Motiv ist mit einem weißen Rand angelegt und auf Baumwollgewebe ausgedruckt worden. Beim Aufziehen des Gewebes auf einen großen Keilrahmen wurde der Rand berücksichtigt, sodass nur das unbedruckte Leinwandgewebe umseitig an den Kanten sichtbar ist.

Tipp:

Bei einem Fine Art Print in einem großen Format, der auf Keilrahmen aufgezogen wird, ist es sinnvoll, den Rahmen nachträglich mit den beigefügten Keilen zu spannen bzw. auszukeilen, damit das Gewebe straff gespannt bleibt. Die Keile werden in die Winkel des Rahmens in vorgefertigte Aussparungen eingesetzt und leicht mit dem Hammer eingeschlagen.

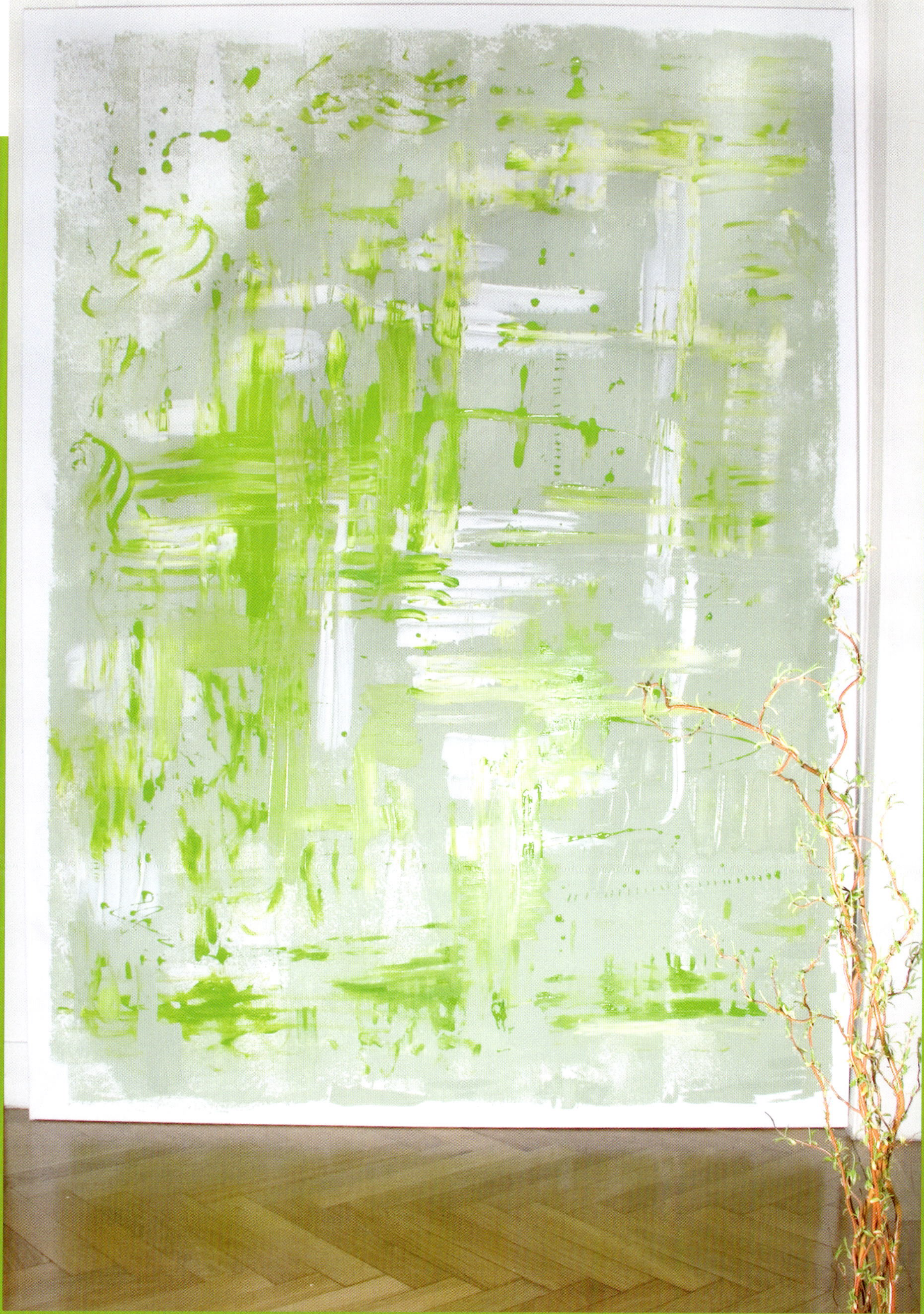

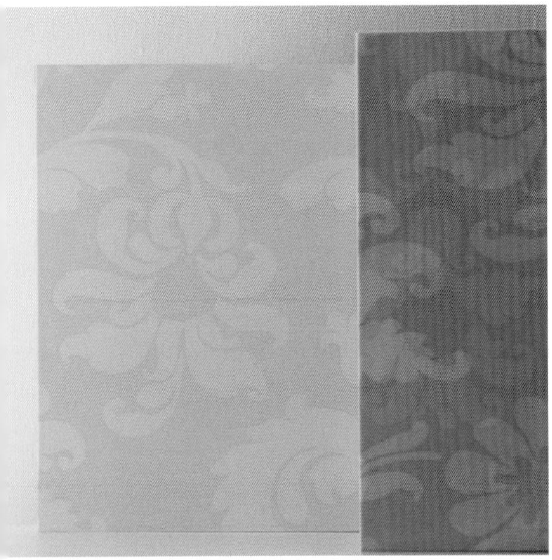

Bildgestaltung:

Eigene Arbeiten kann man schnell und einfach selbst am Computer erstellen. Über einen Scanner lässt sich fast jede Vorlage digitalisieren und zu einer eigenen, neuen Kompostion zusammenfügen.

In den Bildbearbeitungsprogrammen kann man auch mit (teilweise) transparenten Ebenen arbeiten, die Variationsmöglichkeiten sind nahezu unendlich. Besondere Grafiken, Papiere, Karten und Ornamentmotive lassen sich überall finden, etwa in Zeitschriften und Magazinen.

Wer sich dafür interessiert, kann ein Archiv für Vorlagen anlegen, sodass für verschiedene Projekte eine große Materialauswahl zur Verfügung steht. Muster und Ornamente kann man farblich verändern, indem bestimmte Farbbereiche oder Farbkanäle mit anderen Farbtönen gemischt werden.

In den Bildbearbeitungsprogrammen sind solche Funktionen meist unter Farbtonanpassung oder Korrektur zu finden. Es lohnt sich auszuprobieren, welche Effekte entstehen, wenn man die Farbe verändert.

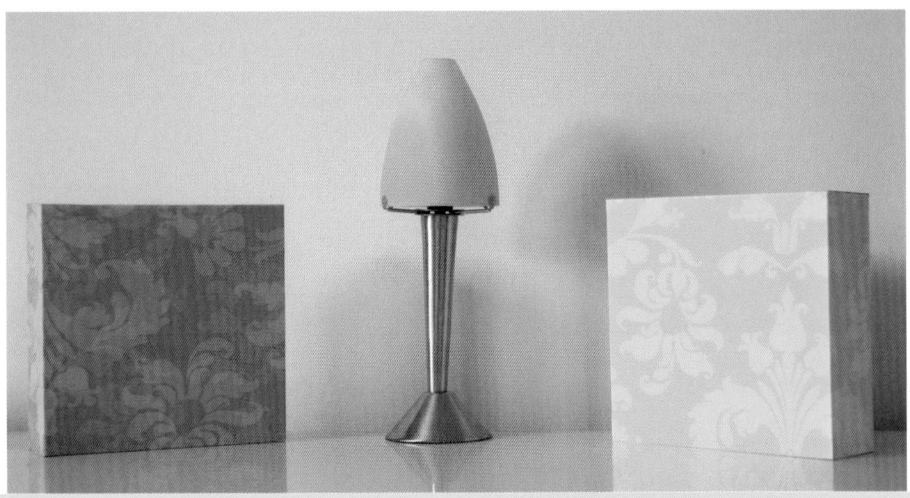

Tipp:

Bei Drucken auf Fine Art Print-Papier ist zu beachten, dass das bedruckte Papier eine Zeit lang durchtrocknen sollte, bevor es zugeschnitten und auf einen Untergrund aufgezogen wird. In diesem Fall sind es Malkörper aus Holz (Casani) die in 3 und 6 cm Tiefe sowie in vielen verschiedenen Formaten erhältlich sind. Die Maße sollte man auf der Rückseite des bedruckten Papiers aufzeichnen, ebenso auch die Schnittmarken. Zum Schneiden eignen sich am besten ein Lineal aus Metall und ein Cuttermesser. Zum Aufkleben sollte man einen Spezialkleber (z. B. Spühkleber, Fixogum, Planatol) verwenden und das Papier beim Aufziehen mit einem weichen Tuch vorsichtig glatt streichen, damit keine Luftbläschen unter dem Papier entstehen.

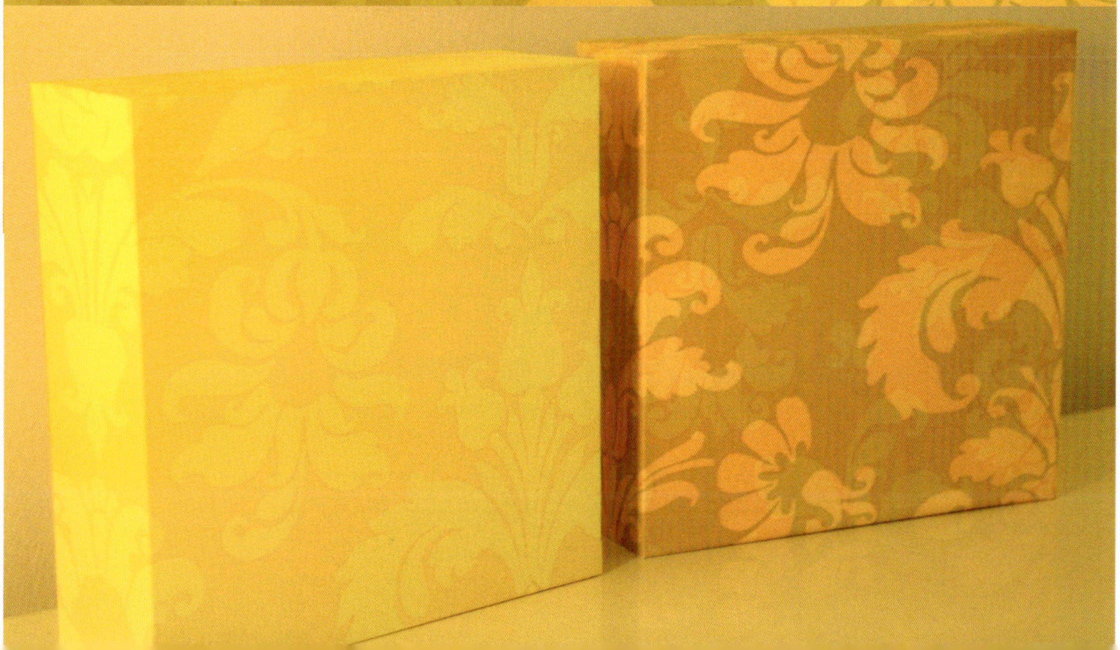

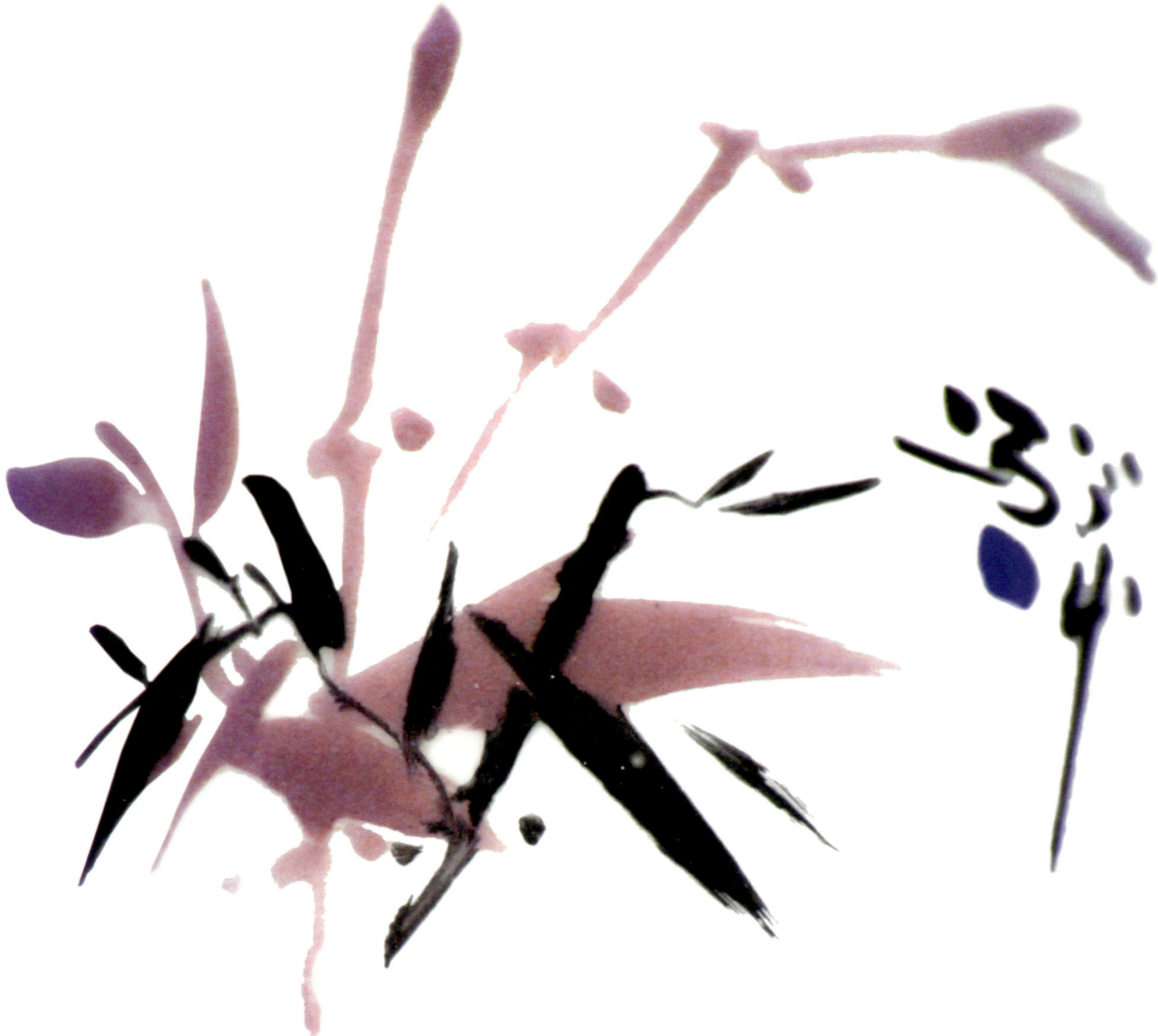

Bildgestaltung:

Das Bildbeispiel zeigt ein Asia-Motiv, das auf einen transparenten Rollo-Stoff aufgedruckt wurde. Das Bild ist ursprünglich in Farbe gemalt, dann eingescannt und im Bildbearbeitungsprogramm leicht in der Farbsättigung reduziert worden.

Das Motiv wirkt so weniger dominant und passt gut zu dem tranparenten Material, auf das gedruckt wurde.

Für den Fine Art Print gibt es eine Vielzahl von Materialien, auf die gedruckt werden kann, z. B. Folien, wetterbeständiges Material oder auch durchsichtige Papiere und Klebefolien.

Dieses Asia-Motiv eignet sich hervorragend für Raumelemente, wie Rollos, Paravents oder Gardinenelemente. Die bizarren, kargen Formen schaffen in ihrer Transparenz einen Gegenpol zum westlich geprägten Einrichtungsstil.

Das Ursprungsbild entstand auf einem besonders saugfähigen Papier unter Verwendung eines dicken Aquarellpinsels und Gouachefarbe. Diese wurde stark wasserverdünnt und tuscheartig aufgetragen.

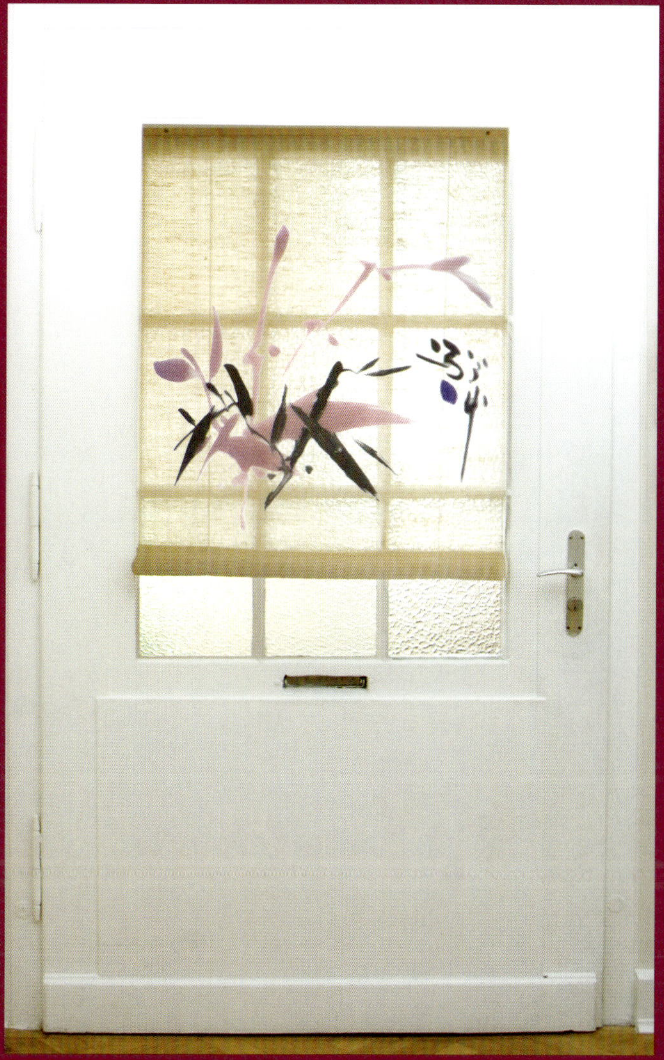

Tipp:

Für ein Motiv wie oben gezeigt eignet sich Aquarellpapier besonders gut, es hat eine leichte Struktur und ist enorm saugfähig. Erhältlich ist es als Block oder in Einzelbogen. Aquarellblöcke sind an den Seiten geleimt, wenn einzelne Blätter benutzt werden, sollte man das Papier mit Klebeband auf einem festen Untergrund wie z. B. starke Pappe oder einem Holzbrett fixieren, damit sich das Blatt nicht wellt. Spezielles Klebeband für Aquarellpapier kann später ohne Rückstände wieder entfernt werden. Aquarellblöcke sind daher an den Seiten geleimt.

Bildgestaltung:

Das Bildbeispiel rechts zeigt eine kleine Einladungskarte, die auf einer Miniatur-Staffelei steht. Diese Präsentation ist zur Tischdekoration bei festlichen Anlässen geeignet oder auch als schöne Erinnerung an ein besonderes Ereignis.

Das Foto einer Orchideenblüte wurde verkleinert und dessen Hintergrundfarbe in Grün umgefärbt.

Wenn zusätzlich mit Text gearbeitet werden soll, sind der Fantasie keine Grenzen gesetzt, es gibt in jedem Bildbearbeitungsprogramm viele verschiedene Schriftarten zur Auswahl. Man sollte ausprobieren, welche Schrift am besten zum Bild passt. Dies hängt auch davon ab, ob einzelne Worte oder ganze Sätze verwendet werden.

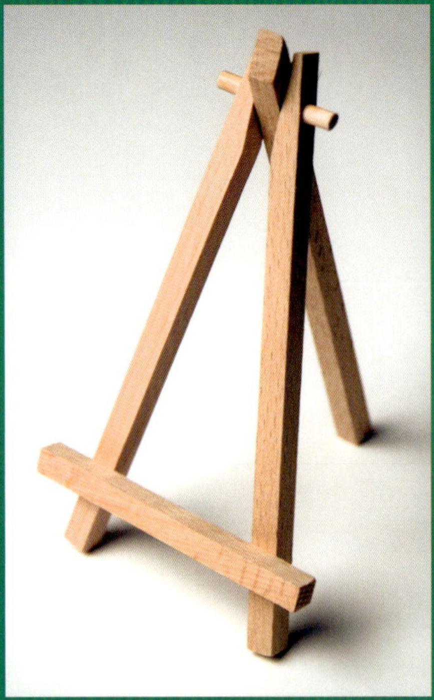

Weitere Ideen für Drucke und Karten dieser Art sind z. B. Glückwunschkarten, Einladungen, Danksagungskarten, Gutscheine oder Fotos.

Für Porträtfotos bietet sich diese Art der Präsentation ebenfalls gut an. Das Papier, auf dem gedruckt wird, sollte allerdings nicht zu dünn sein oder noch zusätzlich auf ein Stück Pappe oder Karton aufgezogen werden.

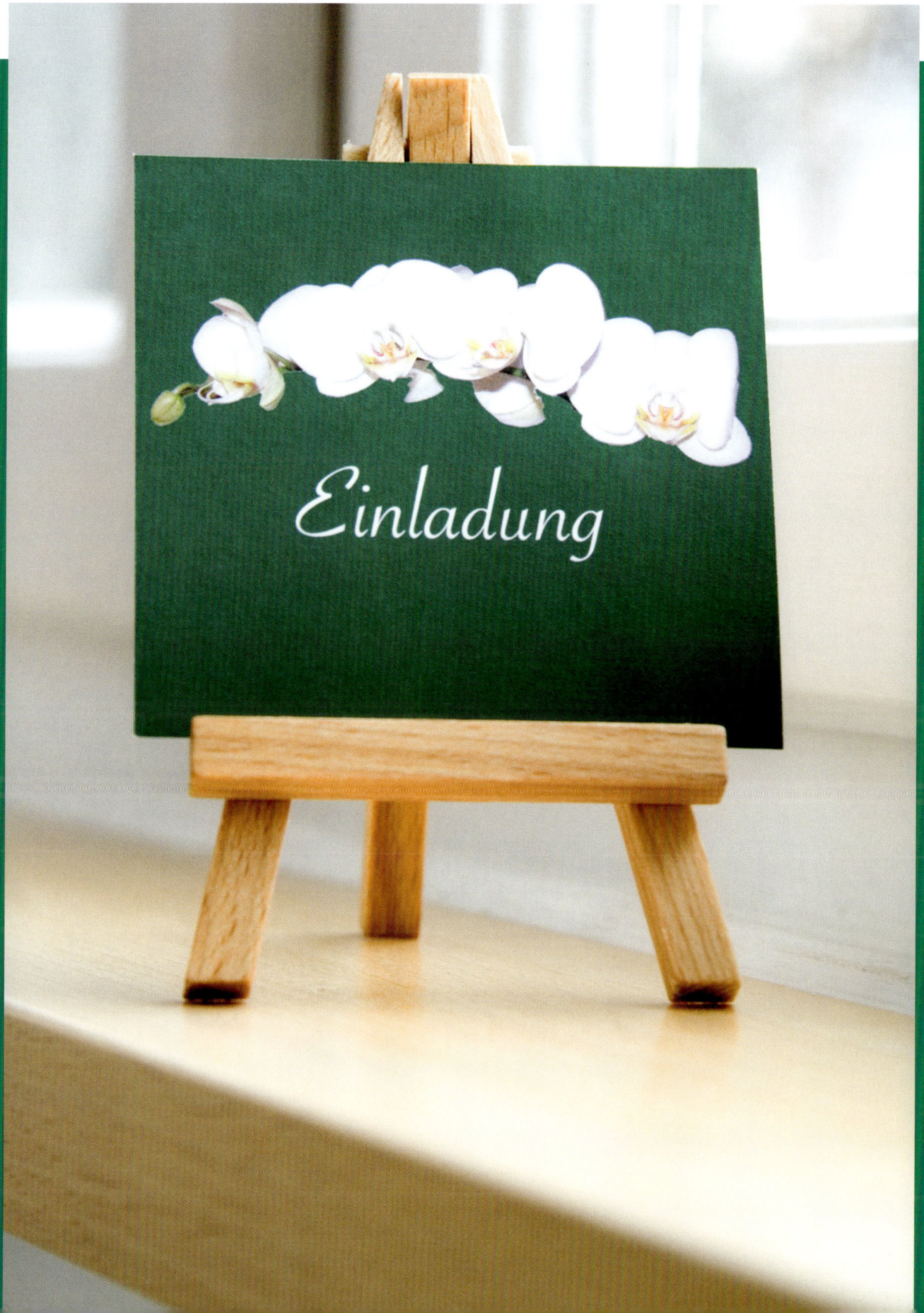
Einladung

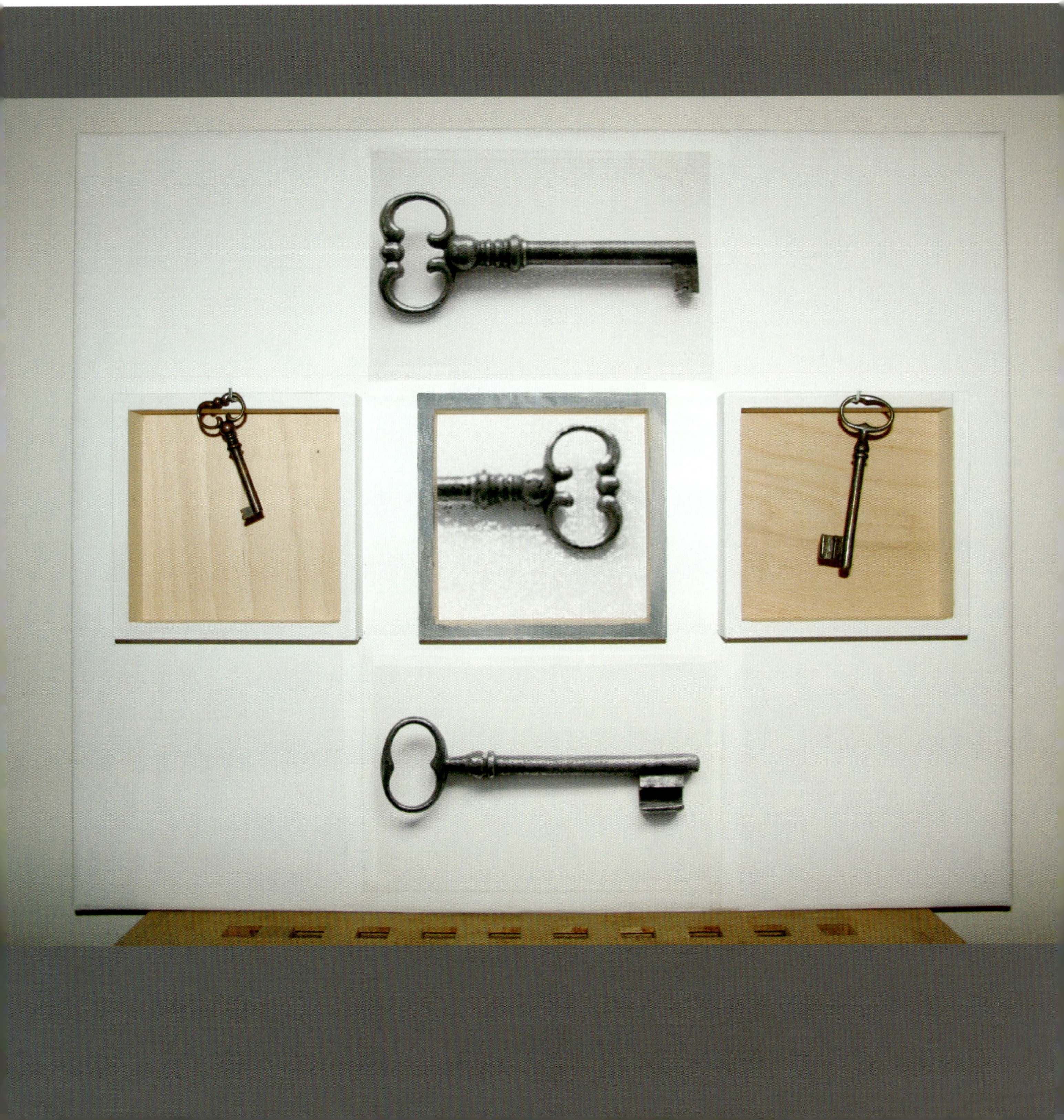

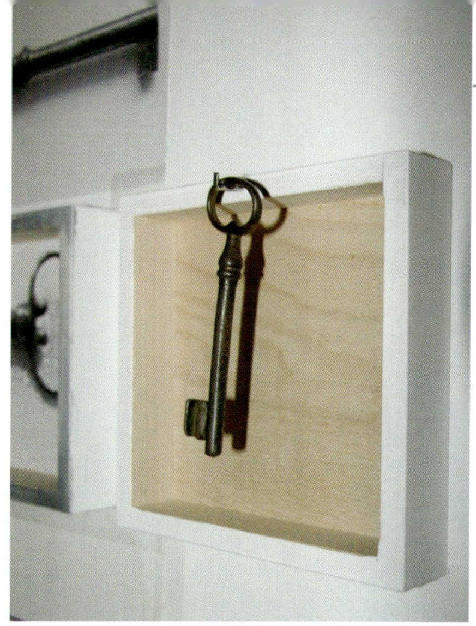

Bildgestaltung:

Das Bildbeispiel zeigt ein Schlüsselbrett, das unter Verwendung verschiedener Materialien erstellt wurde. Es zeigt einen Holzkörper (Purist), der mit einem bedruckten Leinwandstoff bespannt wurde. Darauf aufgeklebt sind Fine Art Print-Drucke mit Fotos und Skizzen von einzelnen Schlüsseln.

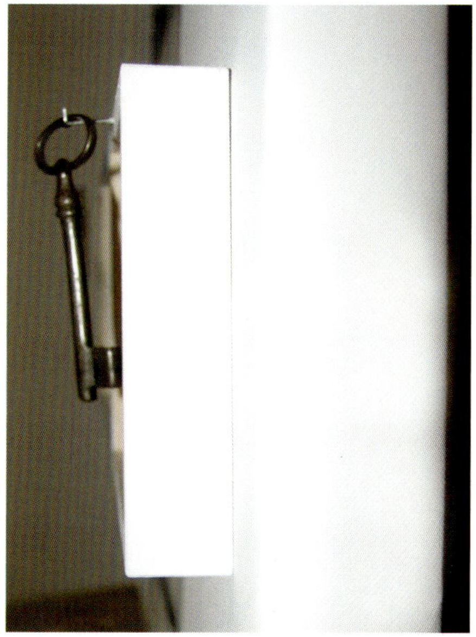

Das Baumwollgewebe wurde um den Holzkörper herumgeschlagen und seitlich an der Kante mit einem Tacker geklammert.

Auf den großen, massiven Holzkörper wurden hohle, kleinere Holzkörper aufgeklebt (Casani), allerdings mit der Vorderseite, sodass die Rückseite als Hohlform zu sehen ist.

Die zwei äußeren Rahmen sind weiß lackiert, an der oberen Kante sind kleine, gebogene Holzhaken befestigt, an denen die alten Schlüssel hängen.

Im mittleren Rahmen ist ein Detailbild des Schlüssels eingeklebt (im Maß der Innenfläche), der Rahmen wurde dunkelgrau lasiert. Die aufeinander geklebten Holzformen ergeben so ein Objekt mit räumlicher Tiefe.

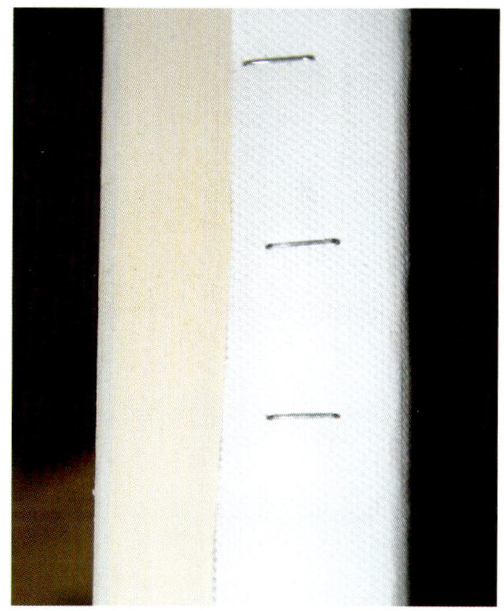

Tipp:

Zum Aufkleben der kleinen Holzkörper wurde hier doppelseitiges Klebeband verwendet. Die Rahmen kann man aber auch mit kleinen Holzschrauben befestigen. Diese sind besser geeignet, wenn das Objekt als Schlüsselbrett genutzt wird. Das komplette Objekt kann mit Dübeln und Schrauben an einer Wand angebracht werden.

Bildgestaltung:

Das abstrakte Acrylbild, das als Grundlage für den nebenstehenden Print gescannt wurde, ist in unserem Beispiel das Ausgangsmaterial für eine signierte und nummerierte Kleinserie. Die auf dieser Basis entstehenden Werke sind Unikate und ermöglichen dem Künstler völlig neue Wege der Gestaltung.

Im vorliegenden Beispiel auf dem linken Bild wurde das gescannte Original vergrößert, in den Hintergrund gelegt und leicht abgesoftet. Danach wurden mehrere Ebenen mit Schriftelementen angelegt. Der Druck erfolgte auf Leinwandstoff und das so neu entstandene Bild wurde auf Keilrahmenleisten im Format von 2 x 1,5 m aufgespannt.

Auf dem rechten Bild ist ein übergroßes Porträt zu sehen. Ausgangsmaterial für dieses Porträt ist ein am Computer bearbeitetes Foto (siehe dazu auch das Kapitel Porträt). Das digitale Farbbild wurde zunächst in Graustufen umgewandelt und die Farbe Schwarz durch Sepia ersetzt.

Dann erfolgte eine weitere Verfremdung durch verschiedene Filter, unter anderem durch einen Rasterungs- und Pastellfilter. Der Pastellfilter bringt einen verwischten, gezeichneten Effekt mit unscharfen Konturen zum Ausdruck.

Die Wahl des Bildausschnitts lenkt den Betrachter auf die nach unten blickenden, halb geschlossenen Augen. Die Wahl der Filter, die eingesetzte Technik und die Farbgebung erzeugen eine ungewöhnliche, ganz neue Bildwirkung, die die Grenze zwischen Fotografie und Malerei verschwimmen lässt.

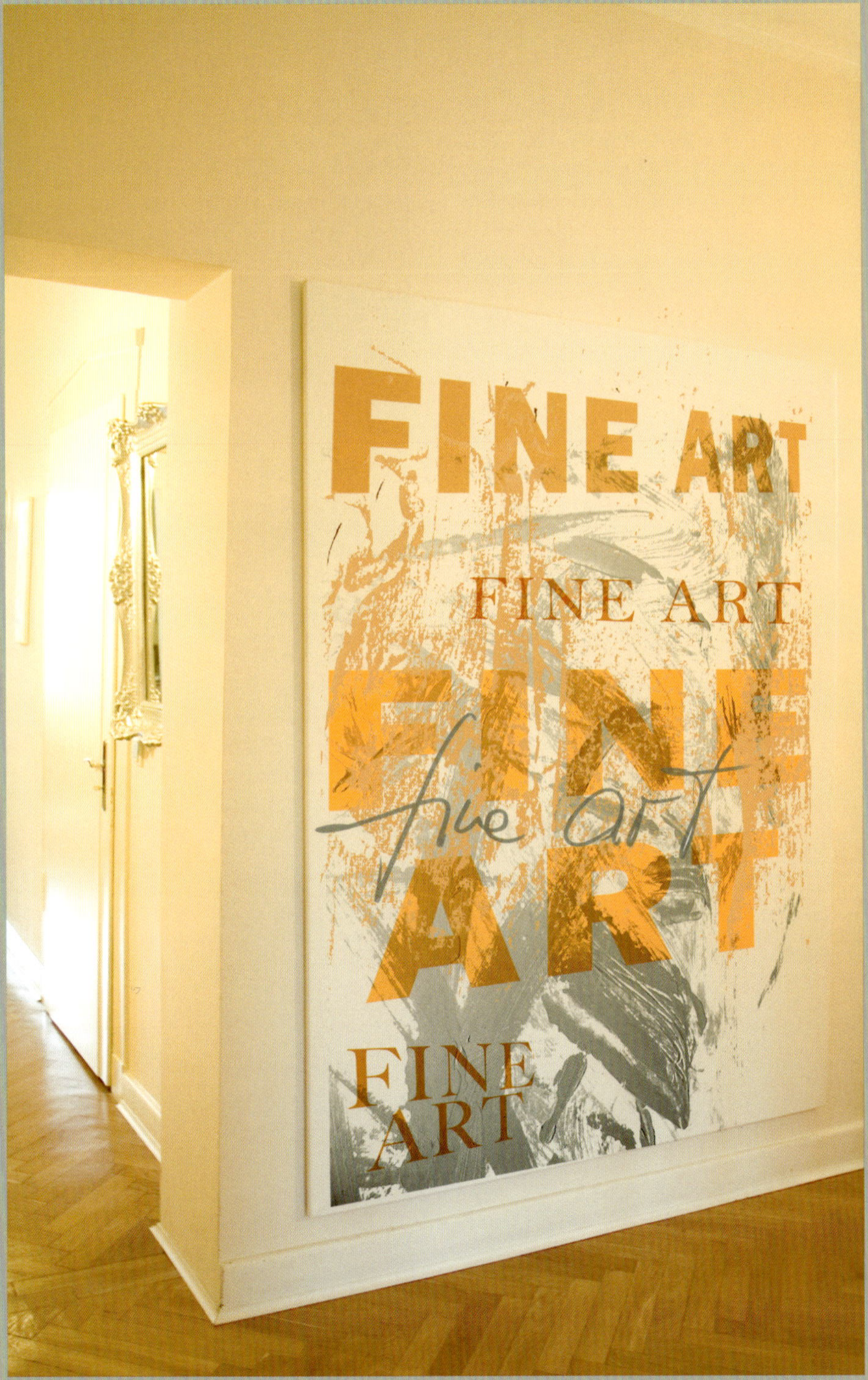

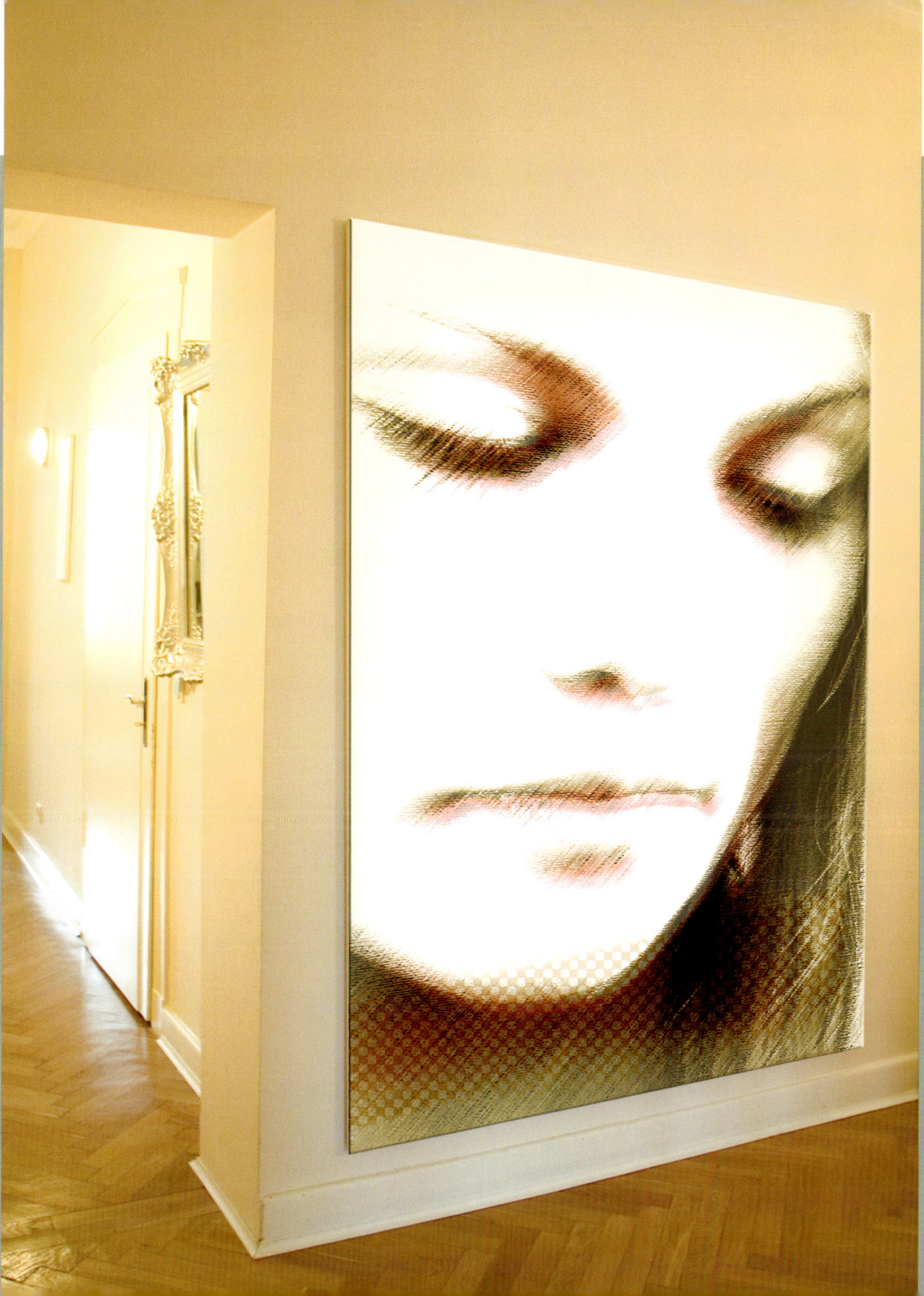

PAPIERE

Wissenswertes über Fine Art Print-Papiere:

Echte Fine Art Print-Papiere zeichnen sich durch eine spezielle Beschichtung, Veredelungsverfahren und Strukturen aus. Die Qualität und Anmutung der Prints kann nur aufgrund der besonderen Eigenschaften der Papiere erreicht werden. Papiere sind in verschiedenen Stärken erhältlich, ebenso unterscheiden sie sich in Weißton und Struktur. Je nach Verwendungszweck kann zwischen stärker und weniger stark strukturiertem Papier gewählt werden. Die Anmutung der Papieroberfläche ist von großer Bedeutung für die Wirkung eines ausgedruckten Bildes. Die wichtigsten Hersteller sind Hahnemühle, Canson und Arches.

Fine Art Print-Papier

Dieses für Tintenstrahldruck vorgesehene Papier eignet sich aufgrund seiner sehr glatten, teilweise auch glänzenden Oberfläche speziell für Ausdrucke von digitalen Grafiken, Zeichnungen sowie von digitalen Fotos. Ein besonderer Clou ist ein Aquarell-Druckerpapier, das wie ein Büttenpapier anmutet. So lässt sich etwa Ihr eingescanntes Aquarellbild auf diesem Papier reproduzieren, aber auch ein Foto kann auf diesem Papier ausgedruckt erstaunlich plastische Effekte erzielen.

Ebenfalls für den Tintenstrahldruck gefertigt sind Künstlerleinwände, die sich durch eine hohe Grammatur von über 300 g/m² auszeichnen. Sie sind besonders reißfest und lassen sich meist auch auf große Keilrahmen aufspannen.

Fine Art Print-Papiere sind im Fachhandel erhältlich, die Hersteller Canson, Arches und Hahnemühle stellen besonders hochwertige Papiere für den Druck mit Tintenstrahldruckern her.

Speziell für exklusive, künstlerische Reproduktion entwickelt, bestechen diese Papiere durch exakte Farbgenauigkeit. Sie verbinden die Präzision modernster Fotopapiere mit der langen Tradition und der Anmutung von Künstlerpapieren, optisch wie haptisch. Papiere ermöglichen dem Anwender einen sehr großen Farbraum und feinste Schwarz-Weiß-Nuancen. Sehr gut geeignet sind diese Papiere für Porträts, Landschaften, Digital Art und vieles mehr.

Speziell für den Fine Art Print bietet die Firma Hahnemühle als Premiummarke die *Digital FineArt* Produktlinie an. Diese für den Ink Jet-Druck veredelten klassischen Künstlerpapiere werden für die exklusive Fotografie, Computerkunst, Gemälde- und Fotoreproduktion eingesetzt. Dabei zeichnen sich die Papiere durch einen großen Farbraum, einen hohen Schwarzwert, vielfältige Oberflächen und der Haptik von Echt-Bütten- sowie Baumwollpapieren aus.

Diese Papiere werden mit ihren Eigenschaften nachstehend kurz aufgeführt:

PhotoLine
Die Papiere, die speziell für die künstlerische Fotografie und deren Reproduktion entwickelt wurden, nennen sich *PhotoLine*. Dank des großen Farbraumes und feinster Schwarz-Weiß-Nuancen bieten sie nahezu unerschöpfliche Möglichkeiten für alle Themenbereiche der Fotografie und den Ausdruck mit pigmentierten Tinten.

Photo Rag®188 g/m²
Weiß, 100% Hadern, alterungsbeständig, einseitig bedruckbar, seidenmatte Oberfläche. Besonders geeignet für den archivfähigen Druck von schwarzweißen und farbigen Fotografien.

Natural Art Duo 216; 216 g/m²
Naturweiß, besondere Farbbrillanz, gute Archivierfähigkeit, beidseitig beschichtet, ideal z. B. für Fotoalben. Speziell für Fotografieanwendungen.

Photo Rag® Duo 276; 276 g/m²
Glatte, seidenmatte Oberflächenstruktur, 100 % Hadern, beidseitig bedruckbar, ideal für Portfolios und hochwertige Fotoalben. Eignet sich besonders für den archivfähigen Druck von schwarzweißen und farbigen Fotos.

Fine Art Pearl 285; 285 g/m²
Hochweiß, 100 % absolut reine, ligninfreie Alpha-Zellulose, dreifach beschichtet, Aussehen und Haptik eines traditionellen Baryt-Fotopapiers, bietet herausragende Kontraste.

Photo Rag®; 308 g/m²
Weiß, 100 % Hadern, alterungsbeständig, einseitig bedruckbar, seidenmatte Oberfläche, vielseitig einsetzbar.

Photo Rag® Satin; 310 g/m²
Weiß, 100 % Hadern, alterungsbeständig, einseitig bedruckbar, weiche Oberfläche mit seidenmattem Glanz. Ausgedruckte Flächen erscheinen in einem seidenmatten Glanz, unbedruckte Bereiche bleiben matt.

Photo Rag® Bright White; 310 g/m²
Hellweiß, 100 % Hadern, alterungsbeständig, einseitig bedruckbar, seidenmatte Oberfläche. Besonders geeignet für extrem kontrastreiche Drucke mit hoher Farbbrillanz.

Photo Rag Pearl® 320; 320 g/m²
Naturweiß, 100 % Baumwolle, frei von optischen Aufhellern, erinnert an ein warmtoniges Baryt-Papier. Besonders geeignet für Vorlagen mit warmen Farb- und Grautönen.

Photo Rag®; 460 g/m²
Weiß, 100 % Hadern, alterungsbeständig, einseitig bedruckbar, seidenmatte Oberfläche.

ArtLine
Speziell für die Reproduktion von Kunstwerken gibt es die Papiere der *ArtLine*. Die Oberflächen und Strukturen entsprechen jenen, die der Künstler von den traditionellen Papieren für die unterschiedlichen künstlerischen Techniken gewohnt ist.

Echt-Bütten William Turner; 90 g/m²
Naturweiß, 100 % Hadern, alterungsbeständig, einseitig bedruckbar, feinraue Oberfläche.

Echt-Bütten Albrecht Dürer; 210 g/m²
Naturweiß, 50 % Hadern, alterungsbeständig, einseitig bedruckbar, strukturierte Aquarelloberfläche.

White Etching; 268 g/m²
Weiß, 25 % Hadern, alterungsbeständig, einseitig bedruckbar, weiche, homogene Oberflächenstruktur.

White Etching Satin; 270 g/m²
Weiß, 25 % Hadern, alterungsbeständig, einseitig bedruckbar, weiche Oberflächenstruktur mit seidenmattem Glanz. Seidenmatter Glanz auf dem gedruckten Bereich, unbedruckte Flächen erscheinen weiterhin matt.

Torchon; 285 g/m²
Hellweiß, alterungsbeständig, einseitig bedruckbar, grobe Struktur.

Kupferdruckkarton German Etching 310 g/m²
Naturweiß, alterungsbeständig, einseitig bedruckbar, matte Oberfläche.

Echt-Bütten William Turner; 310 g/m²
Naturweiß, 100 % Hadern, alterungsbeständig, einseitig bedruckbar, feinraue Oberfläche.

Canvas Artist (matt); 340 g/m²
100 % Baumwolle, naturweiß

Canvas Satin; 340 g/m²
100 % Baumwolle, naturweiß

FineArt Canvas; 350 g/m²
100 % Baumwolle, naturweiße Leinwand mit matter Oberfläche und einer matten Tintenempfangsschicht.

Museum Etching 350; 350 g/m²
Naturweißer Künstlerkarton, 100 % Baumwolllinters, ohne optische Aufheller, typische Textur eines Kupferdruckkartons.

Lumijet Fine Art-Papier ist die Zweitlinie aus dem Hause Hahnemühle und bietet ein gutes Preis-Leistungs-Verhältnis. Die Papiere eignen sich für Profis und Semiprofis, angeboten werden vier Fine Art-Ink Jet-Papiere.

Photo Art 210; 10 g/m²
Naturweiß, sehr feine Oberflächenstruktur, ideal in der Anwendung von Reproduktionen und digitalen Drucken mit warmen Farb- oder Grautönen.

Photo Pearl 255; 255 g/m²
Mikroporöses Ink Jet-Papier, erinnert an das traditionelle Pearl-Finish von Fotografien, ausgezeichnete Farbsättigung und Bildschärfe.

Photo Gloss 255; 255 g/m²
Mikroporöses Hochglanzpapier, hervorragende Leuchtkraft der Farben, maximale Bildschärfe, erinnert an das traditionelle Gloss-Finish von Fotografien.

White Velvet 270; 270 g/m²
Leicht strukturiert, gleichermaßen gut geeignet für Fotografien und Kunstreproduktionen.

Photo White 270; 270 g/m²
Feines, hellweißes Künstlerpapier mit einer samtig anmutenden Oberfläche, verleiht jedem Bild Brillanz und Farbdynamik.

Photo White Satin 280; 280 g/m²
Verleiht dem Bild einen feinen Glanz, erzeugt damit eine bisher noch nicht erreichte Leuchtkraft.

Masters Canvas 350; 350 g/m²
Sofort trocknende Leinwand, 100 % Baumwolle, echte Webstruktur, die Ink Jet-Empfangsschicht gewährleistet bemerkenswerte Farbsättigung und hervorragende Bildqualität.

Art Print
Die *Art Print*-Serie von Hahnemühle richtet sich insbesondere an Hobbykünstler. Sie umfasst fünf hochwertige Ink Jet-Papiere im Format DIN A 4.

Aquarello; 170 g/m²
Speziell für die Reproduktion von Aquarellbildern entwickelt, naturweiß, Oberflächenstruktur mit der Anmut von Aquarellpapieren.

Pastell; 170 g/m²
Ink Jet-Pastellpapier, naturweiß, außergewöhnlich feine Seidenstruktur.

Photo Velvet; 170 g/m²
Helles Weiß, samtglatte Oberfläche, speziell entwickelt für die Fotoreproduktion, hohe Farbbrillanz und -genauigkeit.

Photo Glossy Premium; 200 g/m²
Für nahezu alle Anwendungsbereiche mit großem Farbraum geeignet, auch geeignet für feinste Schwarz-Weiß-Nuancen.

Artist Canvas; 340 g/m²
Speziell für Öl- und Acrylbilder, Poly-Cottonmix, weiche Qualität, naturweiß, echte Baumwollstruktur.

Torchon; 285 g/m²

Natural Art Duo 216; 216 g/m²

Pastell; 170 g/m²

Aquarello; 170 g/m²

Photo Velvet; 170 g/m²

Photo Rag ®; 188 g/m²

BILDER WELT DIGITAL

Der Computer bietet dem Nutzer eine große Vielfalt an kreativen Möglichkeiten zur Weiterverarbeitung von Fotos oder gescannten Bildern. Im Umgang mit den selbst erstellten Fotos oder digitalisierten Bildern sind der Fantasie keine Grenzen gesetzt. Mit dem entsprechenden Bildbearbeitungsprogramm kann am Computer schnell ein eigenes kleines Kunstwerk entstehen. Durch die Möglichkeiten, die der Fine Art Print bietet, kann jedes Foto auf hochwertigem Papier gedruckt werden, sodass wertvolle Unikate entstehen. Die meisten Anwendungen in den gängigen Bildbearbeitungsprogrammen ähneln sich. In diesem Kapitel sollen die wichtigsten Bearbeitungsschritte gezeigt und allgemein erläutert werden, wie z. B. spezielle Effekte und Korrekturen, die für viele Probleme in der Fotografie Lösungen bieten und das Optimum an Qualität aus Ihren Bildern herausholen.

01
Korrektur von Helligkeit und Kontrast, Tonwertkorrektur

Wenn ein Foto zu hell oder zu dunkel geraten ist, kann diese Fehlbelichtung nachträglich korrigiert werden, z. B. über die Steuerung der Tonwerte oder die Anpassung von Helligkeit und Kontrast. Die Korrektur der Belichtung kann je nach Programm über mehrere Funktionen erfolgen. Die zwei wichtigsten werden im Folgenden erläutert.

Helligkeit und Kontrast:

Die hellsten Bereiche eines Motivs werden als Lichter, die dunkelsten Stellen als Tiefen bezeichnet. Beide Bereiche lassen sich in vielen Programmen über einen Regler steuern. Wenn die Helligkeit nachträglich zu stark verändert wird, können sich allerdings „ausgefressene" Lichter in den hellen Bereichen ergeben. Ebenso entstehen „übersättigte" schwarze Farbbereiche, wenn zu stark an den dunklen Bereichen und dem Gesamtkontrast reguliert wird. Der Bildkontrast sollte bei einem Foto immer kontrolliert und falls nötig modifiziert werden, wenn ein Bild zu trüb oder flau in den Lichtern und der Farbgebung wirkt.

Tonwertkorrektur:

Über die Tonwertkorrektur können die Tonwerte und die Farbbalance eines Bildes durch Einstellen der Helligkeit in den Tiefen, Mitteltönen und Lichtern korrigiert werden. Die Korrektur der Mitteltöne erweist sich für viele Bilder als sinnvoll, da sie in der allgemeinen Erscheinung heller oder dunkler wirken, die Lichter und Tiefen aber von dieser Korrektur nicht beeinflusst werden. Die hellsten Bereiche der Lichter sollten in einem Bild als reines Weiß vorhanden sein, sowie in den Tiefen ein reines Schwarz vorkommen sollte. Die meisten Programme verfügen über Skalen, Regler etc. zur visuellen Verdeutlichung der Korrekturen, sowie über Speicherfunktionen, mit denen ausgeführte Korrekturen für weitere Bilder wieder aufgerufen werden können.

Zeit und Blende:

Durch die geöffnete Blende trifft das Licht auf das lichtempfindliche Medium – auf den Film oder bei Digitalkameras auf den Sensor. Die Belichtung eines Fotos hängt von der Wahl der Blende, der Filmempfindlichkeit des Aufnahmemediums und der Belichtungszeit ab, weiterhin auch vom vorhandenen Licht und dem Einsatz eines Blitzes. Eine hohe Lichtempfindlichkeit des Mediums bietet zwar einen höheren Belichtungsspielraum (eine große ISO-Zahl, z. B. 800), bringt aber im analogen Bereich ein gröberes Filmkorn, im digitalen Bereich ein höheres Bildrauschen sowie verminderte Auflösung und Schärfe mit sich. Ein gröberes, sichtbares Filmkorn kann bedingt ausgeglichen oder aber gezielt für den Ausdruck eines Bildes genutzt werden.

Eine kleine Blende (z. B. Blende 16) bietet einen größeren Bereich bzw. Umfang der Tiefenschärfe als eine kleinere Blende (z. B. Blende 4). Allerdings wird durch die Wahl einer kleinen Blende die Belichtungszeit zu kurz, wenn man Filmmaterial mit niedriger Empfindlichkeit verwendet.

Wenn ein Bild fehlbelichtet wurde, ist es entweder deutlich zu hell oder zu dunkel. Einige Kameras verfügen über die Funktion, Belichtungsreihen in verschiedenen Abstufungen zu erstellen, sodass je ein Bild entsteht, das unter-, korrekt und überbelichtet ist. Am Computer kann dann später das Bild ausgewählt werden, das die beste Belichtung für den jeweiligen Zweck besitzt. Ziel ist es, dass von vornherein mit dem Material weitergearbeitet wird, das die besten Voraussetzungen aufweist.

Als Überbelichtung bezeichnet man eine Belichtung, bei der die Lichtmenge den möglichen Dichteumfang eines Filmes, Papieres oder Sensors übersteigt. Als Folge einer Überbelichtung ist in den hellsten Stellen eines Bildes keine Zeichnung mehr vorhanden.

Als Unterbelichtung wird eine Belichtung bezeichnet, bei der die Lichtmenge zu gering ist, als für eine Abbildung auf dem Film, Papier oder Sensor nötig wäre. Die Folge ist, dass in den dunklen Bereichen eines Bildes keine Zeichnung mehr vorhanden ist. Bei digital fotografierten Bildern sind die zu stark belichteten Stellen im Gegensatz zu den zu wenig belichteten Stellen zwar aufzuhellen, enthalten aber auch mehr störendes Bildrauschen, das bei stärkerer nachträglicher Aufhellung sichtbar wird und störend wirken könnte.

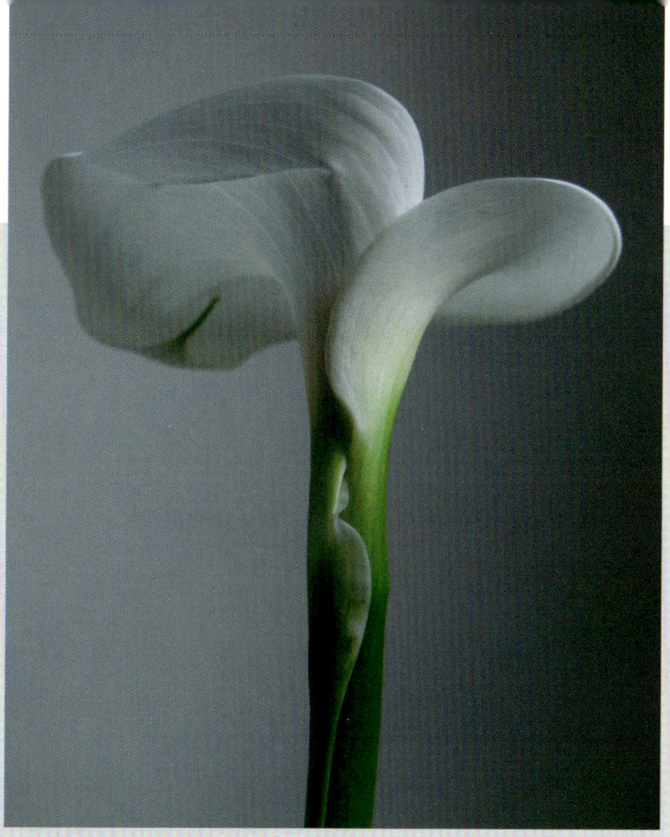

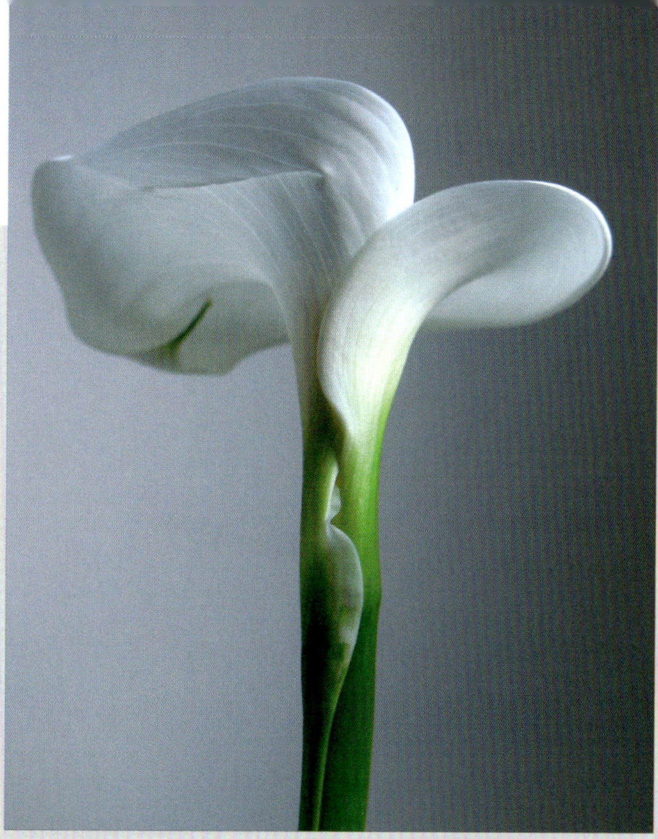

Originalbild ohne Nachbearbeitung
fotografiert mit einer digitalen Spiegelreflexkamera bei von rechts einfallendem Tageslicht durch ein Fenster.

Originalbild
nach Korrektur der Tonwerte.

Originalbild
nach Erhöhung des Kontrastes.

Originalbild
nach der Nachbearbeitung in der vertikal gespiegelten Variante.

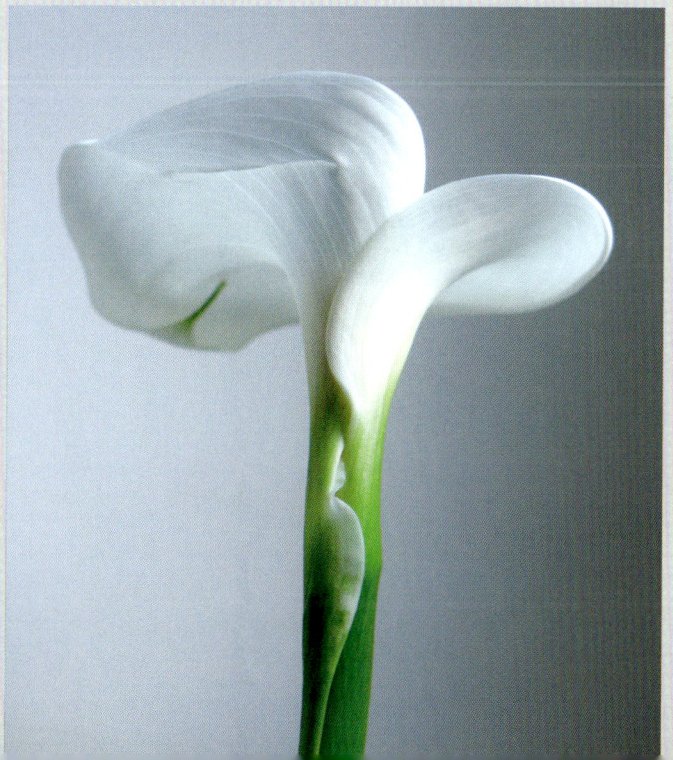

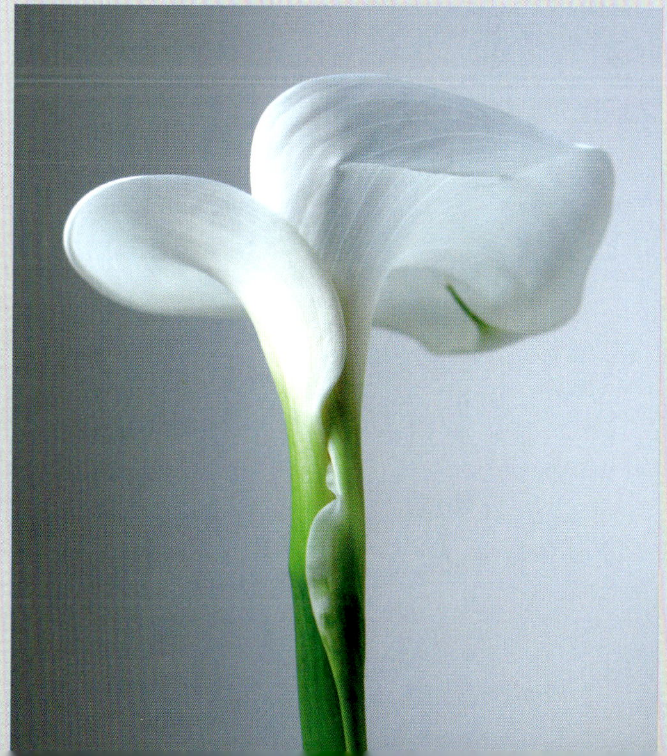

02 Stempelfunktion, Korrektur von Verzerrung, Entzerren von Linien

Bildkorrektur:

Zur allgemeinen Korrektur von Fotos zählen Bearbeitungsschritte wie z. B. die Entfernung von Staub und Kratzern oder Störungen. Durch spezielle Funktionen wird das Bild leicht weichgezeichnet und die störenden Elemente vermindert.

Beim Fotografieren ist daher darauf zu achten, dass das Objektiv (bei SLR-Kameras auch der integrierte Spiegel und Sensor) sauber und staubfrei sind. Spezielle Anti-Statik-Tücher sind zur Reinigung sehr gut geeignet und vermindern das neuerliche Anhaften von Staub und Schmutz.

Wenn aber Staub und Kratzer im Bild zu deutlich zu sehen sind, sind sie am besten über die Stempelfunktion zu beseitigen. Die Funktion kopiert einen ausgewählten Bereich, der keine Mängel aufweist, über die zu korrigierende schadhafte Stelle.

Korrektur von Verzerrungen:

Wenn in einem Bild Linien verzerrt sind oder in sich leicht schief wirken, kann man diese über verschiedene Auswahlfunktionen nachträglich gerade richten.

Besonders bei Architekturfotos kommt es aufgrund des benutzten Objektivs häufig zu Verzerrungen der Geraden (z. B. Häuser oder Dachkanten), was sich störend auf die Bildgestaltung auswirkt.

Falls nicht mit einer Großformatkamera fotografiert wird, mit der man bereits bei der Aufnahme Verzerrungen ausgleichen kann, lassen diese sich leicht im Bildbearbeitungsprogramm nachträglich verbessern. Stürzende Linien und Verzerrungen wirken auf den Betrachter störend und unruhig und sollten deshalb schon bei der Aufnahme soweit wie möglich vermieden werden. Verzerrungen treten am häufigsten bei Aufnahmen aus dem Architekturbereich auf, besonders dann, wenn Gebäude von unten fotografiert werden. Zwar kann dieser Effekt auch angestrebt und gewünscht sein, sollte dann aber in überhöhtem Maße zu sehen sein. Im Normalfall ist es für den Betrachter und die Bildgestaltung angebracht, die Linien so gerade wie möglich erscheinen zu lassen, sodass die Wahrnehmung des gezeigten Objekts nicht gestört wird.

Im Bildbeispiel unten sind störende Bildelemente zu sehen, die den Blick des Betrachters von der Gasse ablenken. Weiterhin sind leichte Verschmutzungen im Bild vorhanden, die durch Staub auf dem Objektiv entstanden sind.

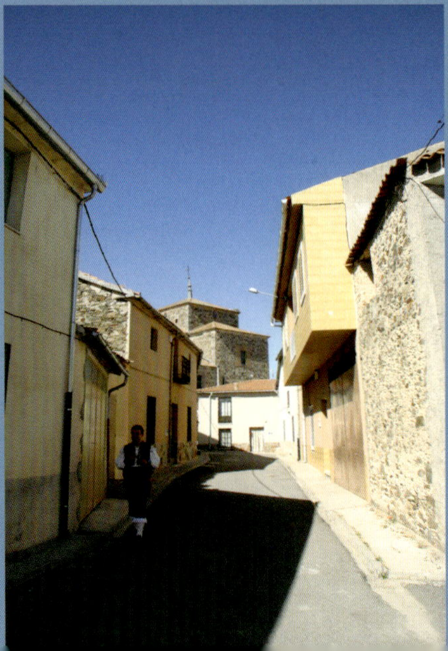

Störende Bildelemente sind im Bild unten entfernt und retuschiert worden. Die Häuserzeile ist etwas „entzerrt", also begradigt und die Person auf dem Bild links über die Funktion des Stempels entfernt worden, ebenso die Kabel und Leitungen, die vor dem blauen Himmel zu sehen waren.

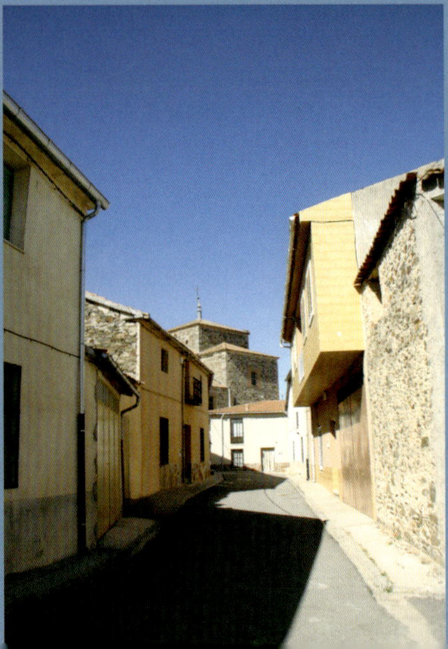

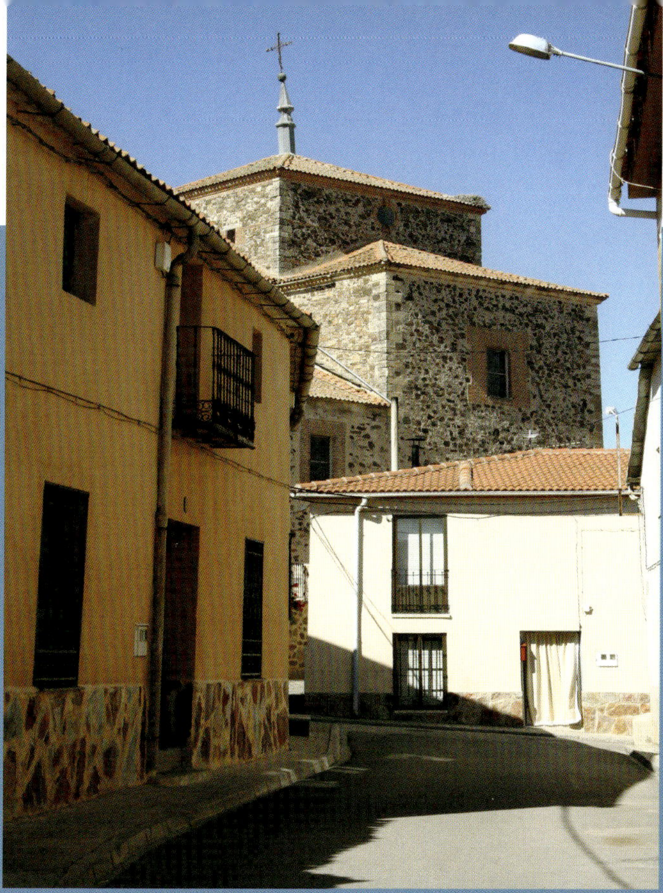

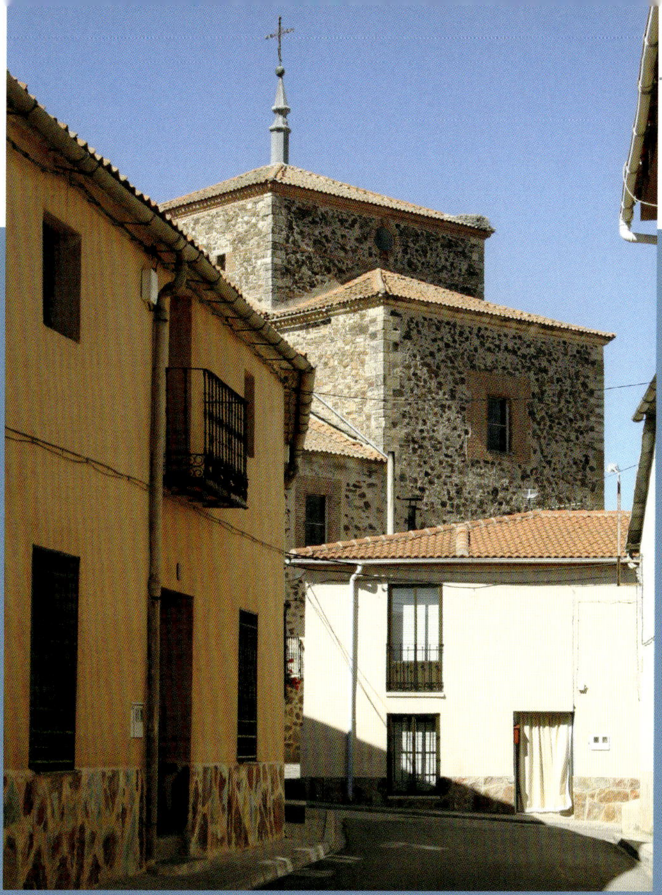

Im Bildbeispiel oben sind durch das Zoomobjektiv der Kamera Verzerrungen im Bild aufgetreten. Die Geraden und Häuserkanten sind verzerrt und das Kreuz auf dem Kirchturm ist schief. Außerdem ragt von rechts eine am Haus befestigte Laterne ins Bild, die störend wirkt.

Das Motiv wurde in einem spanischen Dorf fotografiert, als typische Szene einer kleinen Gasse des Ortes. Zwar entspricht das Motiv dem realen Eindruck, aber für einen Ausdruck auf hochwertigem Fine Art Print-Papier lohnt es sich, ein paar wesentliche Korrekturen durchzuführen. Bildelemente, die den Blick des Betrachters ablenken bzw. stören, werden so gemindert oder ganz entfernt.

In diesem Bild wurden über die Funktion „Verzerren" die Kanten der Häuser und das Kreuz auf dem Kirchturm gerade gerichtet. Über die Funktion des Stempels wurde die Laterne aus dem Bild entfernt.

Bei Betrachtung des Bildes wirken die geraden Linien für das Auge angenehmer und insgesamt vermittelt das Bild einen ausgeglicheneren Eindruck. Weiterhin ist bei dem korrigierten Bild von Vorteil, dass das Auge nicht zu den Elementen „springt", die Bildwirkung wird so insgesamt ruhiger.

03 Rahmen, Auswahl, Bildanschnitte, Ausschnitte

Bei der Bildbearbeitung hat man auch die Möglichkeit, nur bestimmte Teile eines Motivs auszuwählen und zu verändern. Die Bildbearbeitungsprogramme bieten meist ein Auswahlwerkzeug in Form eines Rechtecks an, das mit Strichlinien anzeigt, welcher Bereich ausgewählt wird. Die Auswahl ist ein sehr wichtiges Instrument zur Bildbearbeitung, denn nur der Bereich, der sich innerhalb der Auswahl befindet, wird durch die nachfolgenden Bearbeitungsschritte verändert.

So bleibt der Bereich, der außerhalb der Auswahl liegt, von den Veränderungen unbeeinflusst. Die Form des Auswahlwerkzeugs kann man auch modifizieren und z. B. eine Kreisform oder ein Quadrat wählen.

Die Bildbeispiele unten und auf der rechten Seite zeigen Strukturen und Elemente alter, maroder Fassaden. Solche Motive finden sich überall und schon kleinste Bereiche solcher Flächen bieten spannende Details für ein Bild. Falls mehrere und gut passende Bilder vorhanden sind, kann man auch eine ganze Bildreihe erstellen.

Durch die Wahl des Ausschnitts ändert sich die Bildwirkung immens. Der Bereich, der am bildwichtigsten ist, kann modifiziert und in der Größe angepasst werden. Für jedes Bild sollte neu entschieden werden, ob sich ein Hoch- oder Querformat besser eignet, denn die Formate besitzen eine jeweils ganz unterschiedliche Bildwirkung.

Ein Auswahlbereich im Bild kann über die Funktionen „Kopieren“ und „Einfügen“ auch als neue Ebene hinzugefügt werden. Eine Auswahl kann auch gut über die Funktion „Zauberstab“ erstellt werden. Dieses Werkzeug wählt Bereiche mit ähnlicher Farbe aus, wobei die Toleranz der Farbähnlichkeit auch modifiziert werden kann.

Eine weitere Möglichkeit bietet das Werkzeug „Lasso“, mit dem eine Auswahl erstellt wird, indem man mit einzelnen Punkten rund um die Kontur des Motivs eine Form zeichnet.

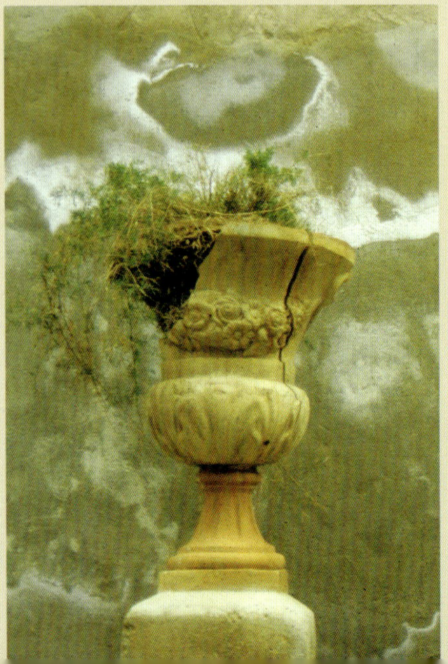

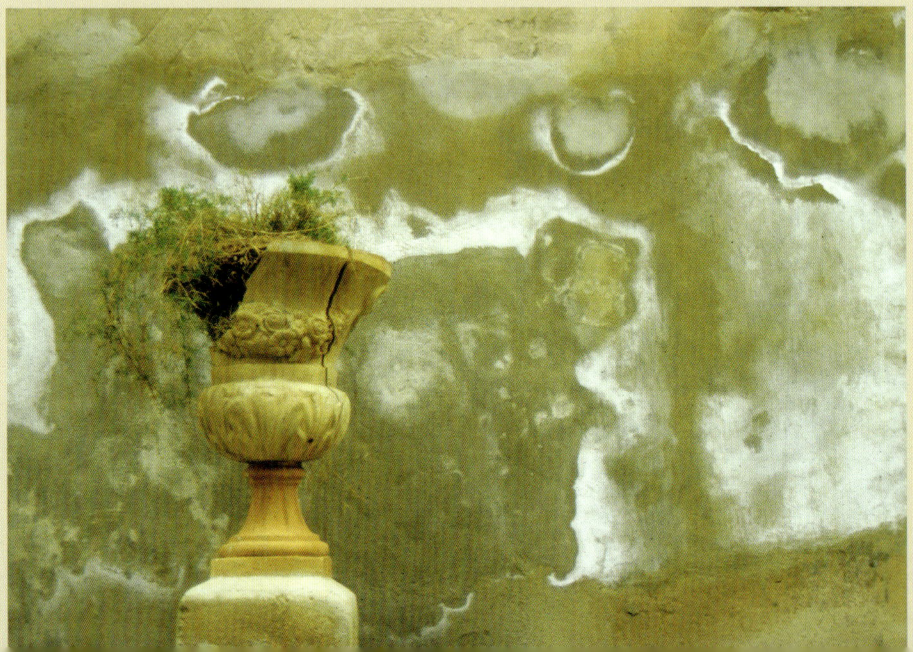

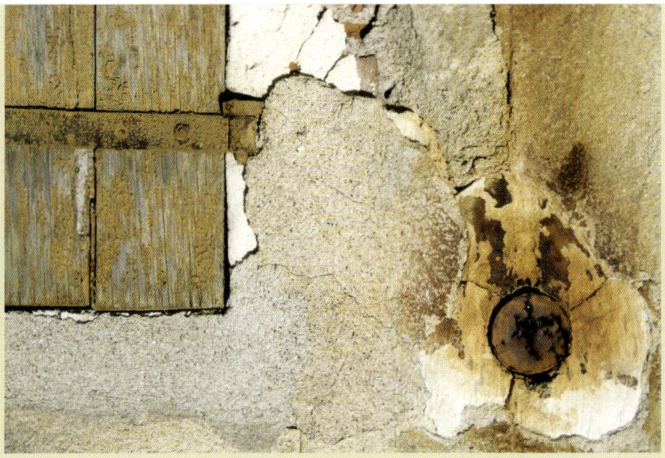

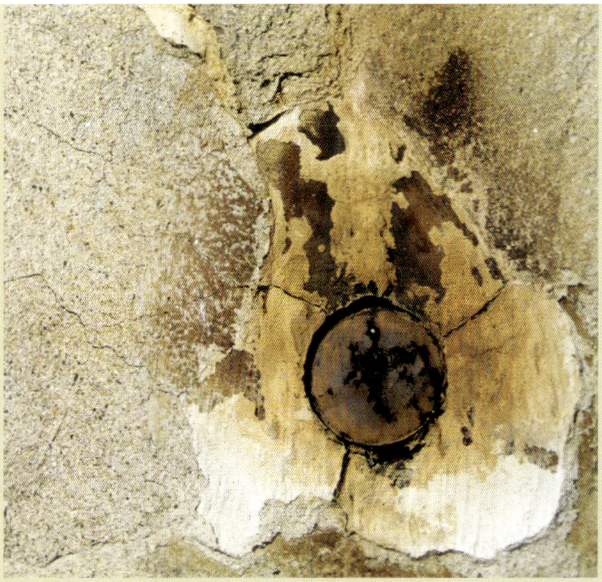

Wahl des Ausschnitts:

Bei den Bildbeispielen oben und unten wird die unterschiedliche Wirkung von Querformat und Quadrat als Bildformat deutlich. Im Prinzip kann jedes Bild beschnitten werden. Je nachdem, wo der Schwerpunkt des Bildes liegt, sollte man genau abwägen, welcher Beschnitt gut zu dem Bild passt bzw. welcher der Bildwirkung eher schadet. Quadratische Bildformate lassen sich leicht sowohl aus dem Quer- als auch Hochformat erstellen. Wenn die Möglichkeit besteht, sollte man ein Motiv sowohl im Hoch- als auch im Querformat fotografieren, damit beide Formate für die weitere Verarbeitung vorhanden sind. Für quadratische Bildformate muss wieder ein neuer Ausschnitt gewählt werden. Mit einem Passepartout oder einer Papierschablone fällt die Auswahl leichter.

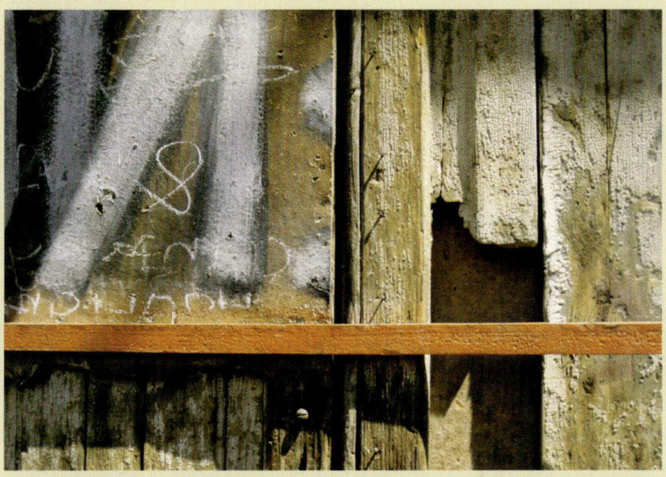

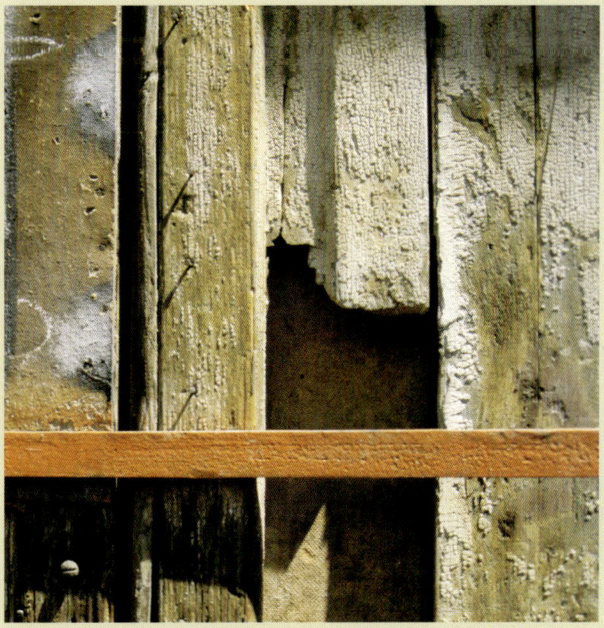

© Ralf Hölz

04 Farben in Graustufen konvertieren, Schwarz-Weiß-Bilder

Ein über die Kamera als RGB-Bild importiertes Farbbild kann man in verschiedene Farbmodi umwandeln. Der Farbmodus legt fest, welche Farbmethode zum Anzeigen und Drucken des aktuellen Bildes verwendet wird.

Der RGB-Modus (rot, grün, blau) eines Bildes ist zur Ansicht auf einem Monitor und zur Ausgabe über einen normalen Drucker angelegt. Das RGB-Modell wird von Computerbildschirmen für die Anzeige von Farben verwendet.

Bei RGB-Bildern werden zur Darstellung von Farben auf dem Bildschirm drei Farben (3 Kanäle) verwendet, bei Bildern mit 8 Bit pro Kanal werden in den drei Kanälen pro Pixel je 24 Bit (8 Bit x 3 Kanäle) gespeichert, bei 24-Bit-Bildern bedeutet dies, dass bis zu 16,7 Millionen Farben dargestellt werden.

Der CMYK-Modus weist jedem Pixel einen Prozentwert für jede Druckfarbe zu. Ein reines Weiß entsteht, wenn der Wert aller vier Komponenten 0 % beträgt. Wenn das Ausgangsbild ein RGB-Bild ist, sollten alle Änderungen zuerst in diesem Modus vorgenommen und erst danach in CMYK-Modus umgewandelt werden.

Der CMYK-Modus ist ein Standard-Farbmodell, der exakte Druckbereich variiert aber je nach Druckbedingungen.

Moderne digitale Spiegelreflexkameras bieten manchmal auch die Funktion, ein Bild direkt im Modus Graustufen zu erzeugen. Aus Qualitätsgründen ist es jedoch sinnvoller, das Bild zuerst im RGB-Modus zu fotografieren und dann anschließend am Computer in Graustufen umzuwandeln.

Nach der Umwandlung in den Modus Graustufen sollten Helligkeit, Kontrast und der Umfang der Tonwerte überprüft werden, da die Bilder meist deutlich zu flau und wenig kontrastreich erscheinen. Automatische Korrekturen funktionieren bei vielen Bildern mit schwierigen Lichtbedingungen allerdings nicht sehr gut.

Wenn man mit Bildern arbeiten möchte, die bereits schwarz-weiß sind, kann man diese auch wieder in RGB-Bilder umwandeln, um z. B. auch farbige Elemente einzubinden. Beim Scannen eines Dias bzw. Negativs oder Papierabzugs kann das Bild bereits im RGB-Modus angelegt oder im Bildbearbeitungsprogramm nachträglich in den RGB-Modus umgewandelt werden.

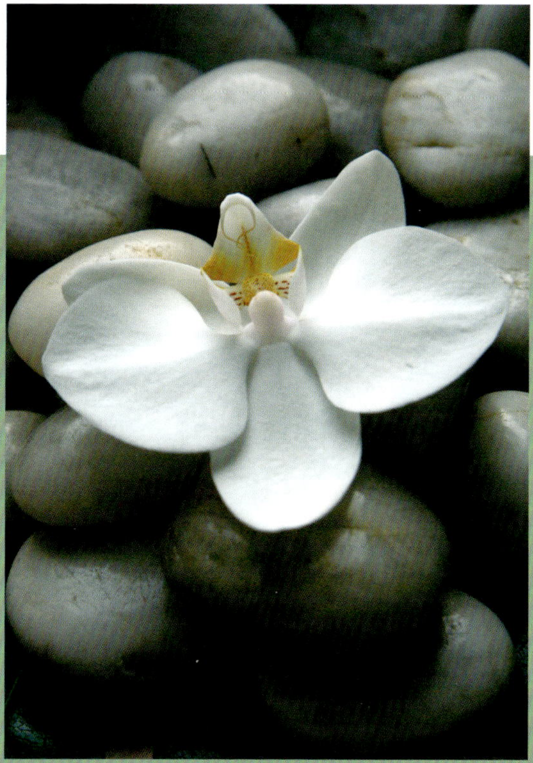

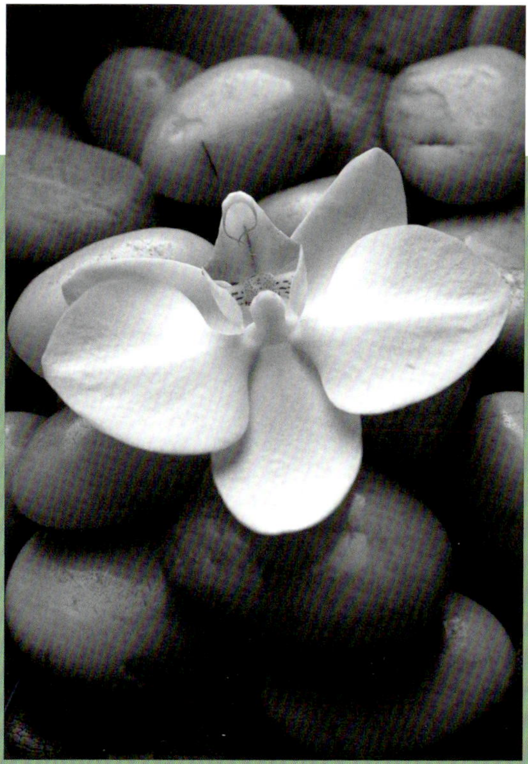

Abb. oben und unten:
Originalfoto im RGB-Farbmodus ohne Nachbearbeitung und Korrektur. Beide Motive wurden bei Tageslicht mit einer digitalen Spiegelreflexkamera fotografiert.

In den Beispielen oben und unten wurde der RGB-Farbmodus in Graustufen zur Erstellung eines Schwarz-Weiß-Bildes umgewandelt. Nachträglich wurden die Tonwerte, die Helligkeit und der Kontrast angepasst.

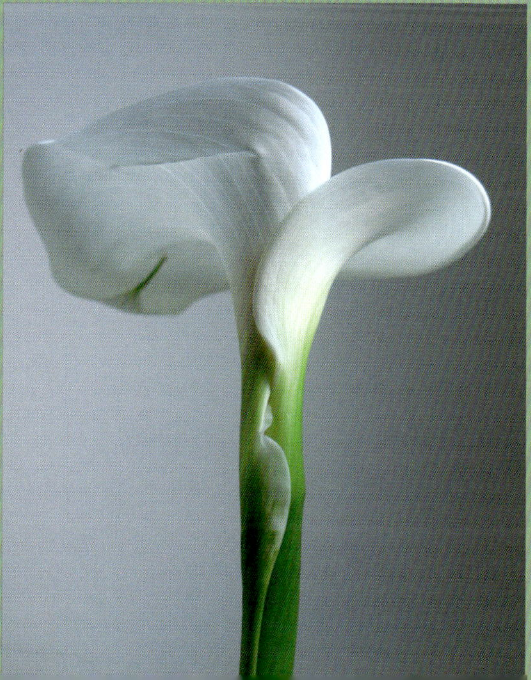

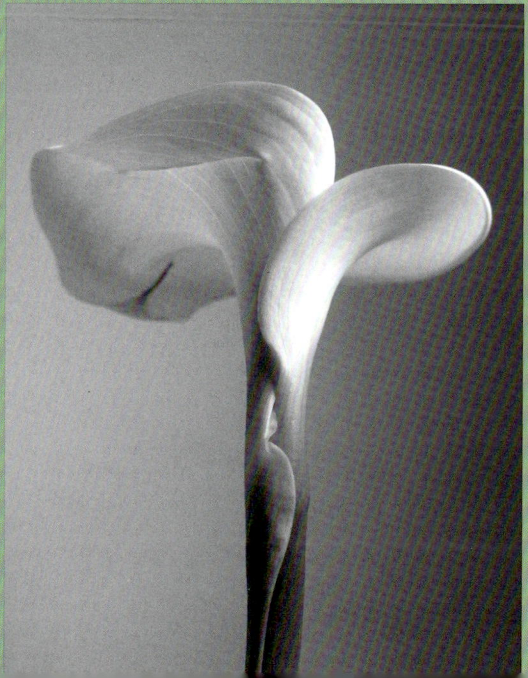

05
Color-Tonung, Tonung in Kombination mit Filtern

Originalbild ohne Bildbearbeitung

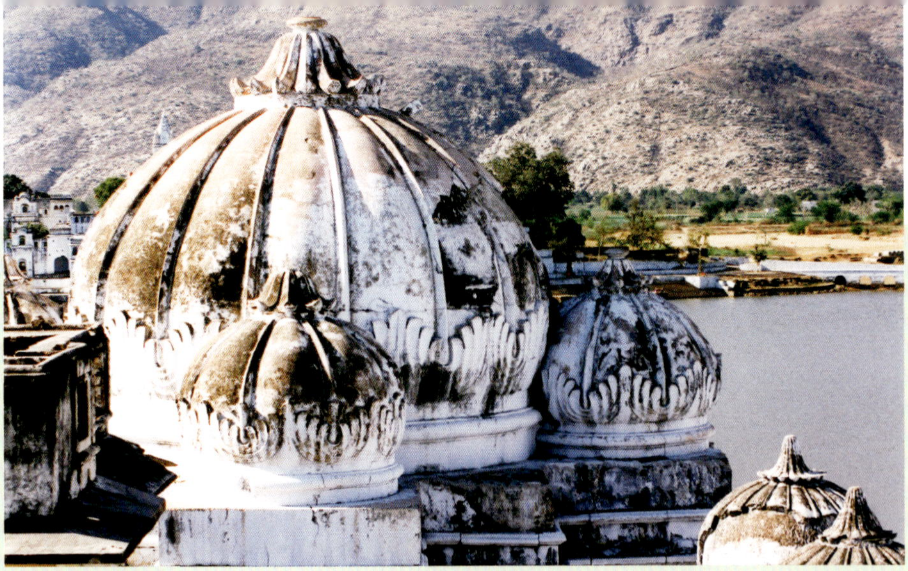

Umwandlung in Graustufen:

Durch die Umwandlung in Graustufen kann aus dem Originalbild in Farbe ein Schwarz-Weiß-Bild erstellt werden. Die Stimmung und Wirkung des Fotos ändert sich durch die Farbgestaltung und wird neutraler.

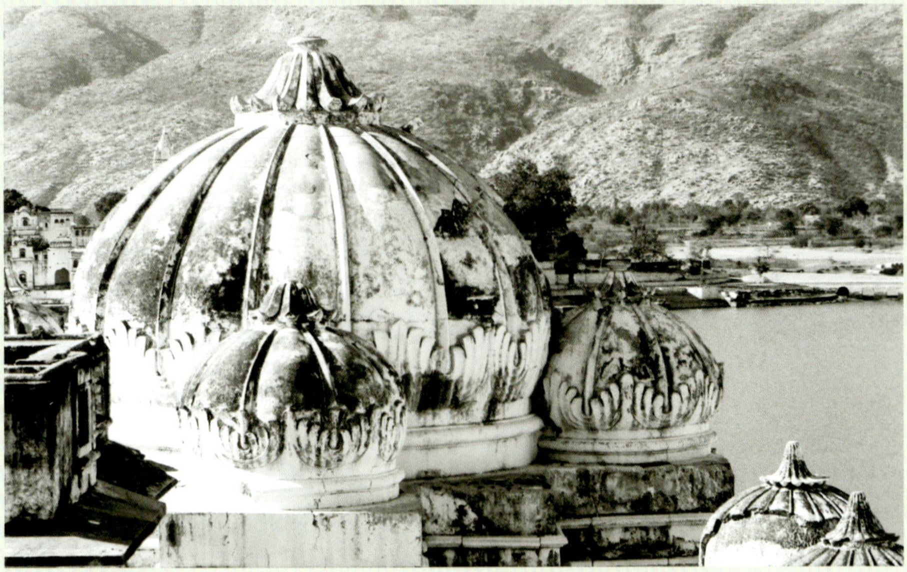

Sepiafilter:

Hier wurde auf das Originalfoto ein Farbfilter in Sepia angewendet.

Das Bild wird durch den Filter in der gesamten Bildfläche koloriert, sodass es einen warmen, harmonischen und antiken Eindruck vermittelt.

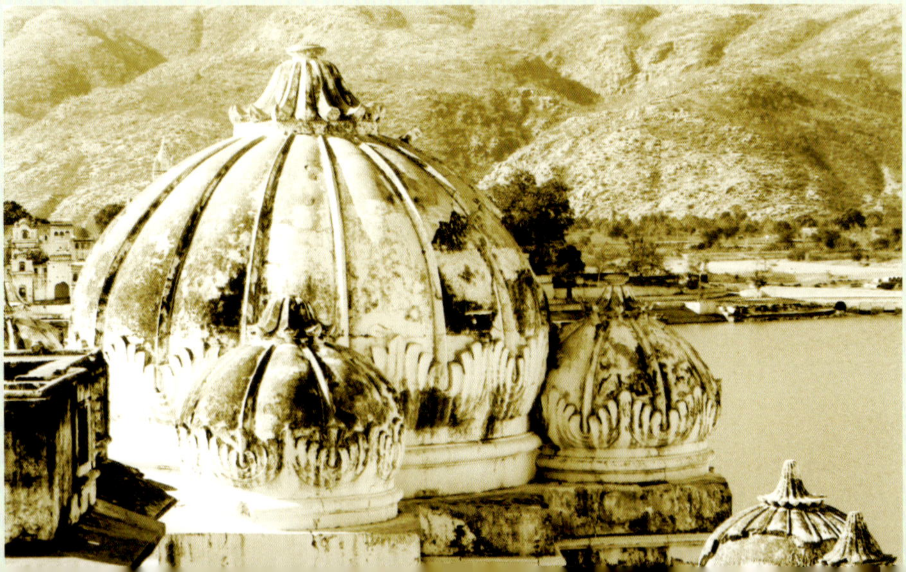

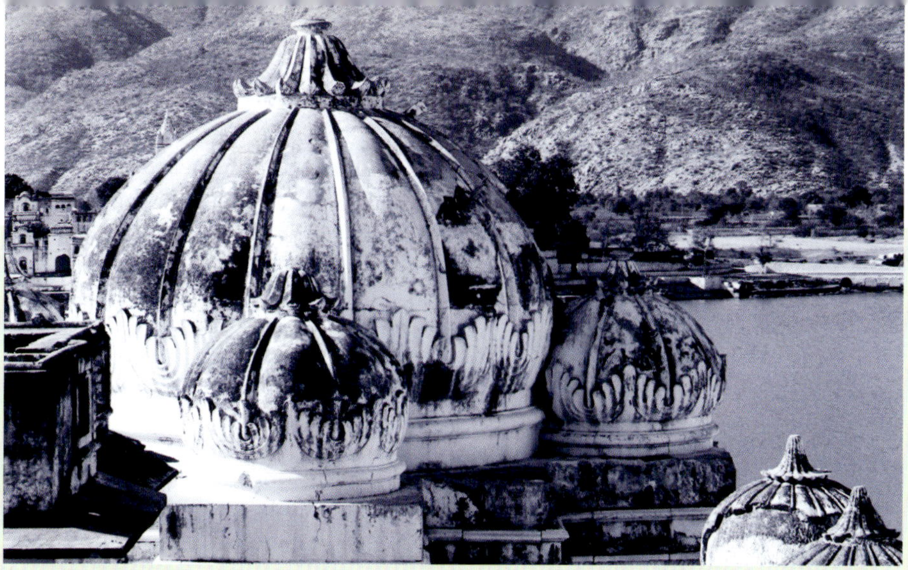

Duplex:
Aus dem bereits umgewandelten Schwarz-Weiß-Bild ist hier ein Duplex-Bild entstanden, bestehend aus den Farben Schwarz und Blau. Das Bild wird in der gesamten Bildfläche koloriert und erhält einen kühlen Gesamtton.

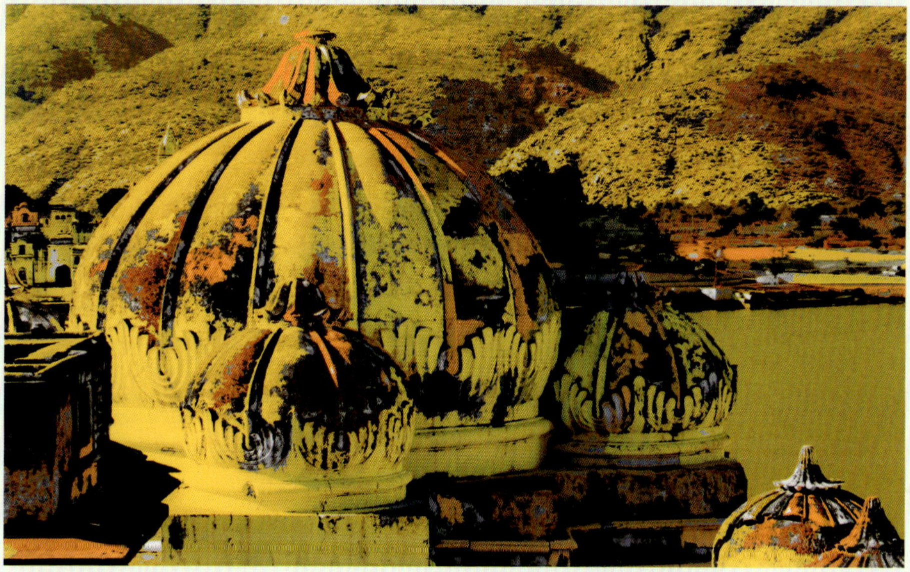

Farbe ersetzen:

Hier fand eine Kolorierung einzelner Bildstellen statt. Des Weiteren liegen hier zwei Ebenen übereinander, von denen die oben liegende auf 80 % Deckkraft steht, also leicht transparent ist.

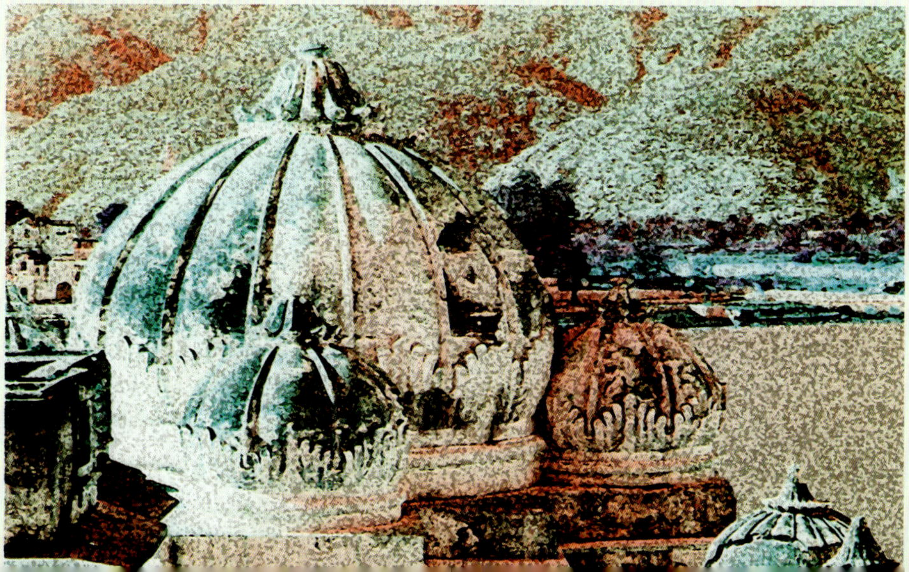

Verfremdung:

Hier wird die Kombination von zwei Bildbearbeitungsfiltern sichtbar:
Auf den gesamten Bildbereich wurde zuerst der Filter „Risse", danach der Filter „Schwamm" angewendet. Dadurch erhält das Bild eine grobe Struktur, die eine andere, neue Bildwirkung erzeugt. Weiterhin wurden die Farben einzeln verändert, teilweise entsättigt, und bereichsweise eingefärbt.

06
Filter,
Mal- und Zeichenfilter

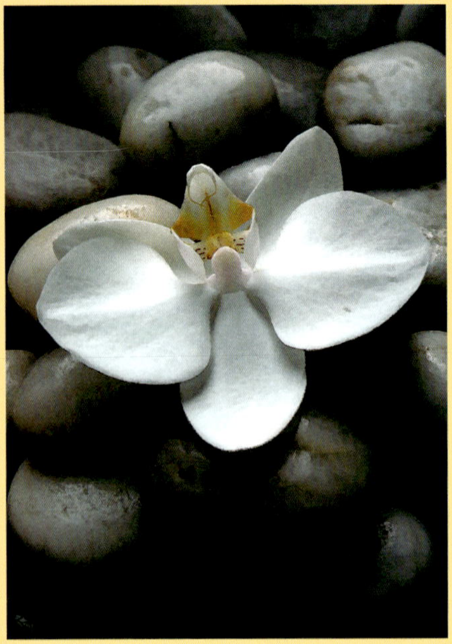

Aquarellfilter:

Im Bildbeispiel oben wurde auf das Originalfoto ein Aquarell-Malfilter angewendet.

Das Bild erhält eine Anmutung, als sei das Motiv mit Pinsel und Aquarellfarbe auf Aquarellpapier gemalt worden.

Das Bild wirkt besonders schön, wenn es auf Ink Jet-Aquarellpapier (z. B. von Canson, Hahnemühle) ausgedruckt wird.

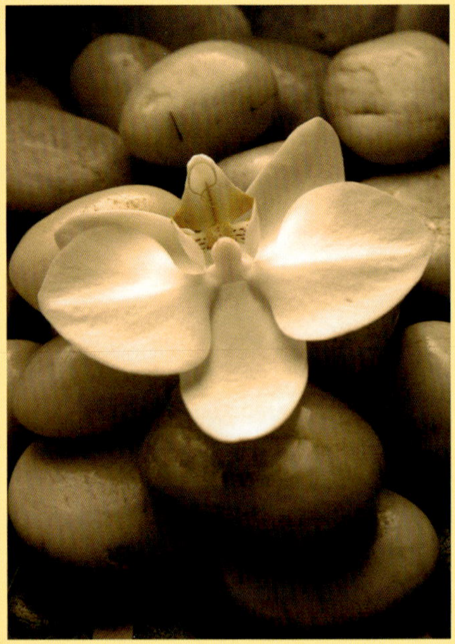

Sepiafilter:

In diesem Bildbeispiel wurde zur Bearbeitung des Originalfotos ein Fotofilter in Sepia verwendet.

Das Bild wird dadurch in der gesamten Bildfläche koloriert, sodass es einen harmonischen und warmen Eindruck vermittelt.

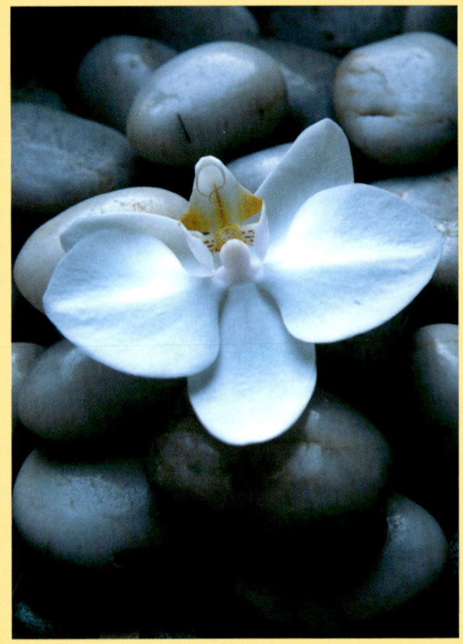

Blaufilter:

Hier wurde auf das Originalfoto ein Fotofilter in Blau angewendet.

Das Bild wird dadurch in der gesamten Bildfläche koloriert, so erhält es einen frischen und kühlen Ton.

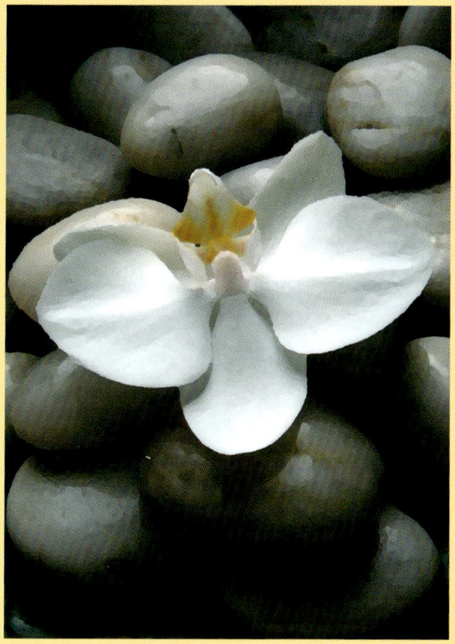

Filter Malmesser:

Im Bildbeispiel oben wurde das Originalfoto mit dem Filter „Malmesser" bearbeitet.

Das Bild wirkt, als sei es mit deckender Farbe und einem Malwerkzeug auf einen Leinwanduntergrund aufgetragen worden.

Ausgedruckt auf einem Ink Jet-Papier mit grober Struktur wirkt das Bild ganz besonders interessant.

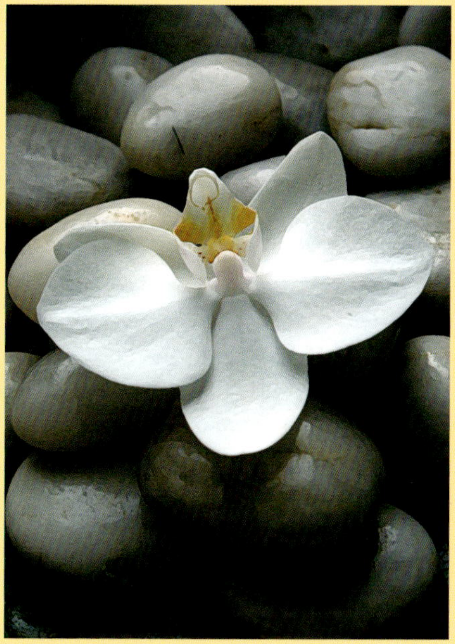

Grobe Malerei:

Im Beispiel oben wurde auf das Originalfoto der Malfilter „Grobe Malerei" angewendet. Es erhält dadurch den Anschein, als sei es mit einem mittelgroßen Pinsel auf Leinwand aufgetragen worden.

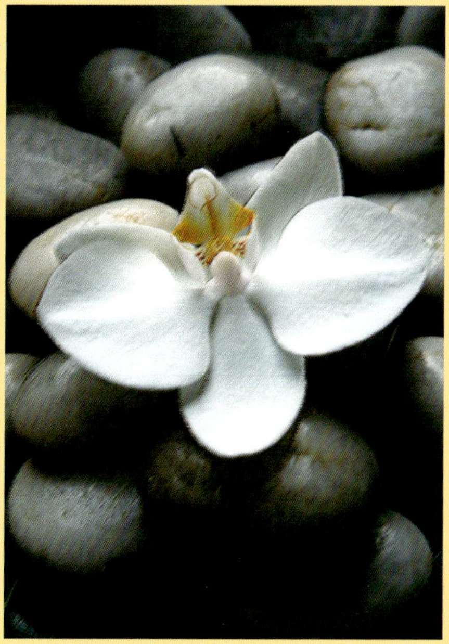

Pastellfilter:

Im Bildbeispiel oben wurde das Originalfoto mit einem Pastellfilter bearbeitet. Das Bild wirkt dadurch, wie mit Pastellkreide auf den Leinwanduntergrund gemalt.

Ausgedruckt auf einem Ink Jet-Papier mit grober Struktur oder Leinwandgewebe wirkt das Bild ganz besonders interessant.

Filter, Weichzeichnungs- und Scharfzeichnungsfilter, Störungen entfernen

Allgemeines zu Filtern:

Bei der Anwendung von Filtern gibt es einige Besonderheiten zu beachten: Filter werden auf die sichtbare, aktive Ebene angewendet, d. h. wenn eine Ebene nicht ausgewählt ist, kann der Filter darauf nicht angewendet werden.

Filter können nicht auf Bitmap-Bilder oder indizierte Bilder angewendet werden. Manche Filter funktionieren nur mit RGB-Bildern. Für 8-Bit-Bilder können alle Filter verwendet werden, für 16- und 32-Bit-Bilder nur einige ausgewählte. Die Anwendung einzelner sowie verschiedener aufeinander folgender Filter ist möglich. Generell erfordert die Arbeit mit Filtern viel Arbeitsspeicher für die Umsetzung, besonders wenn es sich um große Bilddateien handelt. Professionelle Bildbearbeitungsprogramme wie z. B. Photoshop bieten eine Filtergalerie an, in der die Filtereffekte in einer Vorschau zu sehen sind. So ist es möglich, die Veränderungen erst einmal auszuprobieren, ohne den Filter direkt auf die eigenen Bilder anzuwenden.

Die Auswahl an vorhandenen Filtern ist vom Programm abhängig, mit dem gearbeitet wird, die gängigsten Filter sind nahezu in allen Programmen enthalten. Photoshop bietet die Möglichkeit, weitere Filter als Plug-In nachträglich zu installieren.

Weichzeichnungsfilter:

Der Einsatz eines Weichzeichnungsfilters kann in verschiedenen Bereichen von Nutzen sein. Bei Motiven, die störende Elemente im Hintergrund aufweisen, kann der Filter gut eingesetzt werden, um diese Einflüsse zu reduzieren und die Aufmerksamkeit des Betrachters auf den Bildinhalt zu lenken.

Bei Bildbereichen, die aufgrund von Strukturen oder Mustern sehr unruhig sind, kann der Weichzeichner den Bereich mildern und „softer" wirken lassen.

Scharfzeichnungsfilter:

Unscharfe Bildbereiche können mit diesem Filter etwas klarer und deutlicher gezeichnet werden. Dabei ist allerdings zu beachten, dass sehr unscharfe Bilder durch den Scharfzeichnungsfilter nicht soweit korrigiert werden können, dass sie hinterher scharf sind.

Man sollte vor dem Scharfzeichnen eine neue Ebene anlegen, damit das ursprüngliche Bild erhalten bleibt und für andere Ausgabegrößen neu scharfgezeichnet werden kann. Der Bildkontrast wird durch das Scharfzeichnen erhöht, deshalb sollte man Bildstörungen vorher reduzieren, damit die Störungen nicht verstärkt wiedergegeben werden.

Im überhöhten Maß kann der Filter auch zur besonderen Bildgestaltung eingesetzt werden.

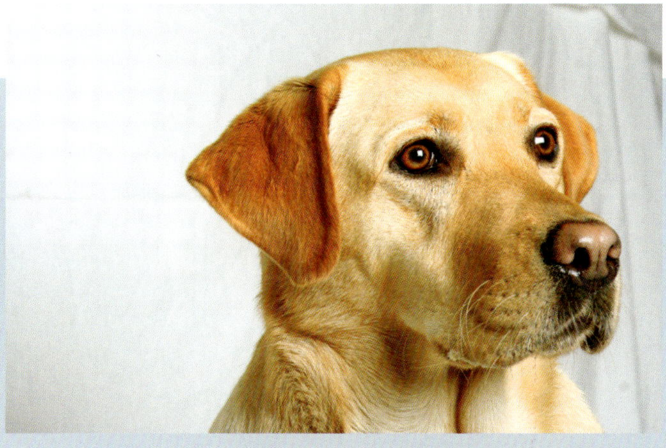

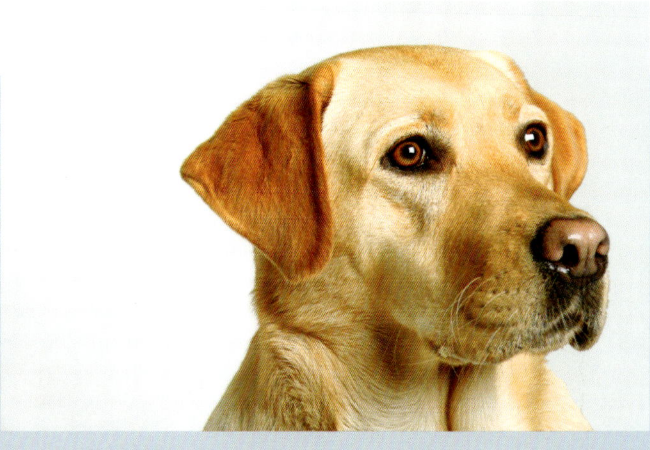

Originalfoto:

Dieses Foto eines Hundes wurde digital mit einer Spiegelreflexkamera fotografiert. Es kam ein Studioblitzlicht zum Einsatz, der Hund saß vor einer mit einem weißen Stoff bespannten Wand.

Weichzeichnungsfilter:

Am Beispiel des Hundebildes oben lässt sich eine einfache Korrektur nachverfolgen. Zuerst wurden die Ecken links unten und rechts oben mit einem Stempel (große Werkzeugspitze) angeglichen, danach die weiße Hintergrundfläche ausgewählt, aufgehellt und abschließend mit einem Weichzeichnungsfilter bearbeitet. Der störende Hintergrund wird so gemildert und der Betrachter nicht vom Bild abgelenkt.

Originalfoto:

Dieses Foto des Atomiums in Brüssel wurde analog auf KB-Diafilm fotografiert und danach über einen Dia-Scanner digitalisiert.

Scharfzeichnungsfilter:

Am Beispiel dieses Motivs ist die Wirkung des Filters gut zu erkennen. Die Konturen sind deutlich klarer und schärfer, der Kontrast ist erhöht.

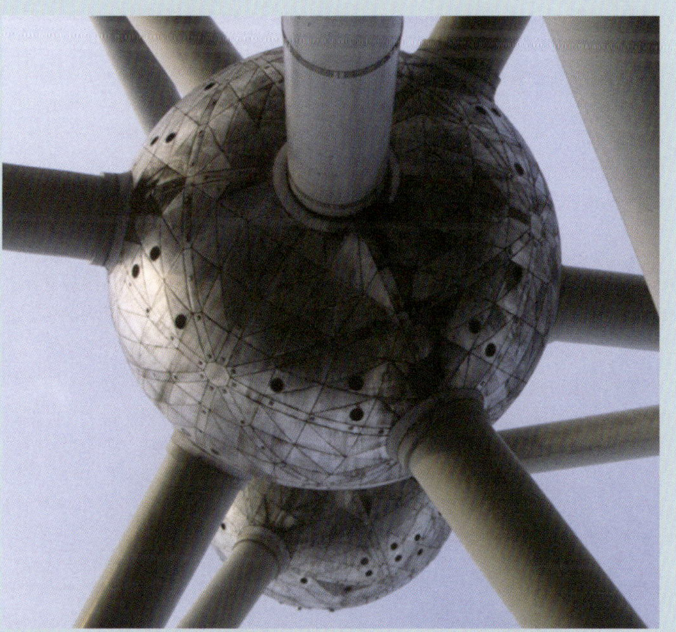

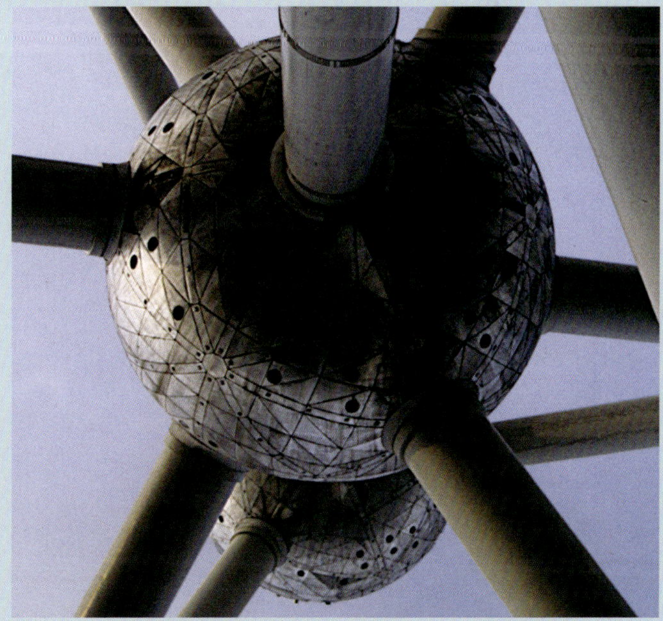

Fotos Atomium © Ralf Hölz

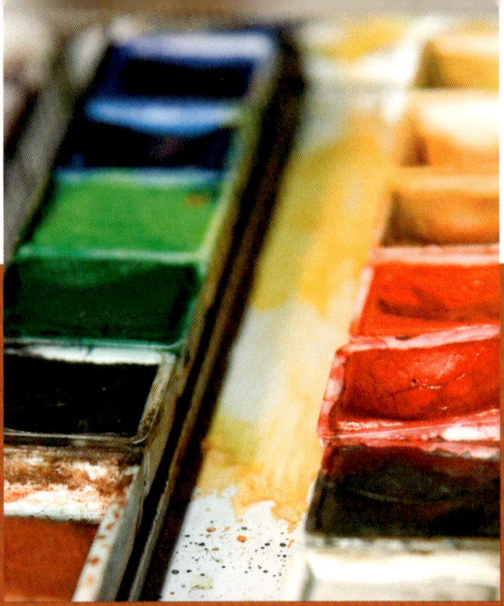

07 Farbvariationen, Kolorierung von Schwarz-Weiß-Bildern und Bildelementen

Manuelle Kolorierung:

Bei der Kolorierung von Schwarz-Weiß-Bildern nach dem Druck mittels Farbe sollte zunächst darauf geachtet werden, das richtige Papier bzw. das richtige Gewebe auszuwählen. Strukturierte Fine Art Print-Papiere und Leinwandgewebe eignen sich dazu besonders gut. Ideal verarbeiten lässt sich Aquarellfarbe, weil sie eine schöne Lasur erzeugt. Dazu sollte der Print auf einem dicken, saugfähigen Fine Art Print-Papier erfolgen.

Gleiches gilt für die Kolorierung mit Acryl- oder Gouachefarbe, die sich darüber hinaus auch für deckende Farbaufträge anbietet. Grundsätzlich sind jedoch alle künstlerischen Maltechniken für die Kolorierung geeignet. Entsprechend des Motivs kann man entweder das Objekt im Vordergrund oder die Hintergrundfläche kolorieren, wie die Beispiele zeigen.

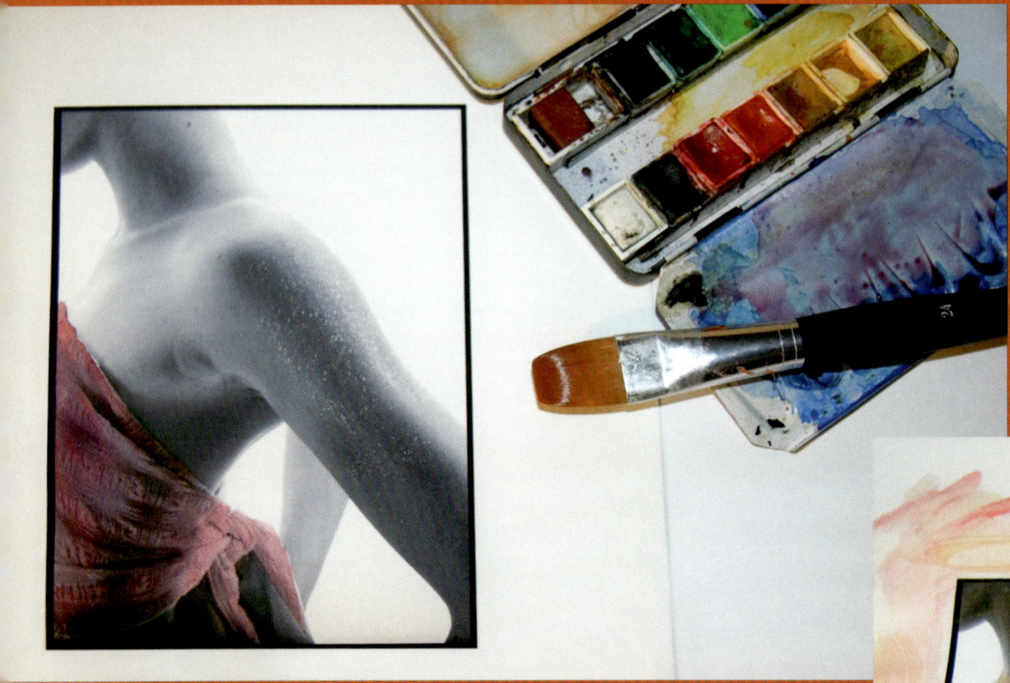

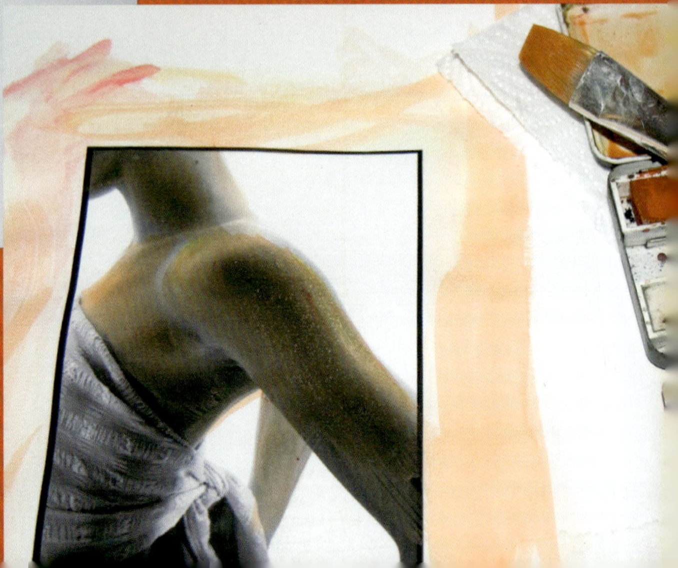

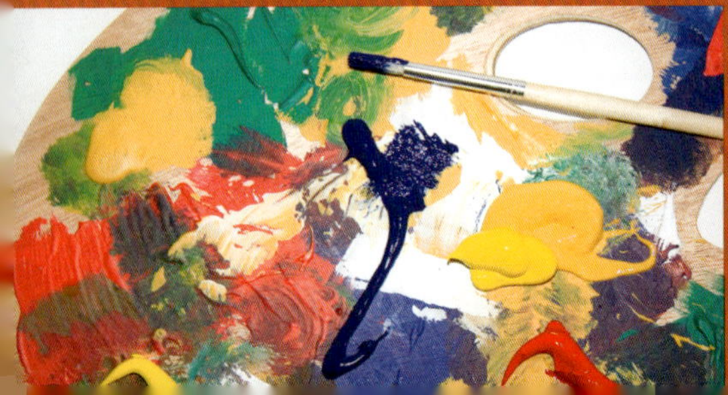

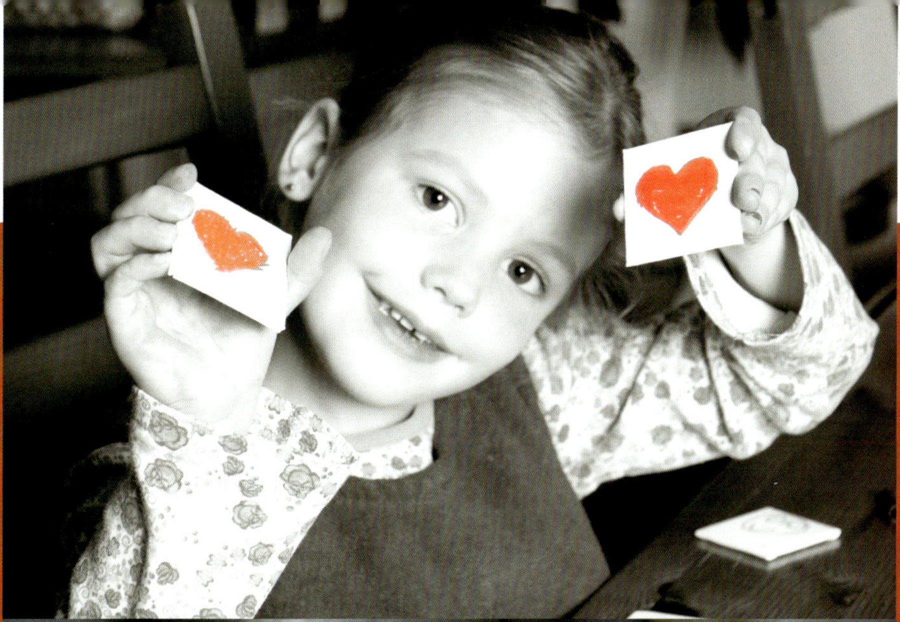

Digitale Kolorierung:

Die digitale Kolorierung von Bildbereichen kann über verschiedene Funktionen erfolgen. Allgemein kann über Farbe oder Farbton bzw. Sättigung die gesamte Farbigkeit des Bildes verändert werden oder es wird vorher eine Farbe ausgewählt, die einzeln (selektiv) modifiziert wird.

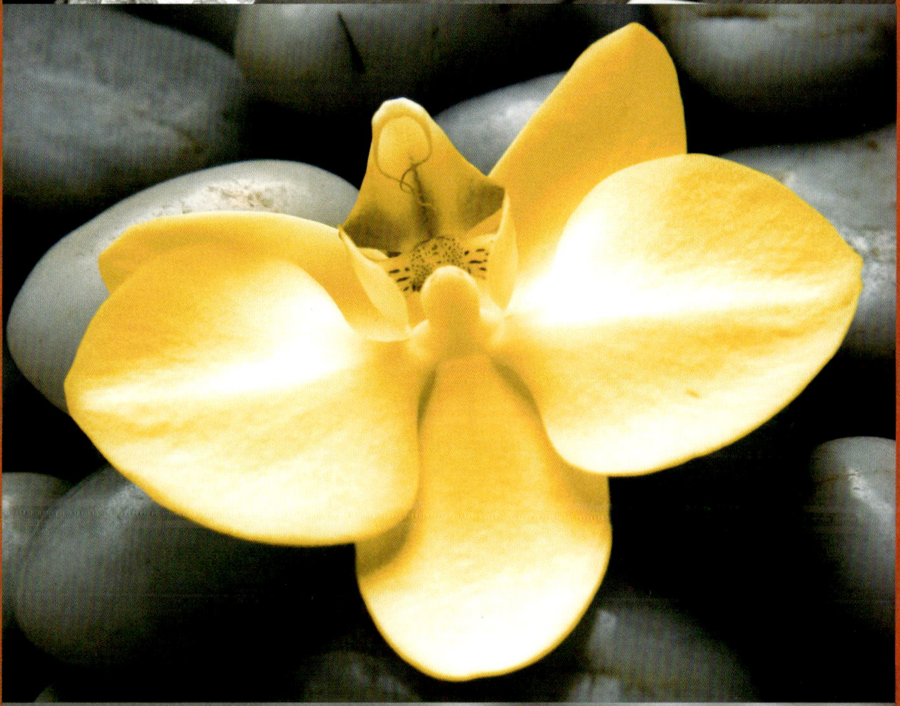

Des Weiteren gibt es Automatik-Funktionen zur Änderung der Farbe, meist ist es aber sinnvoller, die Farbe manuell zu ändern. Die Funktion „Farbbalance" zeigt über Regler detailliert an, welcher Anteil der Farbe gemindert bzw. erhöht wird. So können einzelne Anteile der Farben variiert werden, um z. B. einem Rotton mehr Gelbanteile und dadurch eine „wärmere" Anmutung zu verleihen.

In diesen Bildbeispielen wurden die Herzen, die Blüte und die Tomate nachträglich digital koloriert. Dazu kann man das Bild mit Malwerkzeugen in der gewünschten Farbe partiell bemalen oder über eine farbige Ebene eine weitere Ebene in Graustufen (allerdings umgewandelt in den RGB-Modus) anlegen und den Bildteil mit dem „Radiergummi" bearbeiten, sodass der farbige Teil wieder zum Vorschein kommt.

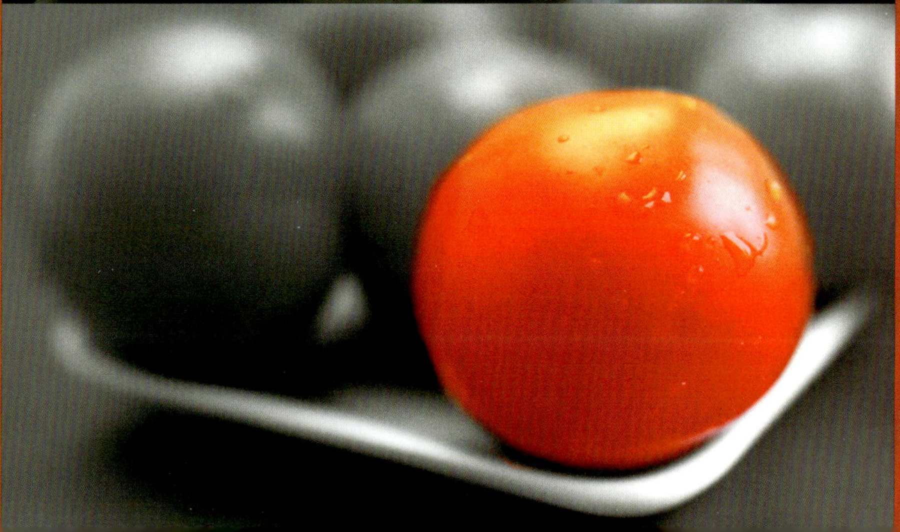

08 Retusche, Rote-Augen-Effekt entfernen, Hautkorrekturen

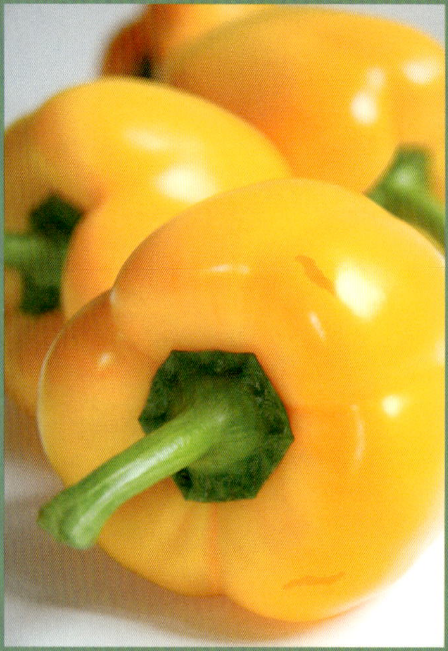

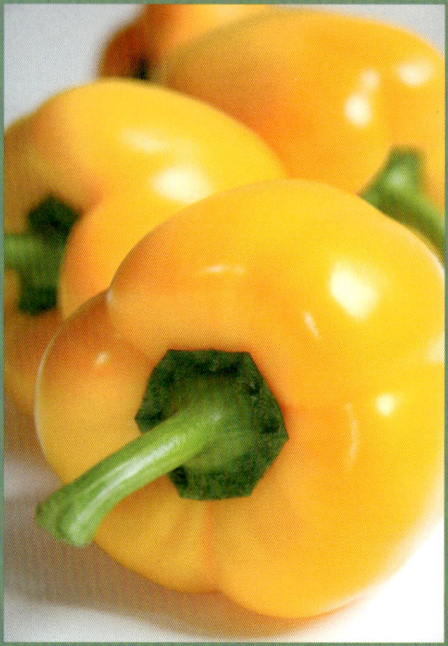

Als Retusche bezeichnet man in der Fotografie die nachträgliche Verbesserung eines Fotos, sie kann manuell in Handarbeit oder digital in einem Bildbearbeitungsprogramm vorgenommen werden.

Bei Porträtfotos ist es manchmal notwendig, Korrekturen durchzuführen, z. B. wenn durch Verwendung eines direkt auf die Person gerichteten Blitzes die Augen auf dem Bild rot erscheinen. Dies wirkt besonders störend und sieht keinesfalls schön aus. Der Effekt entsteht durch die Reflexion des Blitzlichts in der roten Netzhaut der Augen, wenn der Einfallwinkel des Lichts gleich dem Ausfallwinkel ist. Je näher sich das Blitzlicht am Objektiv befindet, umso größer ist die Wahrscheinlichkeit, dass das reflektierte Licht bei einer Frontalaufnahme genau ins Objektiv trifft und die roten Augen verursacht.

Besonders bei Kompaktkameras befindet sich der Blitz meist sehr nah am Objektiv, daher tritt diese Problematik bei solchen Kameras recht häufig auf. Zwar bieten hochwertige Kameras oft die Funktion eines Vorblitzes, aber dieser erfüllt seine Funktion leider nicht immer wie gewünscht. Zwar verringert der Vorblitz die Pupillengröße des Auges stark, sodass sich die Reflexion des Lichts auf der Netzhaut verringert, aber nur, wenn die Person nicht direkt in Richtung des Objektivs bzw. des Blitzes schaut.

Am wirksamsten kann der Effekt verhindert werden, wenn sich der Blitz möglichst weit aus der optischen Achse heraus bewegt, sich also eher seitlich der Person befindet, etwa wie bei einem Foto im Studio. Es ist auch möglich, indirekt zu blitzen, also den Blitz umzulenken und ihn z. B. gegen die Decke des Raumes zu richten.

In der digitalen Bildbearbeitung kann die rote Pupille über ein Auswahl-Werkzeug wie z. B. den „Zauberstab" ausgewählt werden. Im nächsten Schritt kann man die Farbe ersetzen, sodass wieder eine natürliche Färbung der Pupille entsteht. Ebenso bietet sich eine kreisrunde Auswahl an, die in der entsprechenden Größe über die Pupille gezogen wird und so den zu modifizierenden Bereich des Auges festlegt.

Ein weiterer Bereich der Retusche bei Porträts sind Korrekturen der Haut, um kleine Schönheitsfehler wie Unreinheiten, Glanz oder Narben zu reduzieren.

Folgende Retuschierwerkzeuge kommen in der professionellen Bildbearbeitung am häufigsten zum Einsatz, die Begriffe entsprechen denen des Programms Adobe Photoshop:

Kopierstempel
Ein Bildbereich wird aufgenommen und über einen schadhaften Bereich gestempelt.

Musterstempel
Ein Bildbereich mit Muster wird aufgenommen, sodass das Muster in das Bild gemalt werden kann.

Reparatur-Pinsel
Schadhafte Bildstellen und Objekte können entfernt werden, indem mit aufgenommenen Pixeln oder Mustern die Stellen überdeckt bzw. repariert werden.

Ausbesserungswerkzeug
Die Korrektur kleinerer Bildfehler erfolgt mit aufgenommenen Bereichen oder Mustern.

Rote-Augen-Werkzeug
Durch Blitzlicht entstandene rote Reflexionen in den Augen können damit leicht entfernt werden.

Radiergummi
Das Radiergummi löscht Pixel in einer Ebene, sodass die darunter liegende Ebene zum Vorschein kommt bzw. der zuvor gespeicherte Bildstatus wieder hergestellt wird.

Wischfinger
Hiermit werden Pixel in einem Bild verwischt.

Weichzeichner
Harte Kanten im Bild können mit diesem Werkzeug weichgezeichnet werden.

Scharfzeichner
Weiche Kanten in einem Bild werden scharf gezeichnet.

Abwedler
Dieses Werkzeug hellt Bildbereiche auf.

Nachbelichter
Mit diesem Werkzeug können Bildbereiche nachbelichtet, also abgedunkelt werden.

Schwamm
Der Einsatz des Schwamms verändert die Farbsättigung eines Bereichs.

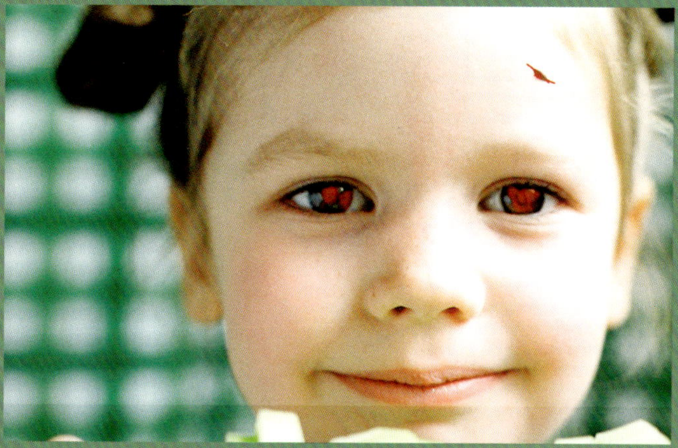

In diesem Beispielbild wurden die roten Augen sowie Bildstörungen wie beschrieben korrigiert.

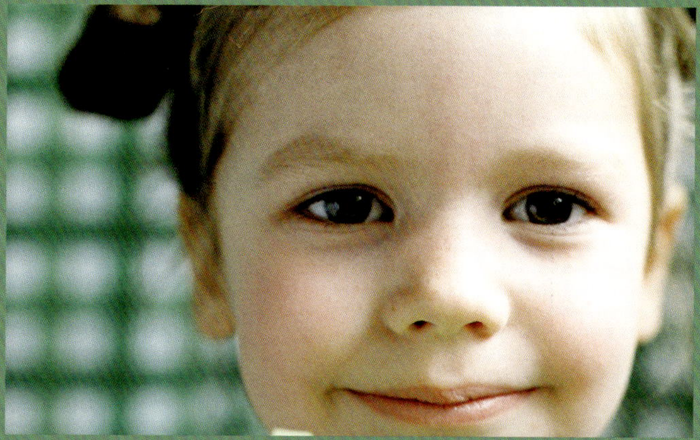

09
Pop-Art-Effekte

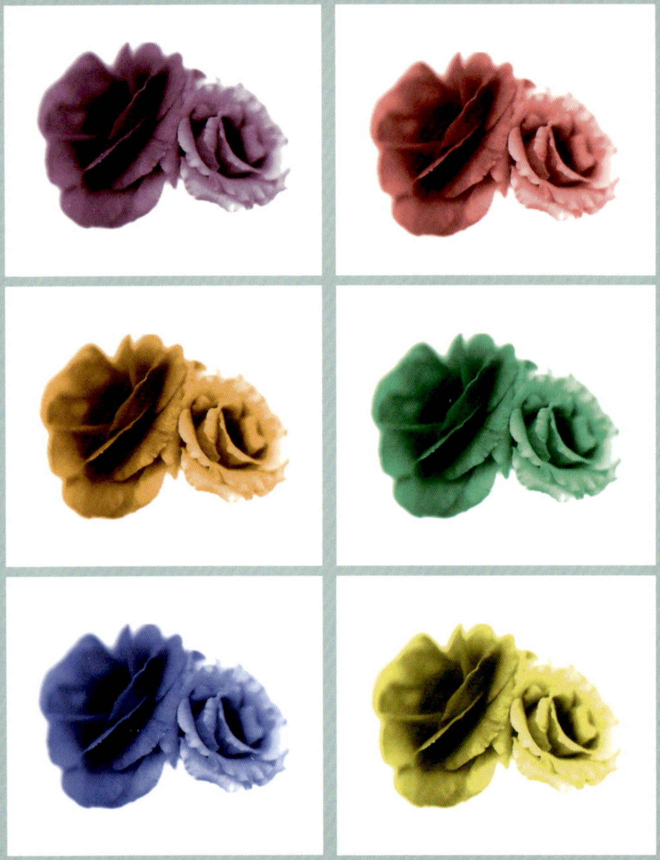

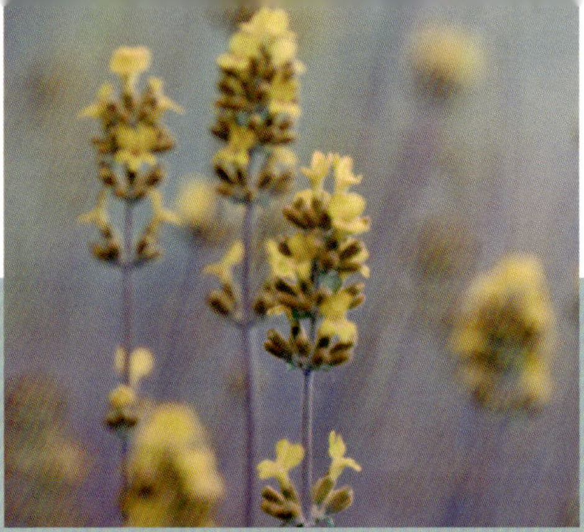

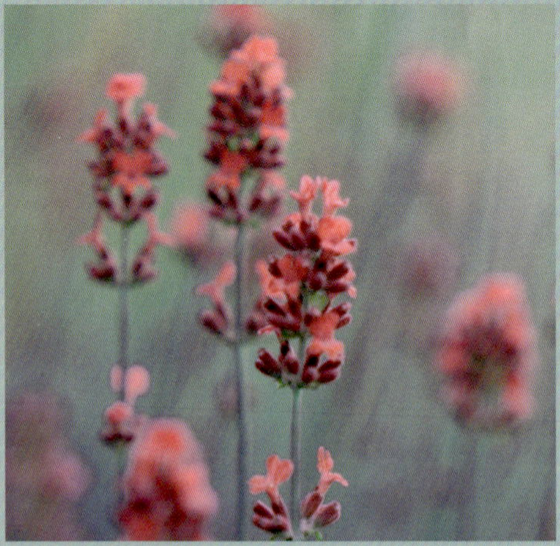

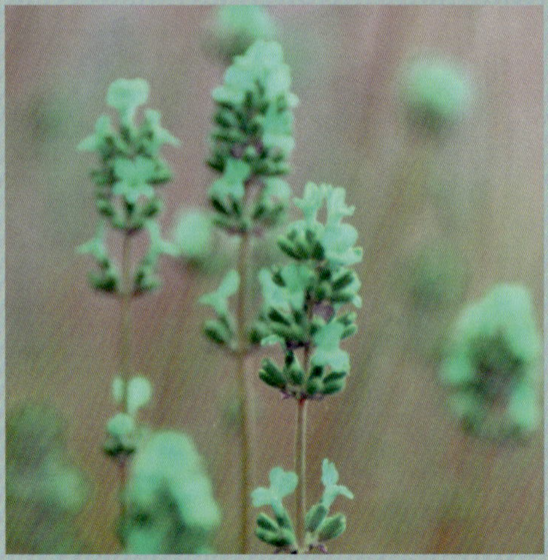

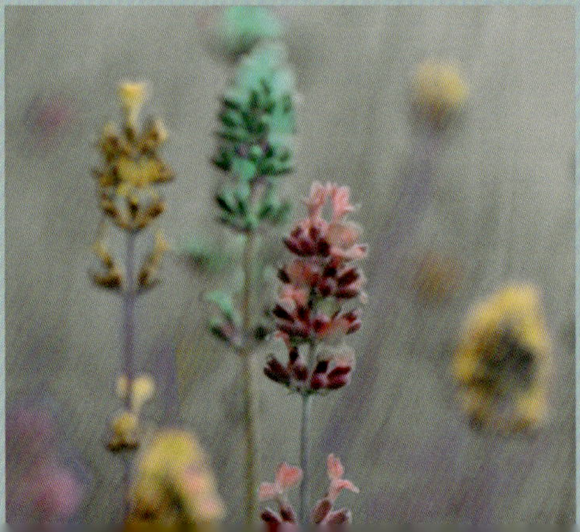

Die Bilder auf diesen Seiten wurden im Sinne der Kunstrichtung Pop-Art digital koloriert (siehe dazu Seite 126-127).

So entstehen farbenfrohe und dekorative Bilderserien sowie neue Eindrücke bekannter Motive. Bei der Präsentation im Raum sollte möglichst eine Hängung in Reihe oder im Block erfolgen. Alternativ bietet es sich auch an, einen großen Rahmen mit einem Mehrfach-Passepartout zu wählen.

Der Filter Korneffekt bzw. Körnung ermöglicht es, auf digitale Bilder nachträglich ein künstliches Filmkorn zu legen. Dadurch wird das gesamte Bild mit feinen farbigen Pixeln überlagert.

Die Bezeichnung Pop-Art entstammt einer überwiegend in der Malerei entwickelten Kunstrichtung, die Mitte der 50er-Jahre des 20. Jahrhunderts in England und den USA entstand und in den 60er-Jahren zur herrschenden künstlerischen Ausdrucksform aufstieg.

Die Motive stammen zumeist aus den Bereichen der Werbung, den Massenmedien und der Alltagskultur. Pop-Art wendet sich dem Trivialen zu, die Realität soll mit Kunst verknüpft werden und die Elemente rein und klar definierbare Gegenstands-Elemente sein. Vor allem klare Farben, meist Primärfarben, kommen dabei zur Anwendung. Bekannte Pop-Art-Werke sind die Siebdrucke von Andy Warhol und die Comicbilder von Roy Lichtenstein.

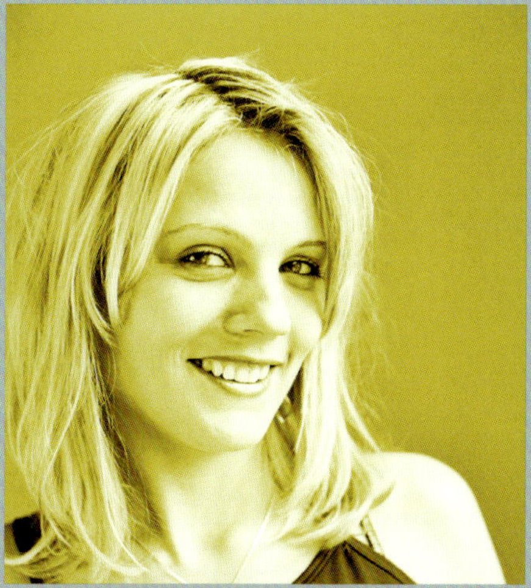

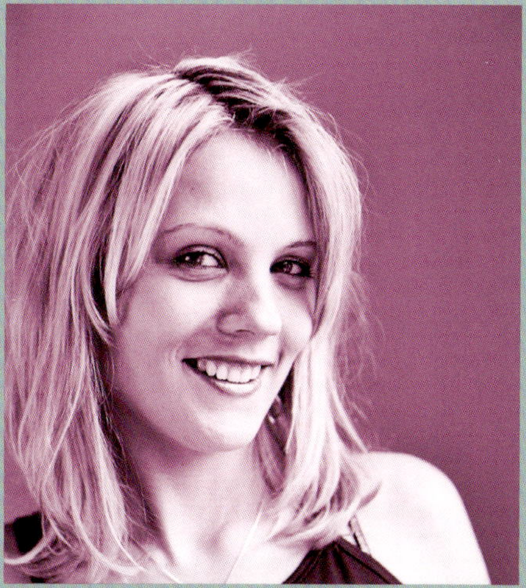

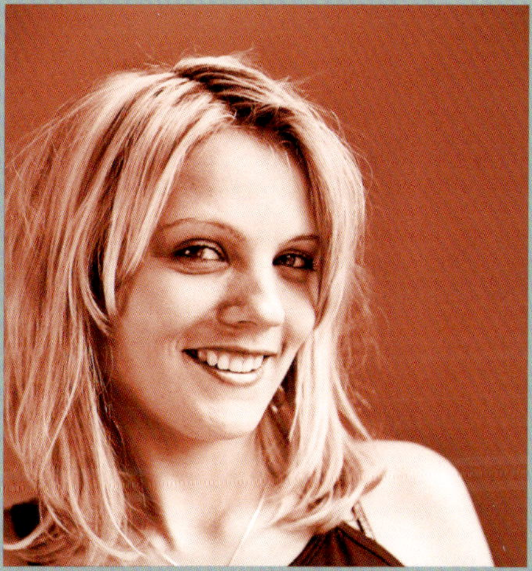

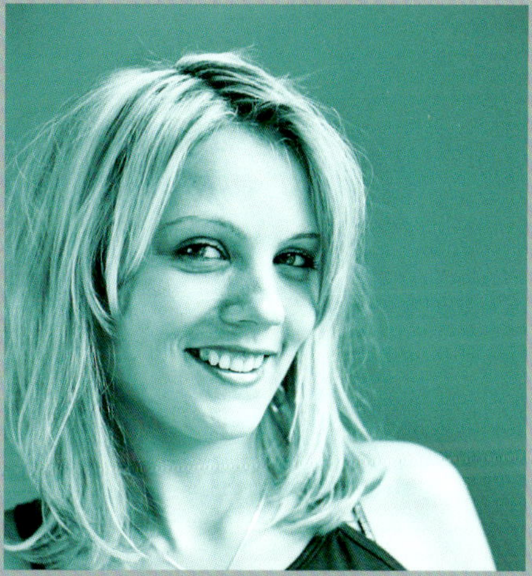

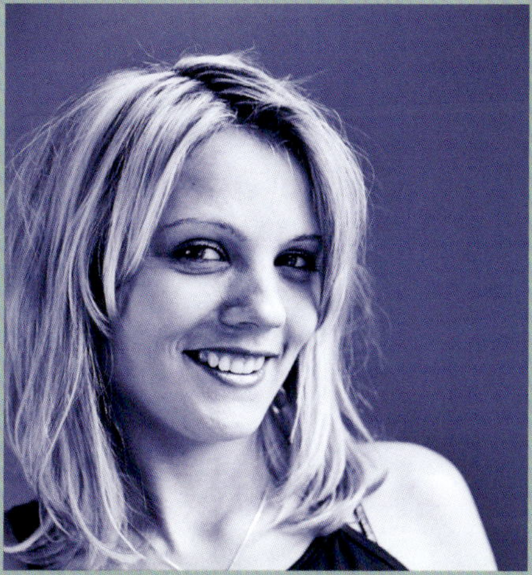

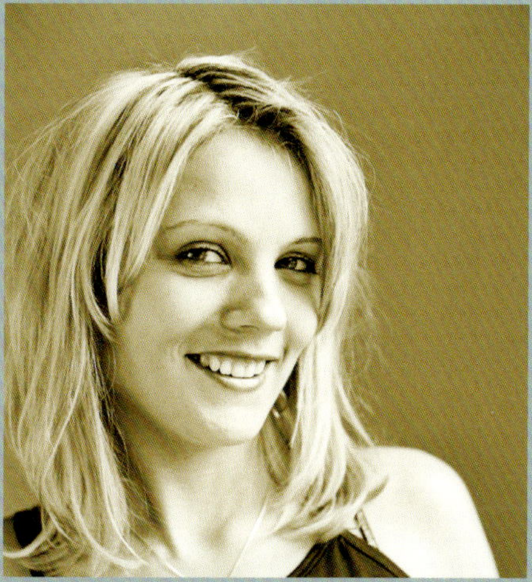

10
Collage, Montage, Grafikelemente

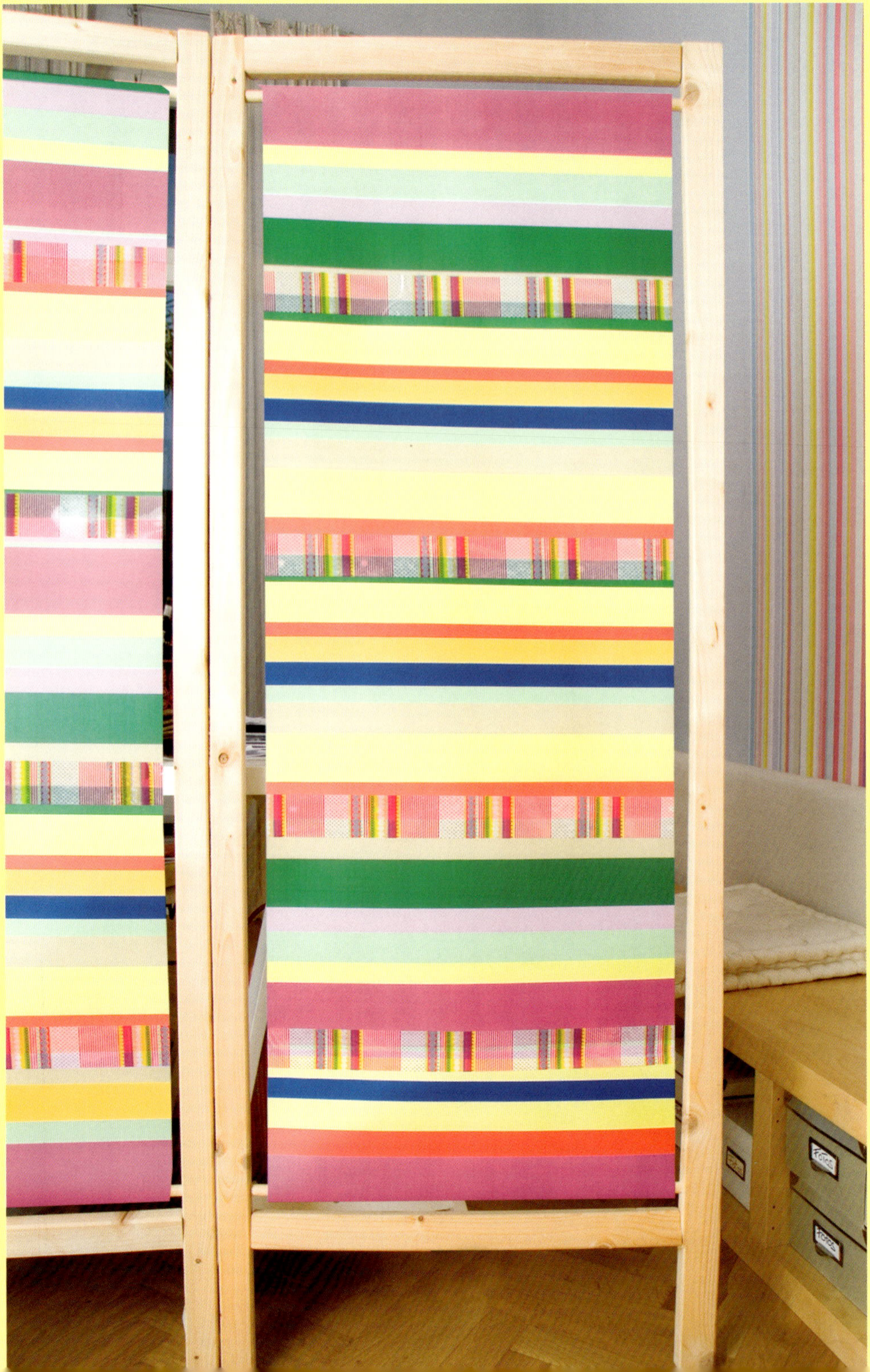

In diesem Beispiel wurde ein Paravent aus Holzleisten mit Fine Art Print-Drucken bespannt und als Raumteiler eingesetzt, um einen Wohnbereich abzuteilen. Der Rahmen besteht aus unbehandeltem Holz. Passend zur Einrichtung kann man auf den Rahmen auch eine farbige Lasur auftragen oder ihn deckend lackieren.

In unserem Beispiel ist das Holz unbehandelt geblieben. Zwischen die Holzstangen wurden die Drucke auf Baumwollgewebe gespannt und auf der Rückseite angeklebt. Die Holzstangen sind beweglich und können zum Einlegen der Drucke aus dem Rahmen herausgenommen werden. Wenn der Raumteiler von beiden Seiten sichtbar ist, kann z. B. dasselbe Motiv wie auf der Vorderseite angebracht werden.

Alternativ kann man einzelne Drucke in größerem Format (A3) aneinanderkleben und unauffällig mit Klebeband verbinden, sodass auch Fotos oder Zeichnungen über das Bildbearbeitungsprogramm entstehen und flexibel neu kombiniert werden können. Wenn der Paravent nicht aufgestellt wird, kann er platzsparend zusammengeklappt aufbewahrt werden.

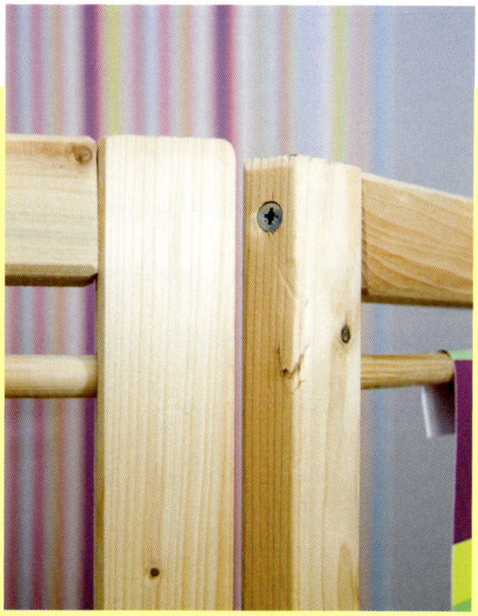

Abb. oben und unten: Detail Scharnier und Holzrahmen

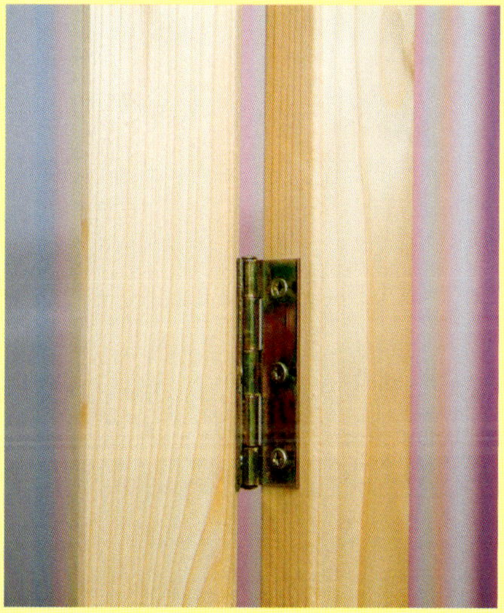

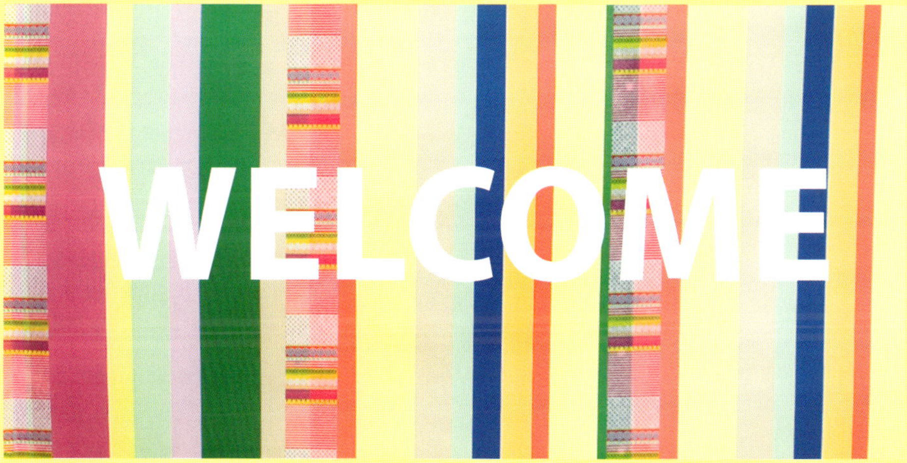

Grafikelemente, wie hier die bunten Streifen, können auch leicht mit Text als einzelne Ebene kombiniert werden, in Bildbearbeitungsprogrammen stehen verschiedene Schriftarten zur Auswahl.

Bei grafischen Motiven bieten sich zahllose Möglichkeiten zur Kombination einzelner Bildebenen an, zusätzlich können einzelne Ebenen transparent oder überlagernd angelegt werden.

Abb. unten: Aufhängung der Leinwand

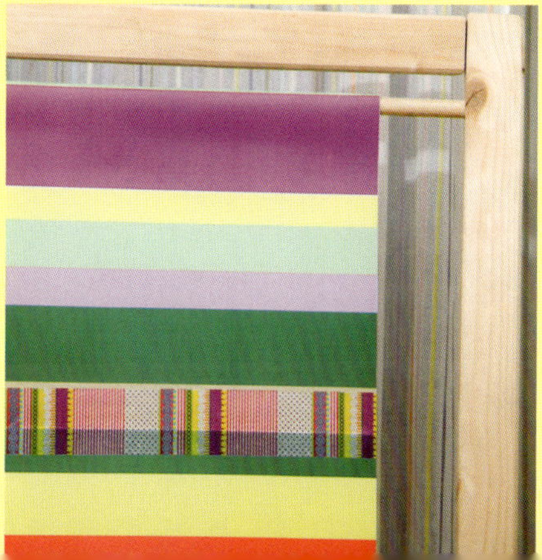

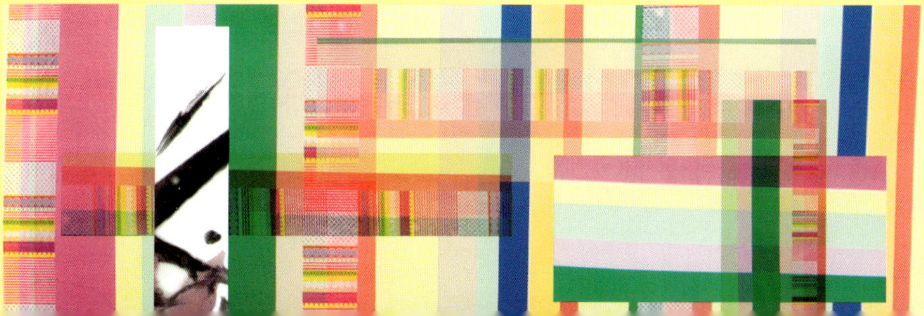

Collage, Montage, Grafikelemente

Ornamente können als dekoratives Element vielfältige Verwendung finden. So ist es z. B. möglich, Ornamentvorlagen aus Büchern zu scannen und diese eingefärbt in der Wunschfarbe auf Folie auszudrucken, um sie auf Wände oder Möbel aufzubringen.

In unserem Beispiel wurde ein altes Ornament gescannt und zunächst mit Photoshop weiterbearbeitet. Dabei wurden im mittleren Bildbeispiel mehrere Ebenen angelegt, die sich überlagern. Im Anschluss daran wurde das fertige Motiv auf Baumwollgewebe gedruckt und auf Standard-Keilrahmen aufgespannt.

Das so entstandene Raumobjekt kann nun beliebig platziert werden und gerade bei einem modernen Einrichtungsstil einen gelungenen Kontrast bieten. Besonders in der Gastronomie werden solche Ornamentmotive gerne als dekorative Wandelemente an einfarbigen, glatten Wänden eingesetzt. In Verbindung mit Glas, farbigem Licht und modernen Möbeln entsteht so ein attraktiver sogenannter „Retrostil".

Mit Hilfe verschiedener Ebenen im Bildbearbeitungsprogramm sind im mittleren Bild transparente Überlagerungen aus kombinierten Bildteilen entstanden.

Die Reihenfolge von Ebenen entscheidet über das Erscheinungsbild, denn die oben liegende Ebene überdeckt die darunter liegenden. Man kann auch die Deckkraft einer Ebene mindern, sodass sie transparent wird und die darunter liegenden Ebenen durchscheinen lässt. Den Ebenen können je nach verwendetem Programm auch „Effekte" zugewiesen werden, z. B. Schatten, besondere Konturen oder Glanz.

Für ambitionierte Grafiker, Maler und Künstler bietet die Bearbeitung von Werken am Computer ganz neue Möglichkeiten, ihre Arbeiten zu modifizieren und ihre Werke in kleiner Auflage drucken zu lassen.

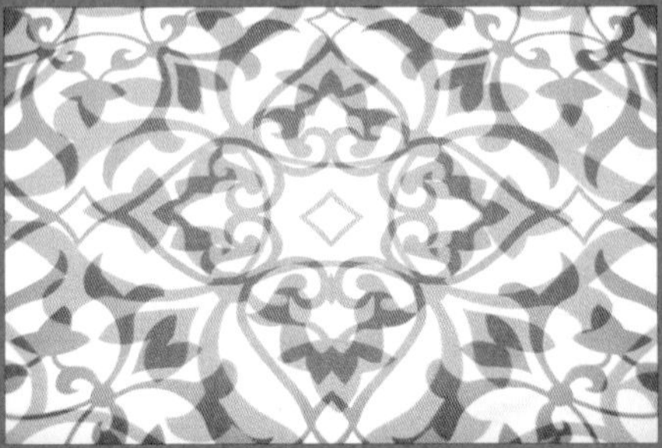

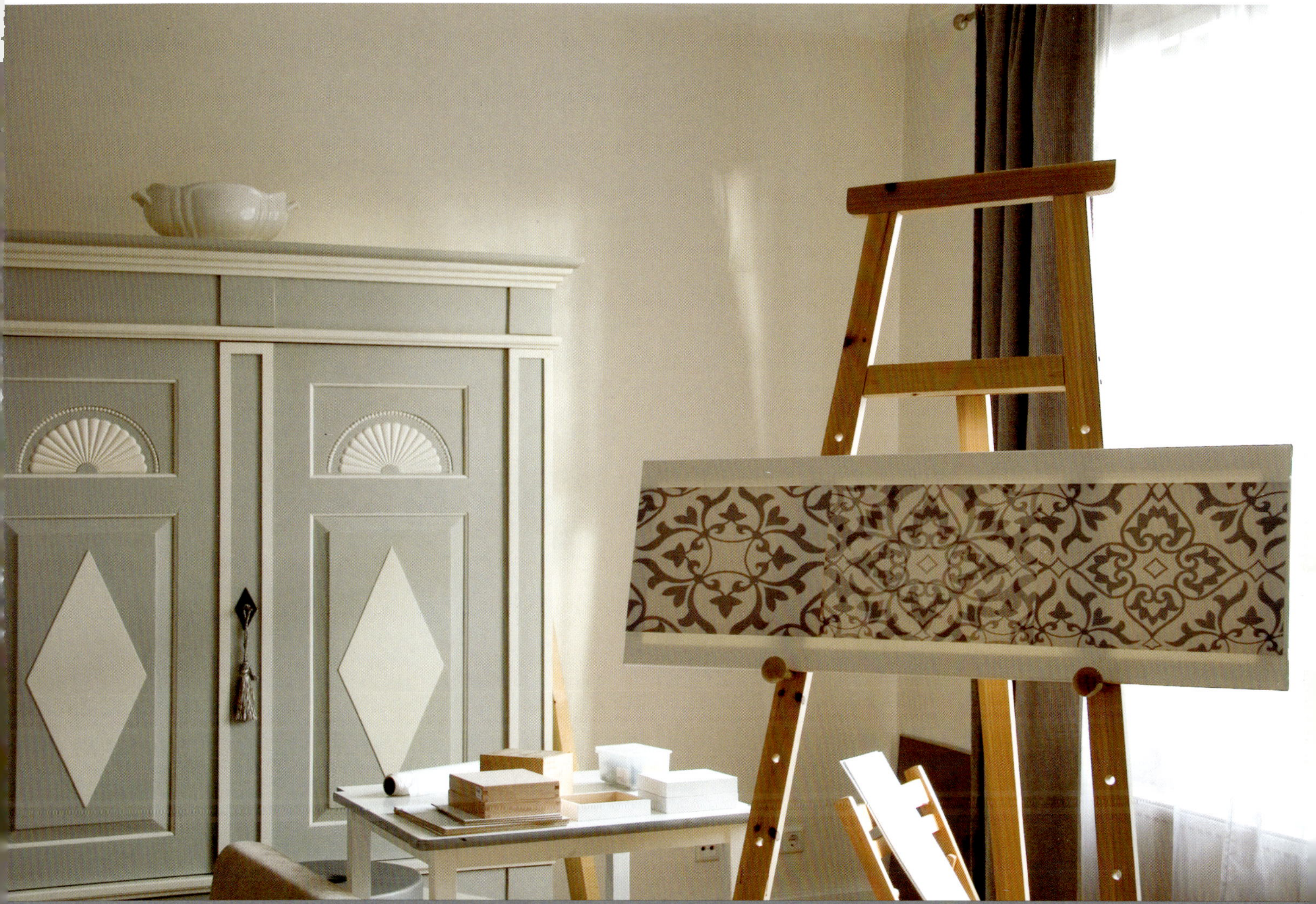